es 1423

edition suhrkamp

Neue Folge Band 423

Obgleich die Frauen den Männern rechtlich weitgehend gleichgestellt sind, werden sie in der Rechtswirklichkeit noch vielfach benachteiligt. Die frauenorientierte Rechtsforschung widmet sich der Frage, wie und warum Frauen im Alltag Recht und Unrecht erfahren und wie sie Unrechtserfahrungen begegnen. Es wird dargelegt, welche Barrieren der Durchsetzung von gleichen Rechten im Rechts- und Frauenalltag entgegenstehen. Die Aufmerksamkeit gilt nicht nur der besonderen Situation der Frauen in der Familie und dem Erwerbsleben, sondern auch dem Problem der Gewalt gegen Frauen. Die feministische Rechtskritik äußert ihre Skepsis gegenüber dem traditionellen Wissenschaftsverständnis der Jurisprudenz. Ideologiekritische Beiträge beschäftigen sich insbesondere mit sexistischen Denkmustern in der Rechtslehre und der mehr oder minder bewußten Interpretation weiblicher Kriminalität anhand von Geschlechtsrollenklischees und Weiblichkeitsmythen. Die feministisch orientierten Beiträge zur Rechtswissenschaft erschöpfen sich indes nicht in der Rechtskritik und der Produktion von Gegenwissen. Sie richten zugleich die rechtspolitische Phantasie auf den Entwurf von Rechtsinhalten und -instrumenten, die Frauen fördern und inhumane Arbeitsbedingungen verändern könnten.

Ute Gerhard ist Professorin für Soziologie mit dem Schwerpunkt Frauenarbeit/Frauenbewegung an der Universität Frankfurt. Jutta Limbach ist Professorin für Bürgerliches Recht und Rechtssoziologie an der Freien Universität Berlin.

Rechtsalltag von Frauen

Herausgegeben
von Ute Gerhard und
Jutta Limbach

15.03.88

Suhrkamp

edition suhrkamp 1423
Neue Folge Band 423
Erste Auflage 1988

Erstausgabe

Satz: Hümmer, Waldbüttelbrunn
Druck: Nomos Verlagsgesellschaft, Baden-Baden
Umschlagentwurf: Willy Fleckhaus
Printed in Germany

1 2 3 4 5 6 – 93 92 91 90 89 88

Inhalt

IV. Objektivitätsideal und sexistisches Denken in der Rechtswissenschaft

V. Gleichberechtigung als rechtspolitische Aufgabe

Einleitung

Wer sich die Verwirklichung der Rechtsgleichheit von Frauen zur Aufgabe macht, muß damit rechnen, entweder »offene Türen einzurennen« oder auf hartnäckigen Widerstand zu stoßen; in jedem Fall sind Irrwege und Mißverständnisse kaum zu vermeiden.

Das liegt zum einen daran, daß die Gleichstellung von Frauen im Recht und durch Gesetz bereits ein altes, wenn nicht altmodisches Problem ist, das auch in Deutschland seit mehr als hundert Jahren auf der politischen Tagesordnung steht. Trotz wichtiger Rechtserrungenschaften – Frauenwahlrecht, Gleichheit von Mann und Frau als Verfassungsnorm – wird dennoch niemand behaupten wollen, daß die Gleichberechtigung der Frauen hier und heute verwirklicht sei. An Ungleichbehandlung gewöhnt, sind viele Frauen müde und skeptisch geworden gegenüber dem Nutzen und dem Versprechen der Gleichberechtigung.

Zum anderen aber muß gerade den Skeptischen klar sein, daß ihre Vorbehalte und ihr Desinteresse den Gegnern der Rechtsgleichheit von Frauen zugute kommt. Die Tatsache, daß jede mögliche Rechtsverbesserung für Frauen mühsam erkämpft werden mußte und immer wieder erbitterten Widerstand hervorruft, ist ein Hinweis darauf, wieviel offenbar auf dem Spiel steht, wie grundlegend gleiche Lebenschancen und Berechtigungen für Frauen unsere Gesellschaft und ihr Machtgefüge verändern würden.

Rechtsfragen sind dennoch in der neuen Frauenbewegung verhältnismäßig spät untersucht worden. Obgleich die Bewegung zu Beginn über eine Rechtsforderung – die Abschaffung des § 218 – mobilisiert wurde, ist sie keineswegs als Rechtsbewegung zu kennzeichnen. Sie stützte ihre Forderungen nicht auf Rechtsnormen oder Rechtsideen, sondern auf vielfältige Erfahrungen gesellschaftlicher Ungleichheit sowie privater und struktureller Gewalt. Anders als die alte Frauenbewegung um 1900, in der die Frauenrechtlerinnen eine radikale Avantgarde bildeten, aber auch im Vergleich zu anderen Disziplinen der Frauenforschung haben sich die Juristinnen beinahe als letzte organisiert. Sie leisten Hilfe bei praktischen Rechtsproblemen, bei der Rechtsberatung in Frauenzentren und Frauenhäusern, als streitbare und solidarische Anwältinnen bei Ehescheidungs- und Vergewaltigungsprozessen.

Das Zögern oder die Verspätung mag daran liegen, daß die juristische Ausbildung zur Anpassung sozialisiert und die Gegenwehr behindert, aber auch daran, daß der neue Feminismus wie andere Alternativbewegungen die traditionellen und institutionalisierten Mittel der Politik und des Rechts als weitgehend unangemessen abgelehnt und versucht hat, Einmischung in der Form der Rechtsverweigerung zu praktizieren. Entsprechend der »linken« Kritik an Staatlichkeit, Bürokratisierung und der zunehmenden Verrechtlichung menschlicher Beziehungen war Gleichberechtigung bei Feministinnen lange in Verruf, denn allenfalls Emanzipation konnte als Ziel gemeint sein, nicht aber die Anpassung und Angleichung an männliche Gesetzeslagen.

Bei einem ersten interdisziplinären Workshop zum Thema Frauenrechte, den wir 1979 an der Universität Bremen veranstalteten, traten deshalb zwei gegensätzliche Auffassungen über Frauen und Recht deutlich zutage: Während die Juristinnen im selbstverständlichen und professionellen Umgang mit Recht die Rechtsferne und mangelnde Durchsetzungsfähigkeit von Frauen beklagten, war den feministischen Sozialwissenschaftlerinnen Recht als traditionelles Instrument patriarchaler Herrschaft suspekt. Sie begründeten ihren »Widerstand gegen Verrechtlichung« mit der Analyse der Besonderheiten des weiblichen Lebenszusammenhangs. Inzwischen haben auf beiden Seiten Lernprozesse stattgefunden, dogmatische Positionen haben einer Ernüchterung Platz gemacht, insbesondere seitdem unter anderen politischen Vorzeichen durch Entrechtlichung und Re-privatisierung mühsam errungene soziale Teilhaberrechte gerade auch zu Lasten von Frauen wieder zurückgenommen werden.

Wir haben uns das Thema »Rechtsgleichheit als Aufgabe« gestellt, weil wir es nach wie vor für dringlich und unerledigt halten und weil wir hoffen, durch eine interdisziplinäre wissenschaftliche Diskussion und die Bestandsaufnahme einschlägiger Forderungen zur Klärung beizutragen – durchaus in der Absicht, damit aktueller Rechtspolitik eine Richtung zu weisen. Frauenforschung oder eine Wissenschaft von den Rechten der Frauen ist notwendig interdisziplinär. Sie kommt nicht aus ohne eine historische Perspektive, in der das Gewordensein, aber auch die Veränderbarkeit gegenwärtiger Rechtsverhältnisse von Männern und Frauen herausgearbeitet wird. Um zu erklären, wie der Unterschied zwischen Männer- und Frauenrechten entstanden ist und warum dieser Unterschied so folgenschwer war, ist Rechtsgeschichte auch als Patriarchatsgeschichte zu studieren. Ebenso bleibt eine feministische Rechtswissenschaft auf die sozialwissenschaftliche Analyse der Lebenssituation von Frauen in unserer Gesellschaft angewiesen. Denn aus dem positiven Recht oder der juristischen Dogmatik allein vermag sie keinen Maßstab zur Kritik des geltenden Rechts und seiner Anwendung zu gewinnen. Die Jurisprudenz hat sich zu lange in der Abstraktion von den konkreten Lebensbedingungen der Frauen bewährt und ihre einseitigen Interessen oft genug durch die Ausgrenzung der Frauen aus der Entwicklung des »allgemeinen« Rechts verraten. Die Rechte der Frauen sind nicht mehr nur eine Frage des positiven Rechts, d. h. der Normsetzung und seiner dogmatisch richtigen Anwendung. Fällig ist vielmehr ihre Durchsetzung gegen gesellschaftliche, alltägliche und psychologische Widerstände.

Das Buch präsentiert einige Beispiele rechtssoziologischer Frauenforschung und feministischer bzw. frauenorientierter Rechtswissenschaft. Da die Ergebnisse wissenschaftlichen Forschens keine Kopfgeburt sind, sondern aus Arbeitsprozessen, Diskussionszusammenhängen und materiellen Ressourcen erwachsen, kann das Was und Wie der Frauenforschung im Recht hier nicht abschließend beurteilt, sondern allenfalls in ihren Ansätzen und ersten Gehversuchen vorgestellt werden. Denn die Rechtswissenschaft ist nach wie vor eine Domäne der Männer. Trotz der stetig zunehmenden Zahl von Studentinnen in diesem Fach sind nur acht der 730 Juraprofessoren in der Bundesrepublik Frauen.[1] Das zeigt, daß die Frauenrechtsforschung sich bisher wegen völlig unzureichender Personal- und Sachmittel gar nicht herausbilden, geschweige denn etablieren konnte.

Ausgangspunkt der feministischen Rechtskritik ist die Tatsache, daß Frauen zwar formalrechtlich den Männern gleichgestellt sind, in der Rechtswirklichkeit jedoch vielfach benachteiligt werden. Die Ansätze, die Diskrepanz zwischen Recht und sozialer Wirklichkeit zu erklären, beruhen auf der Skepsis gegenüber dem traditionellen Wissenschaftsverständnis der Rechtswissenschaft, widmen sich der Analyse der Lebenssachverhalte von Frauen und der Unangemessenheit der Rechtsnormen und ihrer praktischen Anwendung, sie kritisieren die Voreingenommenheit der juristischen Deutungsmuster, um in eine kritische Diskussion aktueller Rechtspolitik und zukünftiger Rechtsinhalte zu münden.

Wie es tatsächlich um die Rechte der Frauen bestellt ist, entscheidet sich auf dem Arbeitsmarkt, wenn Frauen eine Erwerbstätigkeit suchen und Familien- und Erwerbsarbeit vereinbaren müssen. Das Recht auf Arbeit – sagen wir unmißverständlicher: das Recht der Frauen auf Erwerbstätigkeit – wird in jedem Einzelfall zum Gradmesser und Prüfstein verwirklichter Gleichberechtigung. *Ute Gerhard* schildert in ihrem Beitrag auf der Grundlage empirischer Ergebnisse, die in Gruppendiskussionen mit arbeitslosen Frauen und mit Sachbearbeitern von Arbeitsämtern gewonnen wurden, welche Barrieren der Durchsetzung von gleichen Rechten im Rechts- und Frauenalltag entgegenstehen. Solange Geschlechtsrollenklischees und Alltagsroutinen die rechtlichen Entscheidungen bestimmen, solange aber auch Frauen die üblichen Benachteiligungen der Frauenrolle fügsam akzeptieren, hat Gleichberechtigung keine Chance.

Die Tatsache, daß oftmals formal geschlechtsunspezifische Bedingungen in Rechtsnormen oder Stellenangeboten ein Geschlecht erheblich negativer betreffen, findet zunehmend Aufmerksamkeit in der Rechtswissenschaft. *Heide Pfarr* spricht von mittelbarer Diskriminierung angesichts von Stellenangeboten und Arbeitsplatzbeschreibungen, die – zwar geschlechtsunspezifisch formuliert – Leistungsbereitschaften voraussetzen, die ein Geschlecht eher aus dem Bewerberkreis auszugrenzen geeignet sind. Sie erörtert die denkbaren Instrumente und – möglicherweise humanisierenden – Wirkungen eines Verbots der mittelbaren Diskriminierung.

In einer feministischen Analyse entfaltet *Christel Eckart* die widersprüchlichen gesellschaftlichen Interessen an der Frauenarbeit als Haus- und als Lohnarbeit. Sie legt dar, daß die Teilzeitarbeit als Arbeitsform prinzipiell geschlechtsneutral ist und zum Abbau der starren geschlechtsspezifischen Arbeitsteilung beitragen könnte, wenn sie verallgemeinert und die einseitige Festlegung der Frauen auf die Reproduktionsarbeit aufgehoben würde. *Sabine Gensior* dagegen prognostiziert die baldige Bedeutungslosigkeit des Streits um die Teilzeitarbeit, zum einen wegen des zunehmenden Verlusts solcher Frauenarbeitsplätze und zum anderen wegen der zunehmend differenziert durchgesetzten kollektiven Arbeitszeitnorm.

Im Mittelpunkt feministischer Rechtspraxis und Rechtskritik steht das Problem der Gewalt gegen Frauen. Seitdem die Frauenhausbewegung die im Privaten verborgenen und tolerierten

Gewalttätigkeiten gegenüber Frauen öffentlich und zu einem Politikum gemacht hat, ist die Diskussion über die rechtliche Doppelbödigkeit und die Normierungslücken nur mühsam in Gang gekommen. Frauenhausprojekte und wissenschaftliche Begleituntersuchungen über Notrufe für vergewaltigte Frauen haben versucht, die Regelungs- und Leistungsdefizite des Gesetzgebers und staatlicher Verwaltung aufzudecken. Jene Projekte gelten als Paradigma einer Frauenforschung, die sich der Einheit von Forschen und Handeln sowie der Bereitschaft verpflichtet weiß, die Perspektive der betroffenen Frauen einzunehmen. *Ulrike Teubner* berichtet über die Ergebnisse einer Untersuchung zum Thema »Vergewaltigung als gesellschaftliches Problem. Forderungen zu einer Reform des Sexualstrafrechts«. Sie weist nach, wie wenig das sexuelle Selbstbestimmungsrecht der Frauen durch die geltenden Rechtsnormen und die Rechtspraxis geschützt ist, und leitet aus der empirischen Analyse von Beratungsgesprächen und Prozeßbeobachtungen Forderungen zur Verbesserung des Strafrechtsschutzes von Frauen ab.

Carol Hagemann-White versucht anhand empirischer Forschungsergebnisse aus verschiedenen Ländern zu erklären, warum Frauen männliche Gewalt so lange ertragen, ohne ihnen jedoch gleichzeitig Zustimmung zu dieser Gewaltanwendung zu unterstellen.

Inwieweit es gelungen ist, mit Hilfe des neuen Scheidungsrechts mehr Gleichheit durch Gesetz herzustellen, ist der gemeinsame Ausgangspunkt der Beiträge von *Carola Schumann* und *Wolfgang Voegeli.*

Das Verhältnis von Autorität und Lebenszusammenhang steht im Mittelpunkt des Beitrages von *Carola Schumann,* der wie die Untersuchung von *Ute Gerhard* aus dem von der Stiftung Volkswagenwerk geförderten Projekt über die »Durchsetzungschancen egalitären Rechts« hervorgegangen ist. *Carola Schumanns* Beitrag zielt auf die Frage, warum Frauen in Scheidungskonflikten vielfach auf Unterhaltsansprüche verzichten und in welcher Weise Rechtsanwälte/innen die Verzichtsbereitschaft beeinflussen. Mit der Wirksamkeit des neuen Scheidungsrechts beschäftigt sich *Wolfgang Voegeli.* Anhand der Ergebnisse empirischer Untersuchungen legt er dar, daß die Betroffenen einem freiheitlich-individualistischen Idealtyp von Familienrecht zum Durchbruch verholfen haben, mit der Folge allerdings, daß vor allem allein erziehende Frauen nur unzureichend wirtschaftlich abgesichert werden.

Erhard Blankenburg stellt noch einmal die Frage, ob Frauen ein anderes Rechtsbewußtsein haben als Männer. Er unterscheidet zwischen einem »Rechtsanspruchsbewußtsein«, d.h. der Bereitschaft, Rechtsinstanzen zu mobilisieren, und einem als »Rechtstreue« zu bezeichnenden normgerechten Verhalten und belegt anhand empirischer Ergebnisse, daß die Unterschiede im Verhalten zwischen Männern und Frauen sich allenfalls auf rollenspezifische Gelegenheitsmuster zurückführen lassen.

Der methodologische Angriffspunkt einer Rechtskritik aus der Perspektive der Frauenforschung ist die vermeintliche Sachlichkeit und Neutralität von Rechtswissenschaft und -praxis. Objektivität ist ihr ein bloßes Kodewort für die rechtspolitische Blindheit gegenüber der gesellschaftlichen Ungleichbehandlung von Frauen und den subtilen Formen ihrer Diskriminierung. Wie alle Frauenforschung versteht sich die feministischen Zielen verpflichtete Rechtskritik und Rechtspflege ausdrücklich als parteilich. Die Parteilichkeit äußert sich zunächst in der besonderen Aufmerksamkeit für die Unrechtserfahrungen von Frauen. Sie verwirklicht sich im engagierten Rechtsbeistand für Frauen und dem Bemühen, Frauen bei der Definition und Durchsetzung ihrer Interessen zu unterstützen, sei es in Gerichtssälen, in wissenschaftlicher Feldarbeit oder auf rechtspolitischer Bühne. Parteilichkeit meint weder Kritik- noch Distanzlosigkeit gegenüber Frauenproblemen und den eigenen Handlungsmöglichkeiten. Der Beitrag von *Claudia Burgsmüller* macht die anspruchsvollen und widersprüchlichen Anforderungen an eine frauenorientierte Interessenvertretung deutlich. Er zeigt, daß nur eine stete Reflexion der eigenen Verantwortlichkeit und des Verständnis- und Handlungsvermögens der Frauen vor Selbstgerechtigkeit im Denken und Handeln bewahrt.

Wären die rechtswissenschaftlichen Vorgehensweisen, die akademische Wissensvermittlung und der Prozeß der Rechtsgewinnung und -durchsetzung in der Tat als objektiv zu beurteilen, dann hätten Feministinnen kein anderes Anliegen als die Zahl der Rechtswissenschaftlerinnen, Richterinnen, Staatsanwältinnen usw. zu vermehren. Doch eine kritische Sicht jener Beschäftigungsweisen mit dem Recht zeigt viele Ansatzmöglichkeiten für eine feministische Ideologiekritik. *Marlis Dürkop* weist an der kriminologischen und rechtssoziologischen Interpretation weiblicher Kriminalität nach, in welchem Maße diese von Geschlechterrollenklischees und Weiblichkeitsmythen beeinflußt wird. *Franziska Pabst* und *Vera Slupik* zeigen an zivilrechtlichem Unterrichtsmaterial auf, daß noch heute der mitunter schwierige abstrakte Lehrstoff auf Kosten verzerrter Frauenbilder schmackhaft gemacht wird. Sie erörtern, daß jene verzerrt stilisierte Ersatzrealität – über die Verständnishilfe hinausgehend – die Funktion haben dürfte, Vorurteile zu bestärken oder neu zu schaffen und mittelbar auch die spätere Berufsarbeit zu beeinflussen.

Der Aufgabe einer frauenorientierten kritischen Rechtswissenschaft haben sich die Autorinnen der feministischen Rechtszeitschrift *Streit* verschrieben. *Jutta Limbach* vergleicht in ihrem Beitrag das Selbst- und Forschungsverständnis der sich in jener Zeitschrift äußernden Juristinnen mit dem vornehmlich an technischen Standards orientierten Konzept juristischen Denkens. Parteilichkeit als eine bewußte und überdachte Haltung ist eher geeignet, eine die Objektivität fördernde wissenschaftliche Redlichkeit herauszufordern als eine die soziale Gebundenheit eines jeden Interesses ignorierende Neutralität, die nur den Status quo perpetuiert.

Feministisch orientierte Rechtswissenschaft erschöpft sich nicht in Rechtskritik und der Produktion von Gegenwissen. Getreu ihrem Ziel, die Rechtsposition von Frauen zu verbessern, sieht sie ihre Aufgabe im Entwerfen von Frauen förderndem Recht. Zur Anregung der rechtspolitischen Phantasie berichtet *Hanna Beate Schöpp-Schilling* über eine neue Strategie aus den Vereinigten Staaten. Diese zielt darauf, durch eine Neubewertung typischer Frauenarbeitsplätze einen gleichen Lohn für gleichwertige Arbeit zu garantieren, um die Nachteile des geschlechtsspezifischen Arbeitsmarktes aufzuheben und der zunehmenden Verarmung von Frauen entgegenzuwirken.

Widerstand auf dem Weg zur Gleichberechtigung leistet nach der Ansicht von *Barbelies Wiegmann* die große Mehrzahl der Männer, die die männliche Rollenzuweisung im Patriarchat im Sinne einer ausschließlichen Beruf-Karriere-Rolle nicht zu hinterfragen und zu verändern bereit sind. Sie appelliert an die Einsicht, daß Gleichberechtigung und Emanzipation die Veränderung *beider* Rollen und Lebensbereiche voraussetzt, die der Frauen und die der Männer.

Mit zwei Ausnahmen sind alle Beiträge in diesem Band als Vorträge auf dem in Bad Homburg im Februar 1984 veranstalteten Symposion »Rechtsgleichheit als Aufgabe – Inhalte und Methoden rechtssoziologischer Frauenforschung« gehalten und für den vorliegenden Band aktualisiert worden. Unser besonderer Dank gilt der *Werner-Reimers-Stiftung*, die uns als Gäste ihres Hauses aufgenommen, unsere Zusammenkunft finanziell ermöglicht und unsere Zusammenarbeit durch die ihrem Hause eigene Gastfreundschaft vielfältig gefördert hat.

Ute Gerhard
Jutta Limbach

I. Das Recht von Frauen auf Erwerbstätigkeit

Ute Gerhard

Über Frauenalltag und Frauenrechte – Und über die Notwendigkeit, »aus der Rolle zu fallen«

Um die Frage zu beantworten, warum Rechtsgleichheit für Frauen in unserer Gesellschaft so schwer zu verwirklichen ist, genügt es nicht, prinzipielle Rechtsfragen zu klären oder über Gesetzesreformen nachzudenken. Wir müssen vielmehr bereit sein, Alltägliches, anscheinend Selbstverständliches und Gewohntes in Frage zu stellen. Ausgangspunkt für die folgenden Überlegungen soll deshalb die soziale Wirklichkeit des Alltags sein, und zwar des Rechtsalltags wie auch des Alltags von Frauen.

»Alltag« ist ein in den Sozialwissenschaften, insbesondere auch in der Sozialgeschichte inzwischen vielfältig benutztes Konzept. Daß der Alltag – das Alltägliche, Gewohnte, wenig Besondere – in Mode gekommen ist, erklärt sich nicht nur aus der Enttäuschung über Emanzipationshoffnungen, die kurzfristig auf soziale Bewegungen und schnelle Veränderungen setzten.[1] Der Rekurs auf den Alltag bezeichnet vielmehr eine wissenschaftliche Perspektive, in der die Lebensbedingungen und das Wissen über und Meinen von jedermann und jeder Frau, eine »Geschichte von unten« und nicht so sehr die Ideen und Theorien einzelner, eben Alltagswissen und Alltagsleben die soziale Wirklichkeit einer Gesellschaft konstituieren.[2]

Die Übernahme dieser Perspektive für die Rechtswissenschaften, insbesondere auch für die Rechtssoziologie, folgt aus der Erkenntnis, daß der anhaltenden Diskriminierung von Frauen trotz formal gleicher Rechte mit gleichstellenden Gesetzen allein, aber auch mit Rechtskritik und dem Streit in bisher justitiablen Rechtsfällen nicht beizukommen ist. Wer das alltägliche Unrecht gegenüber Frauen, die üblichen »kleinen« Rechtsverletzungen im Behörden- und Rechtsverkehr beseitigen will, muß die besondere Lebenssituation von Frauen – den weiblichen Lebenszusammenhang[3] – berücksichtigen und sich damit auf den Alltag von Frauen einlassen.

Das Alltägliche ist in der Regel das, worüber man nicht spricht, das erst zum Thema wird, wenn etwas Besonderes passiert oder der Alltag in seinem normalen Ablauf gestört wird. Das gilt auch in der Praxis des Rechts. Meine These lautet daher:

Der Rechtsalltag der Frauen ist traditionell durch Unrecht und auch heute noch durch selbstverständliche Ungleichbehandlungen geprägt, weil Ungleichheit und Benachteiligung selbstverständliche Bestandteile der Frauenrolle sind. Erst wenn dies bemerkt wird, wenn die üblichen Rollenerwartungen zurückgewiesen, die Frauenrolle abgelegt wird, ist Gleichberechtigung durchsetzbar.

Da die traditionelle Frauenrolle fest im Alltagsleben verankert ist, seien zur Erläuterung dieser These kurz die Merkmale des Alltagslebens referiert, ohne den Anspruch, der umfangreichen Literatur zu diesem soziologischen Konzept gerecht zu werden. Ich stütze mich auf eine Definition Agnes Hellers, die allgemein genug ist und zugleich die spezifische Lebenssituation von Frauen in unserer Gesellschaft kennzeichnet – übrigens ohne von der Autorin als frauenspezifisch thematisiert zu werden.

»Das Alltagsleben ist (demnach) die Gesamtheit der Tätigkeiten der Individuen zu ihrer Reproduktion, welche jeweils die Möglichkeit zur gesellschaftlichen Reproduktion schaffen.«[4] Im Gegensatz zu anderen Alltagstheoretikern[5] betont Agnes Heller den bedeutenden Stellenwert der Arbeit, der verschiedenen »Tätigkeitsformen des Alltagslebens, durch die der *ganze Mensch* geformt wird«, und weist die Bestimmung des Alltagslebens nur als Sphäre der Konsumtion gegenüber der der gesellschaftlichen Produktion als oberflächlich zurück.[6] Sie bezeichnet hiermit ein wesentliches Kriterium alltäglicher Frauenarbeit, die auch als Hausarbeit immer gesellschaftlich notwendige Tätigkeit, »Arbeitstätigkeit« ist und durch die übliche Unterscheidung in einen Produktions- und Reproduktionsbereich einer falschen Systematik unterliegt. Es genügt darum auch nicht, das Alltagsleben als »lose, äußerliche Einheit« der »verschiedenartigen Lebensbereiche und Lebenszusammenhänge... wie es sich in diesen Bereichen: Arbeit, Freizeit, Familie etc. jeweils auszudrücken vermag«[7], aufzufassen. Vielmehr ist der Alltag von Frauen gerade durch ein Sowohl – als auch, durch die Notwendigkeit zur Vereinbarung von verschiedenen Arbeitsweisen, der Erwerbs- und der Hausarbeit, gekennzeichnet, und es charakterisiert diesen von jeder einzelnen Frau herzustellenden Lebenszusammenhang, daß Freizeit für Frauen in den seltensten Fällen auch Muße bedeutet.

Das Konzept des Alltagslebens wie auch die Wirklichkeit des weiblichen Lebenszusammenhangs sind widersprüchlich und doppeldeutig. So gilt Alltagsleben, der Ort des konkreten Zusammenlebens, einerseits als ein im Kapitalismus »quasi unversehrter, noch nicht verwerteter traditioneller Lebenszusammenhang«, der den gesellschaftlichen Zusammenhang garantiert.[8] Er ist nach Henri Lefebvre im Gegensatz zum besonderen historischen oder erinnerten Ereignis ein Ort des Bewahrens, Bewährten, Konventionellen, der Ordnung der Dinge, der in der modernen Welt jedoch von Verarmung und Zerfall bedroht ist. Andererseits – und das begründet wohl erst das große wissenschaftliche Interesse – enthält das konkrete Zusammenleben der Menschen im Alltag ein Widerstandspotential, das »die geheime Hefe der Geschichte bildet«[9] und Möglichkeiten der Veränderung andeutet.

Für den behaupteten Zusammenhang zwischen Frauenalltag und Frauenrechten genügt es festzuhalten: In seinem regelmäßigen und anscheinend unproblematischen Ablauf erweist sich das Alltagsleben als »sozialer Kitt«, weil es unbewußt und routinehaft die Bewältigung der alltäglichen Aufgaben, der Alltagsarbeit, erleichtert und von immer neuen Entscheidungen und Überlegungen entlastet. Im Prozeß der Zivilisation wie auch der individuellen Sozialisation wurden so die sozialen Zwänge zum Selbstzwang internalisiert.[10] Auch die traditionelle Frauenrolle, insbesondere die geschlechtsspezifische Form der Arbeitsteilung in Familie und Beruf, ist ein Teil der Alltagspraxis. Sie ist gleichsam »innere Natur«. Ein ganzes Netz von Erwartungen und Bestimmungen regelt den Alltag der Frauen, ihr »Dasein« für die Familie, ihre selbstverständliche Hausarbeit, ihre typischen Berufstätigkeiten, soweit es ihre »Familienhaftigkeit« (H. W. Riehl) erlaubt. Der Inanspruchnahme gleicher Rechte, die für Männer selbstverständlich sind, steht diese Rollenzuweisung in der Regel entgegen. Denn Selbstbestimmung und Gleichberechtigung passen nicht zur geforderten Rücksichtnahme, zur erwarteten Selbstaufopferung der »Familienfrau«. Man kann sagen: Die Frauensituation sperrt sich gegen die Durchsetzung von Gleichberechtigung.

Von einer Diskussionsteilnehmerin in der Gruppe erwerbsloser Frauen wurde dies treffend ausgedrückt in der Formulierung: »Wenn ich als Frau etwas für mich selbst tun will, dann ist das *nicht in Ordnung*.«

Inzwischen hat sozialer Wandel, insbesondere die Emanzipationsbewegung der Frauen, einen Individualisierungsschub eingeleitet. Die traditionelle Frauenrolle wird zunehmend fragwürdig. Ein Übergang von »zugewiesenen« zu »erworbenen« Rollen mit neuen Entscheidungsmöglichkeiten und Lebenschancen deutet sich an.[11] Doch die gar nicht mehr neue gesetzliche Gleichberechtigung reüssiert nur mühsam gegen eingeschliffene Gewohnheiten und Fügsamkeiten. Frühere, längst überholte Gewohnheits»rechte«, z. B. in der Form der Gewalt gegen Frauen, erweisen sich gegenüber allen großen Rechtserrungenschaften als resistent. Aber auch für die Adressaten und Nutznießer neuen Rechts, für die Frauen selbst, führen Alltag und Herkommen zu Selbstbeschränkungen und inneren »Blockaden«. Denn Neues, nicht Gewohntes schafft Unsicherheit, ist nur gegen Widerstände von allen Seiten durchzusetzen.

Nur so ist zu erklären, warum die alltäglichen Benachteiligungen und selbstverständlichen Zurücksetzungen von Frauen oft gar kein Thema sind und als Unrechtserfahrungen erst in der Folge von Lebenskrisen, nach dem Scheitern der Familienbeziehungen, im Bruch mit der traditionellen Frauenrolle zu Wort kommen. Selbst in der aus dem Alltag gelösten Erhebungssituation eines Frauenforschungsprojekts zeigte sich, daß gerade Rechts- oder Unrechtserfahrungen nur schwer zu thematisieren sind. Der Grund liegt darin, daß sich das Alltagsbewußtsein gegen Problematisierungen wehrt. Die Erfahrungen von Frauen bleiben in dem alltäglichen weiblichen Lebenszusammenhang eingebunden. Dieser ist üblicherweise isoliert und privat, d. h. solange über die eigene Erfahrung nicht mit anderen gesprochen wird, scheint sie nicht verallgemeinerbar und wird bestimmt durch die gesellschaftliche Minderbewertung des eigenen Daseins. Wie industriesoziologische Untersuchungen über die Arbeitszufriedenheit der Arbeiter[12] oder die vielzitierte Zufriedenheit der Hausfrauen[13] zeigen, gibt es eine Sperre gegenüber der eigenen »bewußten« Erfahrung, weil das Eingeständnis der realen Erfahrungen, die Erkenntnis der gesellschaftlichen Unterdrückung oder Abhängigkeit unerträglich wäre.

Im folgenden stütze ich mich auf Ergebnisse eines an der Universität Bremen durchgeführten Forschungsprojekts über »Durchsetzungschancen gleichen Rechts für Frauen«.[14] Ziel der Untersuchung war es, die Gründe zu analysieren, aufgrund derer die Gleichberechtigung der Frauen trotz formaler Garantien in der

Rechtswirklichkeit, d. h. in der alltäglichen Rechtsanwendung immer wieder scheitert. Im Hinblick auf die Rechte erwerbsloser Frauen wurde deshalb die Anwendungspraxis des Arbeitsförderungsgesetzes (AFG) untersucht; darüber hinaus wurden neben einer Erörterung der Rechtsmaterialien Gruppendiskussionen mit Mitarbeitern zweier Arbeitsämter, dem Rechtsstab, sowie mit arbeitsuchenden Frauen als Rechtsadressaten oder Klientel durchgeführt.

Unsere nach der Methode der themenzentrierten Interaktion[15] angeleiteten Diskussionen über Rechte und Rechtserfahrungen erwerbsloser Frauen waren – soweit es gelang, Bewußtwerdungsprozesse anzuregen und latente Bedürfnisse zu artikulieren – ein Stück Aktionsforschung. Denn erst vor dem Hintergrund der widersprüchlichen Anforderungen in Familie und Beruf, die von den Frauen selbst zum Thema gemacht wurden, war es möglich, die Barrieren gegen die Durchsetzung von Frauenrechten, aber auch die oft versteckten Rechtsbedürfnisse und Rechtsvorstellungen von Frauen über mehr Gleichberechtigung zur Sprache zu bringen. Die Fülle der Aussagen wurde für die Auswertung nach einem gradualisierten Schema von Rechtsbedürfnissen und Rechtsvorstellungen[16] geordnet, wobei im vorliegenden Zusammenhang nur einige Ausschnitte – und zwar die Schwellen auf dem Weg zum Recht – interessieren, die die Überschreitung des Alltagsbewußtseins illustrieren.

Schwellen auf dem Weg zu Frauenrechten

Der notwendige Hintergrund aller Diskussionen um Frauenrechte ist die Erörterung von Familienproblemen. Eine Fülle von Aussagen kreist um das Hin und Her zwischen Familien- und Erwerbsarbeit. »Das kann man nicht beides gut machen, eines leidet darunter...« So lautete der Kernsatz einer Diskussionsrunde zu diesem Thema, oder: »Irgendeines von den drei Dingen wird eine Schlappe erleiden, Du selbst, Beruf oder Kinder.«[17]

Bisher gibt es keine Lösung für dieses Problem. Auch die rechtliche Regelung im neuen Ehe- und Familienrecht, wonach sich gemäß § 1356/60 BGB beide Ehegatten über die Arbeitsteilung in der Ehe einigen müssen, hilft in der Alltagspraxis nicht. Die

Arbeitsteilung, wonach »drinnen Weiberarbeit – draußen Männerarbeit (ist)«, das ist nach Meinung der Frauen »ne Rollenverteilung ... über Generationen eingebleut, ob es da nun Gesetze gibt oder nicht«.

In allen Gesprächen mit Frauen über Recht nehmen die Klagen über Ungerechtigkeiten einen breiten Raum ein. Es sind zunächst sehr unspezifizierte Klagen, die sich keinem rechtlichen Tatbestand zuordnen lassen. Der Hauptanlaß aber ist die Nicht-Beachtung, die Nicht-Anerkennung der Hausarbeit und das Scheitern aller Bemühungen um Ausgleich, um rechtliche Kompensation. Insbesondere langjährige Hausfrauen machen eine Verlustrechnung auf in vielerlei Hinsicht – gegenüber den Familienmitgliedern, im Hinblick auf die verlorenen Berufsjahre oder die Nachteile bei der Rentenberechnung:

»Praktisch haben wir für die Kinder ja auch immer gearbeitet. Aber das wird nie angerechnet.«

Oder:

»... es ist ja ungerecht, wenn Frauen, die zu Hause geblieben sind – ja nun bestimmt nicht, um ihre Hände in den Schoß zu legen –, daß man damit bestraft wird und hinterher noch als die dumme Hauskatze hingestellt wird.«

Sehr nüchtern klingt auch das Resümee:

»Ich hab das (die Hausarbeit) auch bewußt gemacht und ... finde das auch immer noch richtig ... (Doch) wenn's mal hart auf hart kommt ... unterm Strich ist da nichts.«

Wer »vorher nicht gearbeitet hat« – und Hausarbeit gilt nach den Bestimmungen des AFG, erst recht seit seiner Verschärfung durch die sog. Spargesetze als Nicht-Arbeit, weil sie keine versicherungspflichtige Beschäftigung ist –, hat vom Arbeitsamt nichts zu erwarten, wird nicht vorrangig vermittelt, hat keinen Anspruch auf Arbeitslosengeld, geschweige denn auf Umschulung oder Fortbildung. Diese Unrechtserfahrungen haben fast alle Frauen unserer Diskussionsgruppen gemacht. Aber in ihre Klage mischen sich vielfach auch Zweifel über das, was »man« *als Frau* beanspruchen kann.

Denn das Frau-Sein ist die Grundlage ihres Ich-Bewußtseins, ihrer Identität und damit vorrangiges Muster jener »Wirklichkeit der Alltagswelt, (die) in ihrer imperativen Gegenwärtigkeit unmöglich zu ignorieren, ja, auch nur abzuschwächen (ist)«.[18] Selbst da, wo die hergebrachten Anforderungen problematisch geworden sind, weil sie mit den gegenwärtigen Bedürfnissen nicht mehr übereinstimmen, wird Frau-sein von den meisten dennoch als Chance begriffen. »Für mich«, sagen die einen, »besteht Frau-sein darin, die Leute, die zu mir gehören, unheimlich zu verwöhnen.« Die anderen resignieren ein wenig und meinen übereinstimmend: »Da ist eine Barriere, an der Frauen sich selbst eine Blockade bauen.«

Diese Wirklichkeit in Frage zu stellen bedeutet, eine Grenze zu überschreiten. »Die Alltagswelt behauptet sich von selbst, und wenn ich ihre Selbstbehauptung anfechten will, muß ich mir dazu einen Stoß versetzen.«[19]

Die entscheidende Schwelle auf dem Weg zum eigenen Recht ist darum der »Knacks«, der Bruch mit den traditionellen Rollenanforderungen, der durch sehr unterschiedliche Erfahrungen, oft genug durch eine lebensgeschichtliche Krise, ausgelöst wird. Diese muß nicht unbedingt eine dramatische Ursache haben, etwa einen Unglücksfall, eine Ehescheidung oder eine materielle Notlage voraussetzen. In den Texten unserer Gruppendiskussionen mit Frauen der mittleren Lebensphase fiel auf, daß sich diese Krise durchgehend eher allmählich einschleicht, den Punkt bezeichnet, an dem das »Maß voll ist«, an dem der Alltag mit seinen Balanceakten zwischen widersprüchlichen Anforderungen nicht mehr ertragen wird.

Immer ist dem »Knacks« ein typischer Frauenalltag vorausgegangen, in dem Frauen »für ihre Familie gelebt haben«, in dem sie »für andere da waren«, ihre Interessen – das merken sie erst jetzt – »gänzlich haben verschluren lassen«. Welche Erfahrung oder welches Erlebnis im einzelnen der Auslöser für den Bruch mit dem Gewohnten ist, ließe sich erst anhand der jeweiligen Biographien aufzeigen. Und der Frage wäre nachzugehen, ob sich wirklich erst in dieser Frauengeneration die Bedingungen für den Aufbruch so verändert haben.

Im Überblick kommen viele Faktoren zusammen, die das Problem über den Rand einer bürgerlichen oder akademischen Schicht hinaus verallgemeinert haben: gesellschaftliche Veränderungen der materiellen Ressourcen wie des Bewußtseins, gewandelte Lebens-Perspektiven und Qualifikationen, eine geringere Kinderzahl usw. Nicht unerheblich sind schließlich auch die verbesserten rechtlichen Rahmenbedingungen im Ehe- und Familienrecht. Immer aber ist der »Knacks« ein selbstbestimmter, selbstbewußter Akt einer einzelnen, das Zulassen unbefriedigender Erfahrungen, das unbequeme Aufgeben von Routinen und Selbstverständlichkeiten. Denn unbequem ist es und Widerstand ruft es hervor, wenn eine Frau in der Familie plötzlich sagt: »So geht das nicht.«

»Wenn ich berufstätig war, hab' ich trotzdem diesen Haushaltskram da gemacht... bis ich mal gesagt habe: So geht das nicht.« »Da hab' ich eben den Haushaltskram liegen lassen, was ich sonst nicht habe. Und ich muß sagen, ich stoße immer noch auf Widerstand.«

Eine andere hat ähnliche Erfahrungen gemacht: »Und ich kämpfe eben schon zehn Jahre, daß ich's nicht mehr tue, daß ich Ellbogen gebrauche...«

Bei der Beurteilung und Interpretation dieser Aussagen ist zu beachten, daß die Frauen unseres Samples in soziologischen Kategorien gemessen durchweg der Unterschicht, allenfalls einer unteren Mittelschicht angehören, alle eine schlechte oder keine Berufsausbildung haben, in vier von fünf Gruppen etwa 40 Jahre alt sind. Sie gehören keiner Frauengruppe oder Frauenbewegung an und haben in unseren Gruppendiskussionen oft zum erstenmal in ihrem Leben mit anderen Frauen über ihre Probleme als Frauen gesprochen. Dies erklärt, warum sie manchmal im Verlauf der Diskussion ihre Meinung ändern und sich im Widerspruch zu vorherigen Äußerungen, zu vorher Abgewehrtem bekennen.

Zum Beispiel erzählte J. im ersten Teil der Diskussion, daß sie sich nicht gesträubt habe, bei »Haus und Hof und Kind« zu bleiben, ihren Beruf aufzugeben, ihrem Mann gegenüber mit der Bemerkung: »Gut, ich trete kürzer, Du bist vorn...« Später schildert sie ihre alltäglichen Erfahrungen, eine für viele Frauen typische Situation:

»Wie gesagt, als unser Sohn geboren wurde, bin ich vier Jahre zu Hause gewesen..., dann standen wir am Fenster. Ich mein, wir haben nun noch ein Haus und einen Garten, aber trotzdem, man kann nicht nur immer Unkraut jäten und Essen kochen. Wir standen am Fenster, haben auf die Uhr geguckt, ja, mein Mann rief dann an: ›Um ½5 mach' ich pünktlich Feierabend, bin ich zu Haus.‹ Es wurde ½6, er kam nicht. ›Ja, weißt Du, die ganzen Termine, und ich muß am Samstag noch eben hin...‹ Und das war eigentlich damals ausschlaggebend. Da hing denn bei Brema ein Schild ›Verkäuferin‹ gesucht...«

Unter den vielen ähnlichen oder auch anders motivierten Erfahrungsberichten hat J. die prägnante Formulierung gefunden, die in unserer Auswertung dem latenten, oft verschwiegenen Problem den Namen gegeben hat: der »Knacks«:

»Die ganzen Jahre waren natürlich zuerst die Familie und die Kinder. Wenn ich dann halbtags gearbeitet hab'... das Familienleben sollte nicht darunter leiden, nicht,... da habe ich was kaputtgemacht bei mir, irgendwie, das ist nie zur Debatte gekommen.

Die Familie hat's nicht gewußt. Aber jetzt ist die Zeit gekommen, daß ich das nicht mehr ertragen kann, nicht daß meine Familie mir irgendwie zusetzt, aber schon diese Zwickmühle Familie/Beruf und immer zurückstecken. Irgendwann kommt so'n Knacks, auch wo man merkt, so geht das nicht. Irgendwann muß ich mich einfach befreien...«

Dieser Akt der Selbstbehauptung, die Loslösung aus bisherigen Selbstverständlichkeiten und Abhängigkeiten, die Erkenntnis, »das ist ja mein Leben«, wird in vielen Erfahrungsberichten von Frauen zur wesentlichen Voraussetzung für die Besinnung auf eigene Rechte. Wird das Recht auf Selbstbestimmung und Selbstverwirklichung aber erst einmal in Anspruch genommen, so lassen sich gravierende und verletzende Erfahrungen von Diskriminierung und Zurücksetzung – bei der Arbeitssuche, auf dem Arbeitsamt oder innerhalb der Familie – in der Regel nicht mehr vermeiden. Davon berichten alle Frauen unserer Diskussionsgruppen. Doch ohne die weiteren Schritte auf der fiktiven Stufenleiter von latenten Rechtsbedürfnissen zu manifesten Rechtsforderungen hier weiter ausführen zu können, sei für den Zusammenhang von Frauenrechten und Frauenalltag noch ein Ergebnis resümiert:

Entgegen rechtssoziologischen Annahmen von mangelnden Rechtsinteressen oder Rechtskenntnissen von Frauen, ihrem defizitären oder »negativen« Rechtsbewußtsein konnten wir in unseren themenzentrierten Gesprächen über Recht feststellen, daß Frauen sehr konkrete und praktische Vorstellungen darüber haben, wie ihre Situation auch rechtlich zu verbessern sei, welche Rechtsverbesserungen zur Verwirklichung von Gleichberechtigung und zur Kompensation frauentypischer Nachteile notwendig wären. Engagiert und lebhaft diskutiert wurde dabei nicht so sehr über allgemeine oder grundsätzliche Rechtsfragen, die im Verständnis jeder einzelnen eher zu abgenutzten und plakativen Formeln erstarrt sind, beispielsweise die Forderung nach »gleichem Lohn für gleichwertige Arbeit«, sondern über sehr unterschiedliche, auf die eigene Lebenssituation bezogene Rechtsforderungen wie: Bildungsurlaub für Mütter, verbesserte Wiedereingliederungshilfen für Frauen nach der Familienphase, rechtliche Anerkennung der Hausarbeit, sei es in der Form der Rente, als Grundlage für Arbeitsförderungsansprüche und vieles andere mehr. Im Verlauf der Diskussionen wurde immer deutlicher, daß viele dieser Rechtsforderungen die gegenwärtige Ordnung und Rechtswirklichkeit grundlegend kritisieren, ja, auf eine Veränderung des Status quo im Verhältnis der Geschlechter, insbesondere auf die Aufhebung der geschlechtsspezifischen Arbeitsteilung zielen. »Das Ding mal von der anderen Seite anfassen«, nannten es die Diskutantinnen und meinten damit eine Gleichberechtigung, die nicht nur an männlicher Lebensweise orientiert ist, sondern ihrer Lebenssituation, dem Frauenalltag angemessen ist. – Dies alles sind Forderungen, die aus alltäglicher »schlechter« Erfahrung entstanden sind und doch den Horizont des Alltagsbewußtseins so weit überschreiten, daß die Rechtsanwender sie mühelos als Utopien oder – noch einfacher – als Privatprobleme abtun können. Wie dies begründet wird, ist aus den Gruppendiskussionen mit dem Rechtsstab des Arbeitsamtes zu lernen.

Zur Alltagspraxis des Rechtsstabes

Kontrastierend sollen deshalb anhand einiger alltagspraktischer Redewendungen die Strategien der Rechtsanwender erläutert werden, mit denen es gelingt, die Rechtsprobleme von Frauen wegzudefinieren bzw. nicht zur Kenntnis zu nehmen. Denn es genügt nicht, die anhaltende Diskriminierung von Frauen in der Rechtspraxis der Ämter und Behörden trotz formal gleicher Gesetze kurzschlüssig auf patriarchalische Vorurteile oder Geschlechtsrollenklischees des Entscheidungsträgers zurückzuführen. Das Verfahren der rechtlichen Benachteiligung ist komplizierter.

Trotz guten Willens – zur Teilnahme an unseren Diskussionen waren nur die Mitarbeiter zweier Arbeitsämter bereit, die der Frauenproblematik zumindest aufgeschlossen gegenüberstehen – und bei anscheinend vollem Problembewußtsein plauderten die Beamten »aus ihrer Schule«, die durch routinierte Verfahrensweisen und ein sich selbst sicheres Alltagsbewußtsein gekennzeichnet ist.

Rechtsanwendung und Verwaltungshandeln unterscheiden sich vom Alltagshandeln der Rechtsadressaten darin, daß der Rechtsstab explizit nach formalen Regeln und Normen entscheidet und sein konkretes Rechtshandeln hiermit begründen kann. Aber gerade in den zur Disposition gestellten Ermessens- oder Beurteilungsspielräumen stützen sich die Rechtsanwender zur Bewältigung ihres beruflichen Alltags und aus dem »Interesse an einem reibungslosen Funktionieren auf Routinen, um mit ihren Klienten ohne große Mühe ›fertig werden‹ zu können«.[20] Die so »bewährte« Routine ist oft wenig reflektiert, wehrt neue Orientierungen ab, veralltäglicht Konfliktsituationen zu pragmatischen Lösungen und ist, wie es sich für jedermann und sein Alltagswissen versteht, keineswegs frei von patriarchalen Vorurteilen, in denen sich herkömmlicherweise Bevormundung, Entscheidungsmacht und vorgebliche Fürsorge mischen.

In den von uns diskutierten Rechtsfällen ging es um die Frage, ob das Arbeitsförderungsgesetz auch unter schlechten Arbeitsmarktbedingungen emanzipationsfördernd sein könne, ja, inwieweit speziell die Sachbearbeiter auf dem Arbeitsamt in ihren alltäglichen Entscheidungen bereit und in der Lage sind, die rechtlichen Möglichkeiten, die das Gesetz als formal gleiches bietet, zugunsten von Frauen auszuschöpfen. Auffällig war in fast allen Einlassungen, daß die Rechtsanwender eine Möglichkeit der Einflußnahme und der Rechtsgestaltung strikt verneinen. Fast alle Argumente laufen darauf hinaus, eine spezielle Zuständigkeit oder Beteiligung an der Rechtsmisere der Frauen abzuwehren, sie nicht wahrhaben zu wollen, andere Ursachen als gesetzliche und rechtspraktische zu erfinden, kurz, blind in bezug auf die Rechtsprobleme von Frauen zu sein.

In diesen Abwehrformen des Alltagsbewußtseins, mit denen mögliche Handlungsalternativen oder andere Sichtweisen nicht zugelassen, sondern die Alltagspraxis und routinisierten Verfahrensweisen mit Emphase verteidigt werden, spielen juristische Auslegungsfragen und Kommentierungen keine Rolle mehr. Es wimmelt vielmehr von Gemeinplätzen und Plausibilitäten.

Nicht nur unter Rechtsanwendern ist die Argumentation mit ökonomischen Sachzwängen die plausibelste Ausrede, man einigt sich sehr schnell auf folgende Begründung:

»Emanzipationswünsche der Frauen ... die sind nicht mehr drin ... Jetzt ist es eben nicht mehr aktuell, aus Sparmitteln so großzügig zu sein ..., da müssen wir uns beugen.«

Zugleich wird immer wieder betont:

»Es wird (von uns) generell kein Unterschied zwischen den Geschlechtern gemacht in der Rechtsanwendung.«

Mag diese Äußerung noch im guten Glauben an eine nicht bewußte Diskriminierung von Frauen im Einzelfall begründet sein, so macht es immerhin hellhörig, daß es in dieser Alltagspraxis im Hinblick auf Frauen gar »keine besonderen Rechtsfragen« geben soll.

Aber wir erfahren im weiteren Verlauf der Diskussion, warum »zumindest das AFG ... nicht dazu da ist, jedem einzelnen sein Lebensglück zu ermöglichen«. Die Formel, die die Meinungen der Diskutanten zusammenfaßt, lautet: »Gleichberechtigung ... ist Sache des Familienrechts und nicht Sache des AFG.«

Diese Schlußfolgerung ist eindeutig falsch bzw. kann nicht im Rechtssinne sein. Der Grundsatz der Gleichberechtigung der Frau gilt als Grundrecht mit höchstem Verfassungsrang für alle Rechtsgebiete, er ist keine Spezialität nur des Familienrechts. Obgleich Artikel 3 Abs. II des Grundgesetzes eine »echte Rechtsnorm« ist, seit 1953 (vgl. Art. 117, I GG) alles dem Gleichberechtigungsgrundsatz entgegenstehende Recht »außer Kraft getreten war«[21], ist die Rechtstatsache zu konstatieren, daß Rechtslehre und Rechtsprechung, ja, selbst der Gesetzgeber immer wieder versucht hat, das Gleichheitsgebot auf ein Familienrechtsprogramm zurechtzustutzen, seines ökonomischen Gehalts zu berauben und damit die soziale Sprengkraft der Gleichberechtigung von Frauen zu mindern.[22] Gerade auch das AFG, das in § 2 Ziff. 5 Frauen immerhin ausdrücklich als Zielgruppe seiner Förderungsmaßnahmen benennt, wäre deshalb nicht so leichtfertig aus der Pflicht zur Herstellung von mehr Gleichheit durch Gesetz zu entlassen.

Doch wie bereits erwähnt, wird die Debatte um Frauenrechte von unserem Rechtsstab nicht juristisch geführt. Ihr Stoff sind Allerweltsweisheiten, Alltagswissen, wobei der gesunde Menschenverstand bei heiklen Fragen gern psychologisierende Erklärungen zu Hilfe nimmt: Die Deutung wird akzeptiert, »daß Frauen nur als Vorwand etwas Berufliches auf den Tisch legen, ... in Wirklichkeit ganz schwerwiegende private Probleme haben, die sich unserem Wirkungskreis entziehen«.

Private Probleme sind offensichtlich keine Rechtsprobleme. Doch die Definitionsmacht darüber, was als privat oder rechtserheblich zu gelten hat, liegt nicht allein bei den Rechtsanwendern. Immer wieder mischt auch der Gesetzgeber mit. Schon mit der Einführung des Unterschiedes zwischen »arbeitsmarktpolitisch notwendigen« und nur »zweckmäßigen« Maßnahmen der beruflichen Fortbildung oder Umschulung durch das Haushaltsstrukturgesetz von 1976 waren die seit 1969 partiell von ökonomischen Sachzwängen unabhängigen Emanzipationswünsche der Frauen gesetzlich gestrichen worden, zumindest nach der herrschenden Meinung nicht mehr durchsetzbar. Gegenmeinungen auch in diesen Frauenfragen scheinen nicht gehört zu werden. So kommt A. Gagel selbst nach der weiteren Verschärfung und Novellierung des AFG durch die Zumutbarkeitsanordnung von 1980 noch zu dem Schluß, daß sich der Gesetzgeber »konsequent bemühe, den besonderen Bedürfnissen des arbeitsuchenden Menschen möglichst weitgehend Rechnung zu tragen und damit den Verfassungsauftrag der Freiheitsgrundrechte (Art. 1, 2, 6 und insbesondere Art. 12 GG) zu verwirklichen«.[23]

In der Rechtspraxis werden jedoch nach wie vor nur ökonomische Gründe als zwingend behandelt und zählen für die Inanspruchnahme von Rechten:

»Das ist ganz einfach«, sagen die Beamten, »die Fragen beziehen sich nur auf die wirtschaftliche Situation. Hat sich die wirtschaftliche Situation der Frau gegenüber früher (etwa durch Wegfall des Ernährers) verschlechtert, so daß sie auf eigenes Einkommen angewiesen... haben wir das geschluckt, haben wir das auch bezahlt... Wenn (aber) eine Frau sich verwirklichen will, und sagt, mir fällt die Decke auf den Kopf, also, ich möchte jetzt etwas tun, ist das leider nicht im AFG verankert, daß man dann Leistungen zahlt.«

Das »leider« ist im Konzept aller anderen Aussagen nicht sehr überzeugend. Zu häufig wurde auch die »Frau mit Pelzmantel« zitiert, die mit ihrem BMW vor dem Arbeitsamt vorfährt, um sich ihr Unterhaltsgeld abzuholen. Ist es nicht vielleicht doch »in Ordnung«, wenn eine Frau, die nicht »arbeiten *muß*«, auch nicht »arbeiten geht«? In einer Situation knapper Kassen sind die Emanzipationswünsche von Frauen, die auch noch Geld kosten, »Rosinen im Kopf«: Wenn »die Frau tatsächlich ganz subjektive, eigene Gründe hat..., können wir das nicht befürworten...«. Rechtstatsache bleibt: »Das AFG ist nicht dazu da, jedem einzelnen sein Lebensglück zu ermöglichen.«

Fazit: Im Alltagsbewußtsein der Mitarbeiter des Arbeitsamtes spielen auch die seit 1977 durch das neue Familienrecht veränderten Rechtschancen für Frauen keine Rolle. Sie sind deshalb nicht besonders frauenfeindlich, sondern vertreten doch nur Meinungen von jedermann, bleiben in ihren Gewohnheiten und einem überholten Rechtsdenken befangen. Die Frage stellt sich, wie es dann Frauen, die bei ihren neuen Gehversuchen selbst noch unsicher sind, jemals gelingen kann, nicht über die alltäglichen Barrieren zu stolpern und ihre Rechte gegen so eingeschliffene Widerstände durchzusetzen.

»Die Frauen spüren«, schreibt R. Rossanda, »daß ihre Ungleichheit ... aus einer alten, verinnerlichten Kultur stammt. Da liegt der Ursprung ihrer Unterdrückung, noch vor den Gesetzen und rigider als das Gesetz. Das allgemeine Bewußtsein hält sie für nicht gleich, und tatsächlich sind sie es dann auch nicht. Die Erfahrung wirklicher Ungleichheit jenseits der behaupteten Prinzipien, die Täuschung und Heuchelei, die bei der Gleichberechtigung bleiben, sind für die Frauen massiver, bestimmender, dichter als für die Männer ... Frauen wissen, daß ihre Ungleichheit durch die Maschen des Rechts fällt.«[24]

In der Rechtssoziologie, die sich im Aufschwung reformistischer Gedanken seit Ende der sechziger Jahre mit »Rechtsbedürfnissen sozial Schwacher«[25] und alternativen Rechtsformen und Alternativen zum Recht[26] beschäftigte, schien es verdienstvoll zu sein, anscheinend »private Schwierigkeiten« oder Probleme in »öffentliche Angelegenheiten« zu übersetzen und damit zu ihrer Rechtserheblichkeit beizutragen. Für eine rechtssoziologische Frauenforschung ist diese Aufgabe nicht erledigt, denn der besondere Beitrag der Frauenforschung zur Wissenschaft ist die vielfältig belegte Erfahrung und Erkenntnis, daß die angeblich privaten Schwierigkeiten der Frauen gesellschaftliche Probleme sind. Sie sind nur durch allgemeine Regeln und Rechte und nicht durch die Anstrengungen und Karrieren einzelner oder durch Ausnahmegenehmigungen zu lösen. Wenn die Rechtssoziologie aber verhindern will, daß die Rechtsbedürfnisse und Rechtsforderungen von Frauen nicht mehr »durch die Maschen des Rechts fallen«, darf sie sich nicht nur am positiven Recht, d. h. an den im gegenwärtigen Rechtsapparat durchsetzbaren Rechtsansprüchen orientieren, sondern muß die bisher im Alltag verschütteten Unrechtserfahrungen und Rechtsbedürfnisse von Frauen zu Wort kommen lassen. Das heißt, sie darf sich nicht scheuen, sich auch mit dem »kleinen« Unrecht anzulegen. Frauen, die zu ihrem Recht kommen wollen, aber bleibt bisher keine andere Wahl, als »aus der Rolle zu fallen«.

Anmerkungen

1 So H. Joas in der Einleitung zu A. Heller, *Das Alltagsleben. Versuch einer Erklärung der individuellen Reproduktion,* Frankfurt 1981, S. 7.
2 P. L. Berger/Th. Luckmann, *Die gesellschaftliche Konstruktion der Wirklichkeit,* Frankfurt 1980.
3 Vgl. hierzu grundlegend U. Prokop, *Weiblicher Lebenszusammenhang,* Frankfurt 1976. Zu der Bedeutung für die Rechtsprobleme von Frauen vgl. U. Gerhard, *Über gegenwärtige und historische Erfahrungen der Frauen mit Recht,* in: *Gesellschaft* 14, Frankfurt 1981, S. 143 f.
4 Heller, *Alltagsleben,* a. a. O., S. 24 f.
5 H. Lefebvre, *Kritik des Alltagslebens in der modernen Welt,* Frankfurt 1972.
6 Heller, *Alltagsleben,* a. a. O., S. 86 und Anm. 1 zu S. 26.
7 Th. Leithäuser, *Kapitalistische Produktion und Vergesellschaftung des Alltags,* in: Th. Leithäuser/W. R. Heintz, *Produktion, Arbeit, Sozialisation,* Frankfurt 1980, S. 49.
8 Leithäuser, *Kapitalistische Produktion,* a. a. O., S. 49.
9 Heller, *Alltagsleben,* a. a. O., S. 25.
10 Vgl. N. Elias, *Über den Prozeß der Zivilisation,* Bd. 1 u. 2, Frankfurt 1976.
11 E. Beck-Gernsheim, *Vom »Dasein für andere« zum Anspruch auf ein Stück »eigenes Leben«,* in: *Soziale Welt* 1983, S. 309.
12 O. Negt/A. Kluge, *Öffentlichkeit und Erfahrung,* Frankfurt 1977, S. 59.
13 H. Pross, *Die Wirklichkeit der Hausfrau,* Reinbek 1975.
14 Das Projekt wurde in Zusammenarbeit mit R. Lautmann erarbeitet und von der Stiftung Volkswagenwerk gefördert. Es besteht aus zwei empirischen Teilstudien: Aus einer Befragung von Rechtsanwälten zur Praxis des Ehescheidungsrechts, vgl. hierzu den Beitrag von C. Schumann in diesem Band, und aus einer Arbeitsamtsstudie, in der Experteninterviews und Gruppendiskussionen mit Klientinnen und Rechtsanwendern durchgeführt worden sind. Weitere Mitarbeiter/innen waren I. Negt, C. Bührmann und R. Metz.
15 R. Cohn, *Von der Psychoanalyse zur themenzentrierten Interaktion,* Stuttgart 1975.
16 Vgl. E. Blankenburg, *Recht als gradualisiertes Konzept,* in: *Jahrbuch für Rechtssoziologie und Rechtstheorie* 6, 1980, S. 83–98.
17 Alle Zitate auch im folgenden sind den Tonbandprotokollen der Gruppendiskussionen entnommen. Ihre genaue Verortung dürfte im vorliegenden Zusammenhang nicht interessieren.
18 Berger/Luckmann, *Konstruktion,* a. a. O., S. 24.
19 Ebd., S. 26.

20 AG Bielefelder Soziologen (Hg.), *Alltagswissen, Interaktion und gesellschaftliche Wirklichkeit,* Bd. 1, Reinbek 1973, S. 37.

21 *BVerfGE* 3, S. 225 f.

22 Vgl. hierzu ausführlich I. Reich-Hilweg, *Männer und Frauen sind gleichberechtigt,* Frankfurt 1979.

23 A. Gagel, *Vom Zumutbarkeitserlaß zur Zumutbarkeitsanordnung,* in: *BIST ArbR* 8/1980; vgl. auch A. Gagel/F. Jülicher, *Arbeitsförderungsgesetz Kommentar,* München 1979, 32 RNr. 19.

24 R. Rossanda, *Einmischung,* Frankfurt 1980, S. 125/126.

25 Vgl. E. Blankenburg/W. Kaupen (Hg.), *Rechtsbedürfnis und Rechtshilfe* (Jahrbuch für Rechtssoziologie und Rechtstheorie Bd. 5), Opladen 1978, hier insbes. K. Schuyt u. a., *Rechtsprobleme oder private Schwierigkeiten,* S. 109–138.

26 E. Blankenburg u. a. (Hg.), *Alternative Rechtsformen und Alternativen zum Recht* (Jahrbuch für Rechtssoziologie und Rechtstheorie Bd. 6), Opladen 1980.

Heide M. Pfarr

Die mittelbare Diskriminierung von Frauen im Erwerbsleben – Chancen eines neuen Rechtsinstituts

Den folgenden Ausführungen liegen drei Annahmen zugrunde:

Erstens: Die unmittelbare, direkt auf das Geschlecht bezogene Diskriminierung von Frauen wird mehr und mehr abnehmen. Das ausdrückliche Diskriminierungsverbot des 1980 in das Bürgerliche Gesetzbuch eingefügten § 611 a, wonach der »Arbeitgeber ... einen Arbeitnehmer bei einer Vereinbarung oder Maßnahme, insbesondere bei der Begründung des Arbeitsverhältnisses, beim beruflichen Aufstieg, bei einer Weisung oder einer Kündigung, nicht wegen seines Geschlechts benachteiligen« darf und die Rechtsfolgen dieses Verbots dürften in diesem Zusammenhang durchaus eine Rolle spielen, wenn auch keine ausschlaggebende. Mit dem Verschwinden der unmittelbar und ausdrücklich an das Geschlecht anknüpfenden Ungleichbehandlung von Frauen wird aber mitnichten ihre Benachteiligung im Erwerbsleben aufgehoben werden, sie wird nur andere, verschleiertere Formen finden.

Zweitens: Es besteht kein Anlaß, mit Mitteln der Politik oder des Rechts anzustreben, daß Frauen heute und zukünftig erwerbstätig sind unter Bedingungen, die auf Männer und ihre Lebensmuster hin konzipiert sind und in ihren Grundstrukturen menschen- und familienfeindlich sind.

Drittens: Um den verschleierten Formen der Benachteiligung von Frauen zu begegnen, vor allem aber, um die Strukturen der Erwerbsarbeit entsprechend den Bedürfnissen der Frauen zu ändern, wären verbindliche Frauenförderpläne das geeignete Mittel. Es besteht unter den herrschenden politischen Bedingungen jedoch kein Anlaß zu erwarten, daß wirkungsvolle Frauenförderpläne in mittelfristiger Zukunft und in bemerkenswertem Umfang eingeführt werden. Diese pessimistische Einschätzung hat auch vor dem mehr und mehr verbreiteten Gerede über Frauenförderung Bestand; denn in der Regel – und bei Forderungen seitens der Konservativen allemal – sind diese »Frauenförderungen« bloß appellativ, männlichen Normen, Maßstäben und Strukturen durch die unproblematisierte Forderung nach »gleicher Qualifikation und Leistung« verhaftet und ohne jede positive oder negative Sanktion.

Definition des Verbots der mittelbaren Diskriminierung

Vor dem Hintergrund dieser Annahmen rückt das Rechtsinstitut der mittelbaren Diskriminierung ins Blickfeld. Das Verbot der mittelbaren Diskriminierung ist in die Europäische Richtlinie zur Gleichbehandlung von 1976 aufgenommen worden[1], nicht aber in den Wortlaut des bundesdeutschen EG-Anpassungsgesetzes von 1980, das für sich in Anspruch nimmt, die europäische Richtlinie in nationales Recht umgesetzt zu haben. Dennoch soll sowohl nach der Gesetzesbegründung wie nach der Kommentarliteratur das Benachteiligungsverbot des § 611a BGB auch die mittelbare Diskriminierung umfassen.[2] Wie in dem Frauenbericht des Europäischen Parlamentes 1984 erneut betont wurde, besteht über die Definition dessen, was als mittelbare Diskriminierung zu verstehen sei, noch immer Unklarheit. Jedoch sind wir nicht ganz ohne Hinweise. Im britischen »Sex-Discrimination-Act« wird mittlerweile Diskriminierung genau definiert[3]; diese Regelung dürfte die Vorstellungen des europäischen Normgebers geprägt haben. Auch der Europäische Gerichtshof hat sich bereits in zwei Entscheidungen mit der mittelbaren Diskriminierung beschäftigt, im Jahre 1981 aufgrund einer Vorlage eines britischen Gerichts[4], 1986 aufgrund einer Vorlage des 3. Senats des Bundesarbeitsgerichts.[5] In beiden Fällen handelte es sich um Klagen von Frauen, die als Teilzeitbeschäftigte nicht dieselben Leistungen erhielten wie die Vollzeitbeschäftigten des Unternehmens. Inzwischen hat das Bundesarbeitsgericht die Entscheidung des Europäischen Gerichtshofs in nationales Recht umgesetzt und damit zum ersten Mal höchstinstanzlich das Rechtsinstitut der mittelbaren Diskriminierung angewandt.[6]

Das Rechtsinstitut der mittelbaren Diskriminierung hat eine durchaus ungewohnte Ausgestaltung. Es setzt für die Feststellung, durch eine Vereinbarung oder Maßnahme im Arbeitsverhältnis werde eine Person wegen ihres Geschlechtes diskriminiert, nicht voraus, daß unmittelbar an das Geschlecht angeknüpft wird. Vielmehr genügt es, daß durch eine geschlechtsspezifische Ausgestaltung einer Maßnahme die Geschlechter ungleich betroffen und eines eben wegen des Geschlechts benachteiligt wird. Nicht nur in der gesellschaftlichen, sondern auch in der juristischen Diskussion wurde ja häufig die Ansicht vertreten, eine Benachteiligung wegen des Geschlechts könne dann nicht vorliegen, wenn von einer Regelung, die ohne ausdrückliche Anknüpfung an das Geschlecht formuliert ist, nicht nur Frauen mit einem typischen weiblichen Lebenslauf betroffen sind, sondern dann und wann auch ein Mann, dann nämlich, wenn er sich ganz untypisch verhalten hat. Die mittelbare Diskriminierung stellt also ganz auf die unterschiedlichen konkreten *Auswirkungen* einer Vereinbarung oder Maßnahme des Arbeitgebers ab, nicht darauf, ob bei abstrakter Betrachtung Männer und Frauen betroffen sind oder sein können.

Von dem Verbot der mittelbaren Diskriminierung sind nur diejenigen auf die Geschlechter ungleich wirkenden Regelungen oder Maßnahmen ausgenommen, die entweder von der Art der auszuübenden Tätigkeit her zwingend geboten sind oder die ein objektiv gerechtfertigtes – d.h. ökonomisch notwendiges, allgemein akzeptiertes – Ziel verfolgen und deren nachteilige Wirkung auch nicht durch zumutbare Änderungen oder Ergänzungen zu beseitigen oder zu mildern ist.

Diese Kriterien sind selbstverständlich auslegungsbedürftig, und jetzt, da sowohl der Europäische Gerichtshof wie das Bundesarbeitsgericht die Geltung des Verbots der mittelbaren Diskriminierung bestätigt haben, wird um die Ausfüllung dieser Begriffe gestritten werden. Es ist bereits erkennbar, daß einige Autoren und Gerichte dazu neigen, formuliertes Wollen des Arbeitgebers, das nicht offensichtlich willkürlich ist, als objektiv gerechtfertigtes Ziel anzuerkennen – eine Haltung, die allerdings in der oben erwähnten Entscheidung des 3. Senats des Bundesarbeitsgerichts zurückgewiesen wird. Für andere stellt das Bestreben des Arbeitgebers, die bei Beschäftigung einer Frau oder von mehr Frauen im Vergleich zu der von Männern eintretende Verschlechterung des Kosten-Nutzen-Verhältnisses zu vermeiden, selbst dann kein objektiv gerechtfertigtes Ziel dar, wenn diese Vorstellung des Arbeitgebers einmal zutreffen sollte. Denn schon das (seit 1955 durch höchstrichterliche Rechtsprechung anerkannte[7]) Gebot des gleichen Lohnes für gleiche oder gleichwertige Arbeit verbietet es, den angeblichen minderen ökonomischen Wert der Frauenarbeit allein den Frauen gegenüber geltend zu machen.

Beispiele für das Verbot der mittelbaren Diskriminierung

Die rechtlichen Folgen eines so verstandenen Verbots der mittelbaren Diskriminierung sollen an einigen Beispielen erläutert werden:

Im Dienstleistungsbereich wird sowohl für die Einstellung als auch für die Zuweisung bestimmter Arbeitsplätze und die Beförderung häufig die Anforderung gestellt, daß die Arbeitspersonen sich bereit erklären, sich versetzen zu lassen, sei es, um in anderen Arbeitsbereichen Erfahrungen zu sammeln, sei es, um dem Arbeitgeber die flexible Nutzung der Arbeitskraft zu ermöglichen. Die Bereitschaft zur Versetzung schließt den Wechsel zumindest des Wohnortes mit ein. Sicherlich kann – rechtlich wie tatsächlich – diese Anforderung an Mobilität von Männern und Frauen erfüllt werden. Allerdings werden erheblich weniger Frauen als Männer eine solche Bereitschaft ernstlich erklären können. Damit sind Frauen von dieser Anforderung, die der Arbeitgeber für die Besetzung eines Arbeitsplatzes stellt, in erheblich höherem Maße negativ betroffen als Männer, und zwar wegen des Geschlechts bzw. der mit einem Geschlecht typischerweise verbundenen Lebensumstände. Denn in der Regel ist es die Bindung an die Familie, deren Wohnort größtenteils noch immer durch den Arbeitsplatz des Mannes bestimmt wird, die die Mobilität der Frauen verringert. Angesichts dieses Befundes verstößt die Anforderung des Arbeitgebers nur dann nicht gegen das Verbot der mittelbaren Diskriminierung, wenn sie zwingend geboten oder objektiv gerechtfertigt ist.

Zwingend geboten ist eine Anforderung nur, wenn ohne sie die Tätigkeit nicht ausgeübt werden kann. Wie schon die Wortwahl nahelegt – sie ist aus § 611 a BGB übernommen –, ist »zwingend geboten« eng auszulegen. Zum Beispiel ist die Befähigung, Flugzeuge fliegen zu können, für Piloten und Pilotinnen zwingend geboten. Auf dieser Anforderung an die Beschäftigten kann (und sollte) der Arbeitgeber selbst dann bei der Einstellung und der Zuweisung der Arbeit bestehen, wenn Frauen über diese Qualifikation sehr viel weniger häufig verfügen als Männer, da die

Ausbildung zum Piloten ja bis vor kurzem nur Männern offenstand.

Die Bereitschaft zur Mobilität in der Ausübung eines Dienstleistungsberufes aber hat nicht diese Qualität, ist somit nicht zwingend geboten. Die Anforderung kann aber auch dann zulässig sein, wenn mit ihr ein objektiv gerechtfertigtes Ziel verfolgt wird. Dies ist sicherlich dann nicht der Fall, wenn die Bereitschaft, sich versetzen zu lassen, als Voraussetzung für die Zuweisung qualifizierterer, aufstiegsträchtiger Positionen gestellt wird, obwohl es zu derartigen Versetzungen nur in Ausnahmefällen kommt. Auch das Verlangen nach Versetzungsbereitschaft lediglich zur Flexibilisierung der Arbeitsleistung, also aus Kostengründen, ist, wie bereits erwähnt, nicht objektiv gerechtfertigt. Sollen über die Beschäftigung an unterschiedlichen Standorten Erfahrungen und Qualifikationen gesammelt werden, bleibt zu untersuchen, ob alle Arbeitspersonen dieser Hierarchiestufe gleichermaßen diese Qualifikationen durch Mobilität erwerben müssen oder ob es genügt, daß einige von ihnen multiplikatorische Funktionen wahrnehmen, und schließlich, ob in der Frage, wann eine Versetzung stattfinden soll, auf die familienbedingten zeitlich begrenzten Belastungen und Bedürfnisse der Frau Rücksicht genommen werden kann, ohne daß das Ziel der Versetzung damit verfehlt wird.

Auch die Festlegung der täglichen Arbeitszeit kann Frauen mittelbar wegen des Geschlechts benachteiligen, wenn z. B. Beginn und Dauer der täglichen Arbeitszeit nicht in Übereinstimmung stehen mit den Öffnungszeiten kinderbetreuender Einrichtungen. Schließlich können die Bedingungen, unter denen Arbeit erbracht wird, so ausgestaltet sein, daß Frauen ihnen in erheblich geringerem Maße genügen können. Das ist z. B. dann der Fall, wenn, unterhalb der Grenzen der Arbeitsschutzbestimmungen, körperlich schwere Arbeit verlangt wird, die Männer normalerweise häufiger erbringen können als Frauen mit ihrer im allgemeinen anderen körperlichen Konstitution.

Tests für die Auswahl von Auszubildenden und Einzustellenden sind in der Regel so ausgestaltet, daß sie geschlechtsspezifisch verschobene Ergebnisse hervorbringen. Der Wert der Tests, die in der Regel nicht arbeitsplatzbezogen sind, ist generell zweifelhaft; sie sind unzulässig, wenn Tests Frauen ausschließende Funktion haben deshalb, weil in ihnen männliche Erfahrungsmuster und Sozialisationsergebnisse begünstigt werden. In bezug auf die Vergabe von Ausbildungsplätzen stellen Tests mit geschlechtsspezifisch verschobenen Ergebnissen jedenfalls niemals eine gerechtfertigte mittelbare Benachteiligung wegen des Geschlechts dar.

Rechtsfolgen des Verbots der mittelbaren Diskriminierung

In das Blickfeld frauenspezifischen Interesses gerückt ist das Rechtsinstitut der mittelbaren Diskriminierung durch seine Rechtsfolgen. Das Verbot der unmittelbaren Benachteiligung wegen des Geschlechts verlangt, daß eine Frau genauso behandelt wird wie ein Mann, oder, anders ausgedrückt: eine Frau, die alle Anforderungen und Bedingungen, die an einen Mann gestellt werden, gleichermaßen erfüllt, darf nicht deshalb unterschiedlich – d. h. immer: schlechter – behandelt werden, nur weil sie eine Frau ist. Das Verbot der mittelbaren Diskriminierung hingegen erreicht etwas ganz anderes. Es nimmt zur Kenntnis und setzt sogar in Rechtsfolgen um, daß Frauen heute, schon wegen ihrer anderen Lebensumstände, anders sind als Männer. Seine Rechtsfolgen sind dementsprechend, daß die Bedingungen des Erwerbslebens so gestaltet werden müssen, daß Frauen in ihnen als Andere, als von Männern Unterschiedliche tätig sein können.

Um auf die Beispiele zurückzukommen: Der Arbeitgeber darf eine Anforderung an Mobilität nicht oder nur in eingeschränktem Ausmaß stellen; als Auslesekriterium für die Benachteiligung von Frauen ist es damit nicht mehr dienlich. Es besteht ein Rechtsanspruch darauf, daß Arbeitszeiten nicht ohne Notwendigkeit so festgelegt werden, daß kindererziehende Frauen den Arbeitsplatz nicht einnehmen können; ein Rechtsanspruch auf einen Teilzeitarbeitsplatz ist denkbar.

Bei körperlich schwerer Arbeit besteht ein Anspruch darauf, daß Möglichkeiten zur Erleichterung der Arbeit geschaffen werden, z. B. Hebe- und Tragehilfen. Aus diesen Beispielen wird deutlich, daß nicht Frauen sich der männlichen Erwerbswelt anpassen müssen, sondern daß die Ausgestalter der Bedingungen des Erwerbslebens wahrnehmen müssen, daß zwei Geschlechter mit unterschiedlichen Konstitutionen und Lebensmustern existieren, die gleichermaßen ein Recht auf Erwerbsarbeit haben.

Kompensatorisches Recht?

Das Verbot mittelbarer Diskriminierung ist allerdings kein stärker kompensatorisches Rechtsinstitut als das Arbeitsrecht allgemein. Weder soll mit seiner Hilfe unbezahlte Arbeit – Familienarbeit – doch noch entgolten werden, noch kann mit ihm unmittelbar in die Zuteilung von Rollen an die Geschlechter eingegriffen werden. Das Verbot mittelbarer Diskriminierung leistet nicht mehr und nicht weniger, als daß die tatsächlichen Ungleichheiten der Geschlechter nicht praktisch und mit nachteiliger Wirkung für die Frauen in den Bereich des Erwerbslebens hineingenommen werden, also die in der anderen Sphäre stattfindende Benachteiligung damit innerhalb der Erwerbsarbeit fortgesetzt oder gar, wie üblich, noch verstärkt wird.

Doch auch dieser Anspruch ist nicht gering. Denn mit ihm werden die Bedingungen des Erwerbslebens im Prinzip in Frage gestellt; traditionelle – betrachtet man allein männliche Arbeitspersonen sogar gerecht ausgestaltete – Regelungen, die systemprägend für unser Arbeitsrecht begriffen werden, könnten unter ihr keinen rechtlichen Bestand haben. Das lenkt den Blick auf die Durchsetzungschancen des Verbots der mittelbaren Diskriminierung in justizförmigen Verfahren, die in doppelter Weise zweifelhaft erscheinen können. Einmal kann es auf Widerstände im Justizapparat stoßen, zum anderen sind die allgemeinen Zugangsbarrieren zum Gericht für die Betroffenen – also die Frauen – hier noch durch spezielle Schranken erhöht.

Durchsetzungschancen in der Arbeitsgerichtsbarkeit

Schon das Prüfungsmuster für das Vorliegen einer mittelbaren Diskriminierung ist in mehrfacher Weise fremdartig.

Das Verbot der mittelbaren Diskriminierung in § 611 a BGB ist individualrechtlich konzipiert. Es klagt eine Einzelperson gegen eine andere Einzelperson. Die Beantwortung der rechtlichen und tatsächlichen Frage nach der Benachteiligung wegen des Geschlechts in diesem »Einzelkonflikt« ist aber nur durch ein Abstrahieren vom Einzelfall zu gewinnen. Denn es gilt ja nicht, einer nachteiligen Betroffenheit eines Individuums abzuhelfen, das zufällig weiblich ist, sondern einer Ausgestaltung die rechtliche Zulässigkeit abzusprechen, die regelhaft Nachteile für Frauen, weil diese Frauen sind, produziert. Das Gericht muß sich also mit der gesellschaftlichen Wirklichkeit der Bedingungen von Erwerbstätigkeit und ihren Auswirkungen auf Frauen, weiterhin mit den Gründen für diese unterschiedliche Betroffenheit auseinandersetzen, um schließlich einen Einzelfall zu entscheiden. Dabei spielt es keine Rolle, ob der Arbeitgeber bewußt die Realität diskriminierend gestaltet hat.

Auch das Verfahren, das das Gericht bei der Prüfung, ob eine Regelung oder Maßnahme mittelbar diskriminiert, anwenden muß, ist teils fremdartig, teils wirkt es fremdartig. Es gibt einige Bereiche, in denen die stärkere Betroffenheit des einen Geschlechts durch eine Ausgestaltung offensichtlich ist. Dies gilt z. B. für Teilzeitarbeit. In anderen Fällen hingegen läßt sich der Nachweis, daß Frauen bestimmte formal gleiche Anforderungen und Bedingungen in wesentlich geringerem Maße als Männer erfüllen, nur über anerkannte Methoden der Tatsachenfeststellung unter Zuhilfenahme der Statistik erbringen. Die Überzeugungsbildung der Gerichte durch Anwendung statistischer Beweisführung ist nicht üblich; Richter/innen erschrecken in der Regel, wenn man ihnen nachweist, daß Beweiswürdigungen bereits heute, von ihnen nicht erkannt, den Methoden der Wahrscheinlichkeitstheorie folgen.[8]

Dieses Verfahren soll schließlich zu einem Ergebnis führen, das in einem individuellen Rechtsstreit verkündet wird, dessen Voraussetzungen aber und vor allem dessen Ergebnis sich in aller Regel nicht auf eine einzige Person beschränken wird. Jedenfalls sind Rechtsfolgen des Verbots der mittelbaren Diskriminierung denkbar – und aus diesem Grunde findet es hier diese Beachtung –, die zu einer Veränderung der alle Arbeitspersonen betreffenden Strukturen zwingt.

Dies kennzeichnet zugleich die größten Schwierigkeiten, die der Durchsetzung des Rechtsinstituts der mittelbaren Diskriminierung im Justizapparat entgegenstehen werden. Die Richterinnen und Richter der Arbeitsgerichtsbarkeit und, werden nachkonstitutionelle Gesetze auf mittelbare diskriminierende Effekte hin untersucht (z. B. das mehrfach verwendete Kriterium der Betriebszugehörigkeit als Maßstab für die Zuteilung sozialen Schutzes), auch das Bundesverfassungsgericht sind aufgefordert, eine neue Sichtweise zu entwickeln und auch hergebrachte und anerkannte Regelungsmuster für die Bedingungen, unter denen Arbeit erbracht wird, in Frage zu stellen.

Ein weiteres kommt hinzu: durch das Rechtsinstitut der mittelbaren Diskriminierung dringt die Gerichtsbarkeit in den Bereich auch der regelhaften Gestaltung der Arbeitsbedingungen vor, das originär den Gewerkschaften und den Betriebsräten überantwortet ist. Es ist durchaus wahrscheinlich, daß die Interessenvertretungen der abhängig Beschäftigten sich dieses rechtlichen Instruments nicht bedienen werden, obwohl es auch geeignet ist, der Wahrnehmung der Interessen weiblicher Beschäftigter dienlich zu sein – und dies gerade in der Krise, die die Macht der Gewerkschaften ständig in Frage stellt. Dies liegt sicher nicht nur an dem verbreiteten Unwillen oder zumindest dem Zögern dieser Organisationen, sich für die Interessen der Frauen einzusetzen, sondern auch an der keineswegs abwegigen Befürchtung, daß durch das Recht den Gewerkschaften und Betriebsräten dieser ihr ureigenster Bereich tendenziell entzogen wird.

Die Gerichtsbarkeit wiederum bewegt sich in eben diesem Feld, das sie zu Recht nicht unmittelbar als das ihre begreift.

Die sicher auftretende Scheu der Gerichtsbarkeit vor den weitreichenden Folgen der Anerkennung eines Verbotes der mittelbaren Diskriminierung mag vielleicht durch die Erkenntnis gemindert werden, daß nicht sie, die Richterinnen und Richter, die Bedingungen des Erwerbslebens selbst entwerfen, sondern daß sie die durch die zuständigen Institutionen geschaffenen Bedingungen lediglich für Frauen übertragen und deren spezieller Situation anpassen. Diese Überlegung ist es schließlich, die zu einer doch noch positiven Einschätzung der Durchsetzungschancen des Verbots der mittelbaren Diskriminierung führt. Die Arbeitsgerichtsbarkeit in der Bundesrepublik Deutschland ist insgesamt in einer vergleichsweise beeindruckend positiven Weise dem Arbeitsrecht und dem von ihm verfolgten Schutzzweck verpflichtet. Und das Rechtsinstitut der mittelbaren Diskriminierung erstrebt ja – wenn auch in einer fremdartigen Weise – nichts anderes als das, was Arbeitsrecht schon immer und anerkanntermaßen erreichen sollte: Durch die Normen des Arbeitsrechts soll das Machtungleichgewicht der Arbeitsvertragsparteien ausgeglichen werden. Soziale Ungleichheiten, die der einen Partei des Arbeitsvertrages – dem Arbeitgeber – erlauben würden, im Namen der Vertragsfreiheit den »Arbeitnehmern« seine Bedingungen zu diktieren, sollen – teils durch eigenorganisierte Gegenmacht in Form der Gewerkschaften, teils durch staatlich garantiertes Recht – nicht in den Arbeitsverhältnissen ihre Fortsetzung finden. Insofern ist Arbeitsrecht dasjenige Rechtsgebiet, das seine Entstehung der Erkenntnis verdankt, daß formal gleiche Regelungen ungleich auf Rechtsunterworfene wirken und deshalb als Gleiche den Anspruch materialer Gleichheit verfehlen können. Und das Verbot der mittelbaren Diskriminierung soll den Frauen von Rechts wegen geben, was sie mangels sozialer Mächtigkeit nicht ohne die Hilfe des Rechts durchsetzen könnten. Hätten Frauen Marktmacht oder wenigstens eine mit den Männern vergleichbare Durchsetzungsfähigkeit gegenüber Arbeitgebern, so gäbe es nicht Differenzierungen zu ihren Ungunsten, dann würden Ausgestaltungen unterbleiben, die an der Lebenslage und den Möglichkeiten der Frauen vorbeigehen und sie damit ausschließen.

Verwirklichungschancen des Verbots der mittelbaren Diskriminierung durch Frauen

Gleichzeitig kann nicht verkannt werden, daß ein weiteres Problem der Durchsetzungschancen des Rechtsinstituts der mittelbaren Diskriminierung gerade eben in dem einzelfallförmigen justiziellen Verfahren liegt. Auf seiten der beteiligten Frau tritt diese Problematik in zweierlei Gewande auf. Zum einen muß sie als einzelne Klägerin vor Gericht auftreten, das Verbot der mittelbaren Diskriminierung also in ihrem Einzelfall durchzusetzen versuchen. Hier greifen die schon sattsam bekannten Zugangsbarrieren zum Gericht. Hier treten aber auch auf all diejenigen Belastungen, die gerade in einem Verfahren mit möglicherweise weitgehenden Wirkungen der einzelnen klagenden Person auferlegt werden. Aus den wenigen Verfahren, in denen Frauen sich gegen Benachteiligungen gewehrt haben, ist bekannt, daß sie unter Druck nicht nur des Arbeitgebers, sondern auch der männlichen Kollegen, ja selbst der Ehemänner standen (vgl. den Bericht der »Heinze-Frauen«).[9] Soll sie also durchhalten, so bedarf sie der Unterstützung, die nach aller Erfahrung keineswegs selbstverständlich von Betriebsräten und Gewerkschaften erwartet werden kann.

Die sehr viel größere Anzahl von erfolgreichen Gleichberechtigungsklagen in Großbritannien und die Möglichkeit der »Equal Opportunity Commission«, Klagen zu unterstützen, geben wohl wichtige Hinweise.[10]

Weitergehend aber ist zu bedenken, daß selbst ein Erfolg vor Gericht nicht notwendig und nicht leicht in einen Erfolg in der Erwerbstätigkeit umgesetzt werden kann. Hat sich eine Frau in eine bestimmte Position eingeklagt bzw. ein bestimmtes Verhalten des Arbeitgebers ihr gegenüber erzwungen, wird sie sich in der Regel in Strukturen wiederfinden, in denen Männer dominieren und in denen sie nicht erwünscht ist. Während bei Frauenförderungsplänen planmäßig Frauen gleichzeitig oder in kurzen Abständen gleichfalls in diese Positionen einrücken, muß sie mit fortbestehender Vereinzelung rechnen.

Aus den USA ist bekannt, daß Frauen, die in ihnen zuvor verweigerte Bereiche eingedrungen sind, eine hohe »drop out«-Quote aufweisen, wenn sie nicht Frauen in gleicher Lebenslage oder eine sie unterstützende Frauengruppe vorfinden. Die Klage gegen eine mittelbare Diskriminierung entfaltet jedoch im Gegensatz zu Frauenförderungsplänen lediglich und dies nur bei entsprechender Medienarbeit bzw. Aufklärungsarbeit durch die Rechtsberatung, insbesondere der Gewerkschaften, eine indirekte Wirkung insofern, als andere Frauen ermutigt werden, denselben Weg zu beschreiten.

Fazit: Das Rechtsinstitut der mittelbaren Diskriminierung ist zwar stärker als das unverzichtbare Verbot der unmittelbaren Benachteiligung wegen des Geschlechts darauf gerichtet, die spezifische Lage von Frauen im Erwerbsleben wahrzunehmen und diese besonders treffende Benachteiligungen miteinzubeziehen. Dennoch greift es zu kurz, wenn der notwendige Einsatz betroffener Frauen und die mangelnde Reichweite der Rechtsfolgen, die immer nur den Einzelfall erfassen, betrachtet wird. Auch von diesem Rechtsinstitut wird man deshalb grundlegende Verbesserungen der Lage der Frauen im Erwerbsleben nicht erwarten können. Die Einschätzung des Verbots der mittelbaren Diskriminierung muß aber vor dem Hintergrund der Tatsache erfolgen, daß die Einführung des sehr viel wirkungsvolleren Mittels gezielter und verbindlicher Frauenförderungsmaßnahmen zur Zeit von keiner durchsetzungsfähigen politischen Macht auch nur ernsthaft gefordert wird.[10] Angesichts dieser Perspektive sollten Frauen und diejenigen, die Fraueninteressen vertreten, nicht und nirgends zögern, sich wenigstens der begrenzten Wirkung des Verbots der mittelbaren Diskriminierung zu bedienen.

Anmerkungen

1 EG-Richtlinie 76/207/EWG – Gleichbehandlungsrichtlinie; ABL. Nr. L 39 v. 14. 2. 1976. Text siehe auch H. M. Pfarr/K. Bertelsmann, *Gleichbehandlungsgesetz,* Wiesbaden 1985, S. 24ff.

2 Urteil vom 14. 10. 1986, 3 AZR 66/83. Vgl. Begründung des Gesetzentwurfes der Bundesregierung, BR-Ds 354/79, S. 11; Bericht des Ausschusses für Arbeit und Sozialordnung vor dem Bundestag, BT-Ds 8/4259, S. 8. Zur Literatur vgl. A. Söllner, Münchner Kommentar, Rdnr. 4 zu § 611 a; P. Hanau, *Die umgekehrte Geschlechtsdiskriminierung im Arbeitsleben,* in: *Festschrift für Wilhelm Herschel zum 85. Geburtstag,* München 1982, S. 217. Vgl. dazu H. Schleicher, *Gleichbehandlung im Arbeitsverhältnis II,* in: *Arbeitsrechtsblattei* 1982; F. Gamillscheg, *Die mittelbare Benachteiligung der Frau im Arbeitsleben,* in: *Festschrift für Hans Floretta zum 60. Geburtstag,* Wien 1983, S. 171ff.; M. Schoden, *Mittelbare Benachteiligung der Frauen bei der betrieblichen Altersversorgung,* in: *Das Arbeitsrecht der Gegenwart* Bd. 20, Berlin (1983), S. 21ff.

3 Section 1 (1) definiert:
»Eine Person diskriminiert . . . , wenn sie ihr (der Frau) eine Bedingung auferlegt oder eine Anforderung stellt, die sich auch gleichermaßen einem Mann stellen würde,
I die so ausgestaltet ist, daß die Zahl der Frauen, die dieser genügen können, erheblich kleiner ist als die Zahl der Männer, die sie erfüllen können,
II die nicht zu rechtfertigen ist unabhängig vom Geschlecht, auf die sie angewandt wird,
III die zu ihrem Nachteil ist, weil sie sie nicht erfüllen kann.«

4 *Neue Juristische Wochenschrift* 1981, S. 2639.

5 Vorlagebeschluß v. 5. 6. 1984, Der Betrieb 1984, S. 1577; zum selben Fall bereits zuvor BAG 3. Senat, Urt. v. 6. 4. 1982, AP Nr. 1 zu § 1 BetrAVG Gleichbehandlung mit Anm. Pfarr. Urteil des Europäischen Gerichtshofs v. 13. 5. 1986, Betriebsberater 1986, S. 1509.

6 Urteil vom 14. 10. 1986, 3 AZR 66/83.

7 BAG Urt. v. 15. 1. 1955, AP Nr. 4 zu Art. 3 GG; vgl. dazu auch H. M. Pfarr/K. Bertelsmann, *Lohngleichheit – Zur Rechtsprechung*

bei geschlechtsspezifischer Entgeltdiskriminierung, Stuttgart 1981, S. 380ff.

8 A. Evers, *Begriff und Bedeutung der Wahrscheinlichkeit für die richterliche Beweiswürdigung,* Diss. Freiburg 1979; R. Bender/A. Nack, *Grundzüge einer allgemeinen Beweislehre,* in: *Deutsche Richterzeitung* 1980, S. 121ff. In den Vereinigten Staaten und in Großbritannien hat die Rechtsprechung in Diskriminierungsfällen die Beweiswürdigung über statistische Methoden zugelassen, vgl. D. Martiny, Gleichberechtigung im Arbeitsleben in Großbritannien, in: *Rabels Zeitung* 42 (1978), 131; vgl. auch A. Dix, *Gleichberechtigung durch Gesetz,* Baden-Baden 1984, Teil II.

9 I. Kaiser (Hg.), *Wir wollen gleiche Löhne! Dokumentation zum Kampf der 29 »Heinze«-Frauen,* Reinbek 1980.

10 Vgl. dazu Martiny, *Gleichberechtigung,* a.a.O., und Dix, *Gleichberechtigung,* a.a.O.

Christel Eckart

Wie Teilzeitarbeit zur Frauenarbeit gemacht wurde

Die Debatte um die Teilzeitarbeit, die heute im Zusammenhang von möglichen Arbeitszeitverkürzungen geführt wird, ist nicht neu. In den fünfziger Jahren wurde Teilzeitarbeit in der Bundesrepublik Deutschland zum ersten Mal ausführlich öffentlich diskutiert. Auch damals waren die Erörterungen Teil einer allgemeinen Auseinandersetzung um Arbeitszeitverkürzung, die zur 40-Stunden- und zur 5-Tage-Woche führen sollte. Jedesmal, wenn eine allgemeine Änderung der Arbeitszeit zum öffentlichen Thema wurde, gerieten auch die Arbeitszeiten von Frauen in den Blick, die häufig schon vorher von der Norm abwichen. Selten werden jedoch die Arbeitszeiten von Frauen so aufgegriffen, daß sie im Zusammenhang der sozialen Realitäten von berufstätigen Frauen betrachtet werden. Vielmehr werden fast immer zur Bewertung der Teilzeitarbeit die Regelungen der sogenannten Normalarbeitszeit als Maßstab herangezogen. Teilzeitarbeit ist aber nicht nur eine unter Zwang angenommene Form der Arbeitseinteilung, sondern sie ist auch Ausdruck für Interessen von Frauen, die außerhalb der Erwerbsarbeit liegen und bei der Beurteilung von Arbeitszeitregelungen für Frauen berücksichtigt werden müssen.[1] Selten wird im Meinungsstreit um die Teilzeitarbeit zur Kenntnis genommen, wie sich Frauen unter den Bedingungen der herrschenden geschlechtsspezifischen Arbeitsteilung tatsächlich verhalten, welche Handlungsspielräume ihre materielle Bindung an Hausarbeit und Lohnarbeit den Frauen läßt, genauer: welche Handlungsspielräume Frauen unter diesen Bedingungen selbst durchsetzen und verteidigen können.

Mit ihren vielfältigen Strategien der Selbstbehauptung und der Durchsetzung ihrer Interessen[2] haben Frauen auch gegen Geschlechtsrollenstereotypen zu kämpfen, die der Verwirklichung der formalen Rechtsgleichheit entgegenstehen. Die Stereotypen betreffen nicht nur das erwartete Verhalten von Frauen, sondern ebenso Vorstellungen, die männliches Sozialverhalten unzulässig verallgemeinern, wie die von der »beruflichen Normalbiographie«

und von der »Normalarbeitszeit«. Sie wirkten historisch normierend auf die Lebensläufe von Männern, die aufgrund der geschlechtlichen Arbeitsteilung bei der Planung und Ausübung ihrer Berufstätigkeit die Reproduktionsarbeit und Kindererziehung nicht zu besorgen hatten. Die Anpassung des männlichen Lebenslaufs an die formal-rationalen, instrumentellen Anforderungen des kapitalistischen Berufssystems setzt die gesellschaftliche Absicherung einer Komplementärrolle, der »Frau an seiner Seite« so selbstverständlich voraus, daß die notwendige Reproduktionsarbeit als subjektive Leistung aus dem Maßstab einer gelungenen männlichen Berufsbiographie ausgegrenzt werden konnte. Frauen müssen dagegen sowohl in der von männlichen Verhaltensstandards geprägten Berufswelt ihren eigenen Weg durchsetzen, als auch sich selbst als Berufstätige ein angemessenes Privatleben erst schaffen. Dafür brauchen sie Zeit, die sie sich an zwei sehr verschiedenen Fronten erkämpfen müssen.

Gesellschaftlich wird Frauenarbeit in der Familie wie auf dem Arbeitsmarkt durch Rechtsnormen wie durch soziale Konventionen reglementiert. Sie haben die Funktion, eine Balance zwischen den widersprüchlichen gesellschaftlichen Interessen sowohl an der Lohnarbeit wie an der biologischen und sozialen Reproduktionsarbeit von Frauen aufrechtzuerhalten. Dennoch ist das Verhalten von Frauen nicht ausschließlich von gesellschaftlichen Zwängen determiniert. Gerade weil es gesellschaftlich widerstreitende Interessen an den verschiedenen Arbeiten der Frauen gibt und weil Frauen selber in beiden Bereichen Interessen und Bedürfnisse zu vertreten haben, schaffen sie durch ihre Bewältigungsstrategien selber soziale Tatsachen, gestalten sie selbst das soziale Geschlechterverhältnis mit und beeinflussen auch das gesellschaftliche und politische Verhältnis von Lohnarbeit und Hausarbeit.

Am Beispiel der Entwicklung der Teilzeitarbeit in den sechziger Jahren soll dargelegt werden, wie gerade wegen der widersprüchlichen Interessen an der Frauenarbeit als Haus- und als Lohnarbeit für die Frauen Handlungsspielräume entstanden und wie sie diese zur Durchsetzung eigener Interessen nutzen konnten, an welche Grenzen und auf welche Reaktionen sie dabei gestoßen sind. Sich das »Schicksal« der Teilzeitarbeit zu vergegenwärtigen, kann erklären und einschätzen helfen, was Frauen heute davon zu erwarten und welche Interessen sie in der heutigen Debatte um Arbeitszeitverkürzung und möglicher Veränderungen starrer Arbeitszeitregelungen zu verteidigen haben. Wenn wir uns vor Augen führen, welche Bedeutung Arbeitszeitverkürzungen, der Kampf um Arbeitsgestaltung durch Arbeitszeit in der Geschichte der Arbeiterbewegung als Ziel und Voraussetzung politischer Aktivität hatten, können wir die Bedeutung von Zeitgewinn für Frauen nicht hoch genug einschätzen. Vergegenwärtigen wir uns auch, daß die heute herrschenden Vorstellungen von Normalität der Zeitaufteilung und zeitlichen Gliederung unseres Alltagslebens noch relativ jung sind. Dem in die Fabrik getriebenen Handwerker schienen noch die dort herrschenden Zwänge chaotisch, weil sie seinen gewohnten Arbeitsrhythmen fremd waren. Nur wenige Generationen nach jenem verstörten Handwerker werden heute diejenigen als chaotisch und undiszipliniert empfunden, die mit Forderungen nach flexibleren Arbeitszeiten das soziale Korsett des »Normalarbeitstags« zu sprengen drohen.

Was Teilzeitarbeit ist, ist formal dadurch definiert, was tariflich als Normalarbeitszeit festgelegt wird. Was gestern Teilzeitarbeit war, kann heute durch eine allgemeine Arbeitszeitverkürzung Normalarbeitszeit werden. Frauen können also, wenn wir nur die formale, quantitative Bestimmung betrachten, jeweils als Pionierinnen kürzerer Arbeitszeiten angesehen werden. Pionierinnen sind sie aber auch für Arbeitsverhältnisse, die als besonders schlecht gelten und deren Ausweitung darum heftig bekämpft wird, besonders dann, wenn sie, wie unter den gegenwärtigen Bedingungen auf dem Arbeitsmarkt, auch Männern zugemutet werden. In deren Abwehrkampf steht die Abwehr der Marginalisierungsfunktion der Teilzeitarbeit zu Recht im Vordergrund. Die liegt aber nicht in der Arbeitszeitform selbst begründet, sondern letztlich in der Art, wie betriebliche Einsatzstrategien sich die herrschende sexistische Arbeitsteilung zunutze machen können. Eine geschlechtsunspezifische Verteilung der Teilzeitarbeit würde zwar noch nicht ihre untergeordnete Position aufheben, solange »Vollzeit« der Maßstab für Positionskarrieren bleibt, aber sie würde ihre Funktion zur sexistischen Segmentierung des Arbeitsmarktes verlieren und nur ein zeitliches Kriterium unter vielen zur Differenzierung beruflicher Positionen sein.

Die Bezeichnung »Teilzeitarbeit« und auch die umgangssprachlich geläufigere »Halbtagsarbeit« stellt scheinbar neutral die Quantität der für Erwerbsarbeit verausgabten Zeit in der Bezeichnung für eine bestimmte Erwerbsarbeit über den Inhalt, über die konkrete Tätigkeit. Wir haben uns aber längst daran gewöhnt, mit dem scheinbar nur quantitativen Begriff auch bestimmte Inhalte zu verbinden: wir denken an Verleihfirmen für Schreibkräfte, an die Halbtagsbürokraft, an Verkäuferinnen. Wir denken an wenig qualifizierte Arbeit und vor allem, als sei es ein Synonym, an Frauenarbeit. Alle diese Assoziationen finden vielfältige Bestätigungen in der sozialen Realität, wie sie geworden ist. Sie drohen nur dann zu einer Zementierung dieser Realität zu werden, wenn das nun Faktische als unausweichlich gilt und nicht die Normen und deren materielle Voraussetzungen reflektiert werden, die Teilzeitarbeit zu dem gemacht haben, was sie heute so einheitlich zu charakterisieren scheint.

Die Ausweitung der Teilzeitarbeit fand in der Bundesrepublik Deutschland zunächst unter für Frauen günstigen Bedingungen statt, die das Gegenteil der heutigen Situation darstellten: heute steht die Diskussion um Arbeitszeitverkürzung unter der Perspektive, die immer knapper werdende Lohnarbeit unter einer wachsenden Zahl von Arbeitslosen zu verteilen. Unter den sozioökonomischen Bedingungen der sechziger Jahre (»Wirtschaftswunder«, Vollbeschäftigung) hatte die Einrichtung der Teilzeitarbeit explizit das Ziel, Frauen, denen ein steigendes Familieneinkommen ermöglichte, die Lohnarbeit zu reduzieren, nun durch Zeitangebote als Lohnarbeitskräfte zu gewinnen. Durch ein Zugeständnis an ihre Bedürfnisse als Hausfrauen sollten Frauen als Lohnarbeiterinnen gehalten oder neu geworben werden.

Dieses Zugeständnis und Angebot der Unternehmen trug der doppelten Art von Existenzsicherung der Frauen Rechnung. Denn wenn auch die Hausarbeit nicht entlohnt wird, so hat sie für die Mehrheit der Frauen dennoch eine ökonomische Bedeutung, solange sie Versorgungsansprüche an einen Ehemann geltend machen können, gleichsam als privaten Ausgleich für gesellschaftlich ungleich bewertete Leistungen. Diese Art der Subsistenzsicherung durch die Ehe, die in den fünfziger und sechziger Jahren in der Bundesrepublik Deutschland auch von einer restaurativen Familienpolitik unterstützt wurde, ist ein Grund dafür, daß Frauen ihren Eintritt in die Lohnarbeit nicht nur von Erwägungen der Lohnmaximierung auf dem Arbeitsmarkt abhängig machen. Dazu hätten sie in jener Zeit der Vollbeschäftigung Gelegenheit gehabt, unter ökonomischen Bedingungen, die zu Lohnsteigerungen auch für Frauen und zur Verringerung des Abstands zwischen Männer-

und Frauenlöhnen führte. Zeit und Lohn sind in der individuellen Lebensplanung von Frauen aber nur begrenzt gegeneinander austauschbar. Denn sie müssen die Verwendung von Zeit und Geld auch in der Reproduktionsarbeit miteinander in Einklang bringen. Die »Kompensationsfunktion des Geldes«, die den Verkauf von Lebensbedingungen durch Entlohnung wettzumachen verspricht, hat für Frauen in den Arbeitsbedingungen für die Reproduktion ihre Grenze.

Bei der Wahl einer Teilzeitarbeit kann man den Frauen plausibel unterstellen, daß sie von dem Interesse geleitet waren, Familie und Erwerbsleben so zu kombinieren, daß sie der einseitigen Alternative von Beruf oder Familie ebenso entgehen könnten, wie auch der Mehrfachbelastung durch Familie und Beruf. In den fünfziger und sechziger Jahren nahmen mit den allgemeinen tariflichen Regelungen auch personenbezogene Differenzierungen der Arbeitszeit zu. Nach der Lockerung des bis dahin starren Korsetts der Arbeitszeitvorschriften nutzten Frauen die größere Variabilität zu einer Ausdehnung der Teilzeitarbeit, die eine Koordination von Lohnarbeit und Hausarbeit sowohl alltäglich als auch lebensgeschichtlich erleichterte. Die wachsende personenbezogene Variabilität in den Arbeitszeiten wurde vom Interesse der Unternehmen an erhöhter Flexibilität beim Einsatz von Arbeitskräften begünstigt.

Das Tauschmodell: intensivere Lohnarbeit für mehr »freie« Zeit, das die sozialpolitischen Initiativen der Unternehmer zur Verkürzung der Arbeitszeit schon um die Jahrhundertwende geleitet hatte und schließlich auch zum Inhalt gewerkschaftlicher Argumentation zur Arbeitszeitverkürzung wurde[3], hatte für erwerbstätige Frauen stets eine eigene Bedeutung. Verpflichtet zur Arbeit im Haushalt haben sie ein Interesse an der Reduktion der Arbeitszeit außer Haus, um Zeit für die Arbeit im Haus zu gewinnen. Gegenüber diesem Interesse kann das nach zeitlichen Spielräumen in der Lohnarbeit, um dort selbst Erholungsphasen zu haben, zurücktreten. Dieses Interesse können betriebliche Einsatzstrategien bei weiblichen Arbeitskräften aufgreifen und den genannten Tausch unter verschärften Bedingungen anbieten: Teilzeitarbeit, in der, wie vielfach belegt, gemessen an Ganztagsarbeit, individuelle Produktivitätssteigerungen üblich sind, gegen mehr disponible Zeit für die Reproduktionsarbeit.

Die Frage, wie die Durchsetzung der Teilzeitarbeit die äußeren sozialen Handlungsspielräume von Frauen beeinflußte, kann man in dieser Abstraktheit in Luhmanns Konzept von der »Temporalisierung von Komplexität«[4] verfolgen. In Luhmanns Begriffen kann die Flexibilisierung von Strukturen eines Systems funktional äquivalent sein für deren Änderung. So kann die Flexibilität der Arbeitszeit von Frauen als ein gesellschaftliches Zugeständnis an die Komplexität von deren Rolle als Hausfrauen und Lohnarbeiterinnen interpretiert werden, das eine Änderung der geschlechtsspezifischen Arbeitsteilung nicht notwendig macht. Während starre Arbeitszeiten für Frauen meist nur eine vielfache Belastung zulassen, die die Erfüllung der Rollenanforderungen zu gefährden droht, ermöglicht die Flexibilisierung der Arbeitszeit ein Hintereinander, eine zeitliche Reihenfolge für die Erledigung der Rollenanforderung.

Die Temporalisierung der Elemente der weiblichen Rolle hat jedoch unverrückbare biologische Grenzen, z. B. in der Dauer der Gebärfähigkeit, d.h. für die Zeitspanne, in der Frauen sich zur Mutterschaft entschließen können. Soziale Grenzen der Temporalisierung, wie starre Arbeitszeiten sie darstellen, sind dagegen veränderbar. Die Repressivität geschlechtsspezifischer Arbeitsteilung und Rollenvorschriften für die Frau ließen sich demnach auch daran bemessen, wie weit sie eine zeitliche Lebensplanung von Frauen zuläßt, die deren biologische Voraussetzung berücksichtigt. Denn eine »Reduktion von Komplexität« weiblicher Rollenanforderungen ist sowohl durch eine Temporalisierung gemäß der weiblichen, biologischen Konstitution möglich als auch durch eine Verengung der Spielräume mit sozialen Vorschriften, die darauf keine Rücksicht nehmen.[5]

Zu repressiven Deutungen weiblicher Biographien tragen auch die Maßstäbe von »Normalarbeitszeit«, beruflicher »Normalbiographie« bei, wenn sie ungebrochen an die Lebensbedingungen von Frauen herangetragen werden. Der »Normalarbeitstag« hatte und hat unbestritten eine erkämpfte Schutzfunktion für die Lohnarbeitenden gegenüber den ungezügelten, willkürlichen Zugriffen der Kapitalisten. Aber er läßt die unterschiedlichen Reproduktionsbedingungen von Frauen und Männern unberührt. Er schützt in erster Linie die Reproduktionsbedingungen des männlichen Lohnarbeiters, der durch die geschlechtliche Arbeitsteilung von der Reproduktionsarbeit »freigestellt« ist. Diese reproduktiven Aufgaben erfordern aber auch Rücksichten, die in der Person der

Frau die Grenzen der Ausbeutbarkeit der menschlichen Arbeitskraft deutlich werden lassen. Historisch waren die Frauen neben den Kindern diejenigen, für die Arbeitsschutzbestimmungen erlassen wurden, weil in ihrem Fall der Schutz nicht nur der individuellen Arbeitskraft galt, sondern der biologischen Reproduktivkraft der Frau, die zur Sicherung weiterer Generationen von Arbeitskräften geschützt werden muß.

Die frühen Arbeitsschutzbedingungen können als eine Notwendigkeit zum Schutz der unmittelbaren biologischen Reproduktion angesehen werden. Die Teilzeitarbeit in den sechziger Jahren könnte dann als ein Zugeständnis an die wachsenden sozialen und emotionalen Anforderungen der Reproduktionsarbeit von Frauen interpretiert werden. Als solche waren sie auch Gegenstand der öffentlichen Diskussion in den fünfziger und sechziger Jahren, mit politisch sehr unterschiedlichen Absichten. Hier interessieren nicht die beschönigenden Aufwertungen, die die Hausfrau im Rahmen der restaurativen Familienpolitik erfuhr. Aufschlußreich ist vielmehr die Art, wie die Hausarbeit im Zusammenhang mit der weiblichen Berufstätigkeit behandelt wurde. Gegner wie Befürworter der Berufstätigkeit von Frauen hatten ein taktisches Verhältnis zur Hausarbeit. Selten wurde die geschlechtliche Arbeitsteilung in Frage gestellt, nie die Reproduktionsarbeit als eine gesellschaftlich notwendige, von der Person der Frau unabhängige Arbeit behandelt, die auch eine entsprechend öffentliche, gesellschaftliche Bewertung ihres Nutzens erhalten müßte. Eine entsprechende Forderung im Zusammenhang mit der Teilzeitarbeit hätte z. B. sein können: verkürzte Lohnarbeitszeit, aber volle Bezahlung für diejenigen, die in der anderen Zeit Reproduktionsarbeit leisten. Das wäre eine Spezifizierung der Forderung nach Lohn für Hausarbeit gewesen, wie sie später in der Frauenbewegung erhoben wurde. Wenn schon eine Legitimation der Teilzeitarbeit überwiegend an die Erledigung von Reproduktionsarbeit gebunden wurde, hätte eine solche politische Forderung im Interesse der Frau nahegelegen, um eine neue sexistische Festschreibung dieser Arbeitzeitform zu verhindern. Wem eine solche Forderung unsinnig erscheint, möge sich vergegenwärtigen, mit welchem Recht heute die Forderung nach Arbeitszeitverkürzung bei vollem Lohnausgleich gestellt wird, die natürlich zwischen den Tarifparteien umstritten, aber als politische Forderung doch anerkannt ist. Es gab damals Forderungen, die Teilzeitarbeit höher zu bezahlen als Normalarbeitszeit, und in einigen Ländern, z. B. in Australien, wurde das auch praktiziert. Aber die Begründung war nicht etwa das Interesse der Teilzeitarbeitenden, sondern der Schutz des »Normalarbeiters« vor der Konkurrenz. Selbst die vielfach kritisierte besondere Ausbeutung der Teilzeitarbeitenden durch eine Verdichtung der Leistungsanforderungen in kürzerer Zeit führte nicht zu einer solchen Forderung nach höherer Bezahlung.

Bei den Gewerkschaften[6] und in der politischen Linken überwiegt – bis heute – die Kritik an den Kapitalstrategien beim Einsatz der Teilzeitarbeit. Darüber werden die Interessen der Frauen meist vernachlässigt. Weil die soziale Bedeutung der Reproduktionsarbeit nicht politisch und als materielle Basis politischer Interessen von Frauen thematisiert wird, geraten die Strategien von Frauen, mit denen sie ihre Interessen gegen eine Funktionalisierung der Teilzeitarbeit als kapitalistisches Ausbeutungsinstrument verteidigen mögen, gar nicht in den Blick. Die Kritik an den Kapitalstrategien trifft dann meist auch unvermittelt die Frauen, die Teilzeitarbeit ausüben oder die zu tun wünschen, häufig dazu mit der Unterstellung, sie seien eben politisch unaufgeklärt und ließen sich mißbrauchen. Von dieser Unterstellung ist es nicht weit bis zu dem Ruf, man müsse die Frauen vor sich selber schützen. Daß die Interessen der Frauen der Verwertungslogik durchaus zuwiderlaufen können, daß sie auch einen Widerstand gegen die vollständige Integration in den Lohnarbeitsprozeß beinhalten, ein Festhalten an nicht unmittelbar der Kapitallogik subsumierter Arbeit und die Verteidigung persönlicher Verfügung über Zeit, entgeht einer solchen Kritik.

Die traditionellen Organisationen der Arbeiterbewegung, ausgerichtet auf den Schutz der männlichen Berufsbiographie, können die Interessen der Frauen, die ihnen aus der Reproduktionsarbeit erwachsen, nicht aufgreifen. Diese Beschränkung der Arbeiterschutzorganisationen liegt darin begründet, daß sie in erster Linie die Arbeits- und Reproduktionsbedingungen der Arbeitskräfte im öffentlich vergesellschafteten Arbeitsprozeß erhalten und verbessern wollen. Aufgrund der geschlechtlichen Arbeitsteilung sind aber die Reproduktionsbedingungen von Frauen und Männern grundlegend verschieden. Eine Defensivpolitik der Arbeiterorganisationen muß die Fraueninteressen so lange unterdrücken, wie sie die sexistische Arbeitsteilung als Grundlage der gesellschaftlichen Organisation der Reproduktion nicht ändert, so lange sie die scheinbare Gleichheit der Menschen als Arbeitskräfte im Produktionsprozeß auch in der Reproduktion zum Maßstab kollektiver Strategien nimmt. Von den gewerkschaftlichen Organisationen in ihrer Interessenvertretung nicht unterstützt, werden erwerbstätige Frauen oft in Zweckbündnisse mit den Unternehmern getrieben, die keineswegs auf tatsächlicher Interessengleichheit beruhen. So treffen sich in der Teilzeitarbeit der sechziger Jahre und heute die kapitalistischen Interessen an flexiblem Arbeitskräfteeinsatz und die Interessen der Frauen an Zeit für die Reproduktionsarbeit für andere sowie an Zeit für sich selbst.

Wie bereits erwähnt, haben der taktische Umgang mit der Hausarbeit bei den Debatten um die Berufstätigkeit der Frau in den fünfziger und sechziger Jahren mit dazu beigetragen, die Teilzeitarbeit als Frauenarbeit festzuschreiben. Vorherrschend waren in der öffentlichen Diskussion Legitimationen der Teilzeitarbeit, die die Arbeit der Frau für die Familie unbestritten ließen. Eine Variante davon war die Argumentation, Teilzeitarbeit erlaube, die Anforderungen der Familie und das Interesse am Beruf möglichst problemlos zu verbinden. Die Interessen der Frauen wurden mit dem Anspruch gleichgesetzt, diese Anforderungen auch erfüllen zu wollen. Die andere Variante war die eines gönnerhaften Protektionismus: Lohnarbeit von Frauen wurde als Folge ökonomischer Not der Familie gesehen, also auch als Arbeit für die Familie, und Frauen wurden gleichsam mit der Not der Familie dafür entschuldigt, daß sie auf dem Arbeitsmarkt nicht voll einsatzfähig waren. Diese Betrachtungsweise gipfelt z. B. bei Elisabeth Glücksmann-Lüdy, die mit großem sozialpolitischem Engagement schon früh die Teilzeitarbeit für Frauen forderte, in dem Vorschlag, »auf Erwerbsarbeit angewiesene alleinstehende Mütter, die erziehungsbedürftige Kinder zu versorgen haben, aufgrund ihrer anerkannten Doppelbelastung als erwerbsbeschränkt anzusehen und für die Durchführung einer bevorzugten Einstellung in Halbtagsarbeit den Schwerbeschädigten gleichzustellen«.[7]

Mit dem langsam wachsenden allgemeineren Wohlstand wurde diesen Begründungen der Boden entzogen und der gönnerhafte Protektionismus schlug nicht selten um in den Schmäh der vom Konsumterror verblendeten und dem »Materialismus« verfallenen Hausfrau. Der Entscheidungsspielraum der Frauen, der – wenn auch nur zeitweilig und individuell – zwischen Ehe und Beruf als ökonomischer Existenzsicherung entstehen konnte, wurde durch die Betonung äußerer Zwänge oder angeblich wesensmäßiger Bestimmungen immer wieder eingeengt. Wo wirtschaftliche und familiale Anforderungen zur Begründung des Verhaltens von Frauen nicht mehr ausreichten, wurden psychisch bedingte Motive vermutet, wurde das Verhalten so sehr individualisiert, daß eine Verallgemeinerung unmöglich erscheinen mußte. Das Plädoyer für die Berufstätigkeit der Frau geriet dagegen stets in die Nähe der Anpassung an bereits herrschende Verhaltensmuster: wenn Frauen schon berufstätig sein wollten, dann sollten sie sich an den Berufsbiographien der Männer orientieren. Teilzeitarbeit wurde als Abweichung von diesem Maßstab gewertet, die einen persönlichen Preis verlangte. Durch die individualisierenden Begründungen für die Teilzeitarbeit wurde dem Phänomen die gesellschaftliche Relevanz genommen und wurden strukturelle Änderungen in der Gesellschaft, auf die Frauen mit individuellem Handeln schon reagieren konnten, verschleiert und zur Privatsache erklärt. Dagegen wurde die seit Mitte der siebziger Jahre unter dem Begriff Wertewandel geführte Diskussion um eine Relativierung beruflicher Orientierungen von Männern zugunsten privater Ziele und Wünsche gleich in einem gesellschaftlichen Zusammenhang betrachtet: dort geht subjektiver Wertewandel mit gesellschaftlichem Wandel einher.[8]

Der Signalcharakter und die potentielle Radikalität, die Teilzeitarbeit als eine Form der Abwehr unerträglicher oder ungewollter Arbeitsbedingungen haben könnte, werden durch die Stigmatisierung dieser Arbeitszeitform als Frauenarbeit entschärft. Die Anbindung der Teilzeitarbeit an die Reproduktionsarbeit, die als Frauenarbeit und nach den herrschenden Maßstäben der Tauschgesellschaft als minderwertige Arbeit gilt, verhinderte die Verallgemeinerung dieser Arbeitsform als einer geschlechtsunspezifischen Regelung für Lohnarbeitszeit. Die indirekte Anerkennung der Leistungen von Frauen in der Familie, die der Mangel an weiblichen Arbeitskräften in den sechziger Jahren auch in der Öffentlichkeit bewirkte, wurde in eine Voraussetzung für ein Zugeständnis abweichender Arbeitszeiten umgemünzt. Frauen sollten demnach reduzierte Arbeitszeit nur dann wählen können, wenn sie sich für die Einschränkungen eines »normalen« Arbeitnehmerstatus durch familiale Verpflichtungen ausreichend legitimieren konnten.

Die Unternehmen erprobten diese Arbeitsform, wenn man ihren öffentlichen Bekundungen Glauben schenkt, nur widerstrebend und gegen lang dauernden Widerstand, und auch dann wurde sie nur als »Notlösung« und »letztes Mittel« deklariert, die widerspenstige »stille Reserve« der Frauen »zu mobilisieren«. Die Begriffe entstammen nicht von ungefähr dem militärischen Vokabular. Mehr als die technischen Erfordernisse zur Einrichtung zeitlich reduzierter Arbeitsplätze verursachten offenbar die Befürchtungen um die Arbeitsmoral öffentliches Kopfzerbrechen. Vor der »Sogwirkung«, der »Ansteckungsgefahr« und dem »Signalcharakter« der Einrichtung von Teilzeitarbeitsplätzen wurde immer wieder gewarnt. Die Metaphern suggerieren, daß Bedürfnisse aus dem verdrängten, ausgegrenzten Leben wie Naturgewalten oder Krankheiten in das Zwangssystem der Lohnarbeit eindringen könnten. Angesichts der formal-rationalen Logik des Produktionsprozesses, der sich die Arbeitenden anzupassen haben, erscheinen die Bedürfnisse der Frauen als irrational und dadurch, daß sie andere Formen der Verfügung über Zeit sichtbar praktizieren, die Disziplin bedrohend. Um diese Gefahren zu bannen, sollte Teilzeitarbeit ein »defensives Instrument der Personalplanung« bleiben, ein »notwendiges Übel« in Zeiten, in denen mit allen Mitteln Arbeitskräfte gesucht werden.

Die normative und ökonomische Verankerung der Teilzeitarbeit in der sexistischen Arbeitsteilung unterbindet eine direkte Konkurrenz der Geschlechter auf dem Arbeitsmarkt. In den sechziger Jahren ermöglichte die Einrichtung der Teilzeitarbeit daher in einigen Bereichen eine Expansion, in anderen eine Stabilisierung des Arbeitskräfteangebots von Frauen, ohne die geschlechtsspezifische Aufteilung des Arbeitsmarktes zu verändern. Teilzeitarbeit wurde entweder in Branchen eingeführt, die bereits zuvor einen hohen Frauenanteil an Beschäftigten hatten oder in neu expandierenden Bereichen wie im Dienstleistungssektor, die sowohl durch die Arbeitsanforderungen wie auch durch die Zeitregelung Arbeitsplätze schufen, die von vornherein als frauenspezifische galten. In diesem Sinne sichert die Teilzeitarbeit Arbeitsplätze für Frauen, solange diese Arbeitsform angeboten wird. Eine Sicherung oder Verteidigung dieser Arbeitsplätze durch die Frauen selbst mit kollektiven Kampf- und Widerstandsformen kann aber gerade durch die Einrichtung dieser Arbeitsform erschwert werden. Denn sie führt zu einer Differenzierung unter den erwerbstätigen Frauen, die die im Ehe- und Familienleben liegenden Statusunterschiede unmittelbar ins Lohnarbeitsverhältnis überträgt. Unterschiede, die nach herrschendem Verständnis in den Privatbereich der Lohnabhängigen gehören, werden indirekt Verhandlungsgegenstand am Arbeitsplatz. Das erfordert sowohl andere Strategien zum Schutz der Privatsphäre als auch erhöhte Anstrengungen zur Überwindung von Interessendivergenzen unter Frauen aus verschiedenen Familiensituationen, wenn praktische Solidarität gefordert wird.

Teilzeitarbeit ist seit den sechziger Jahren[9] zu einem festen Bestandteil sowohl der betrieblichen Einsatzstrategien als auch der Lebensplanung von Frauen geworden. Die faktische Institutionalisierung der Teilzeitarbeit, die zunächst einem Zweckbündnis kurzfristiger unternehmerischer Interessen und langfristiger Interessen der Lebensplanung von Ehefrauen und Müttern entsprang, trug dazu bei, den allgemeinen Anspruch von Frauen auf Berufstätigkeit öffentlich zu verfestigen. Zur Steigerung des Ansehens verhalf dieser Arbeitszeitform vermutlich auch die gesetzliche Regelung im öffentlichen Dienst, mit der 1969 der Anspruch von Beamtinnen und Richterinnen mit Mutterpflichten auf Beurlaubung und Teilzeitbeschäftigung festgelegt wurde.

In der Debatte um die Änderung des Beamtengesetzes wurden explizit die Maßstäbe ins Feld geführt, die die faktische Gleichstellung der Frau im Berufsleben verhindern.[10] Zum einen wurde die Befürchtung geäußert, Frauen würden bei einem gesetzlich geregelten Anspruch auf reduzierte Arbeitszeit auf Kosten der Familie das Beamtenverhältnis nicht mehr verlassen, die traditionelle Bindung der Frau an die Familie könnte gelockert werden. Zum anderen betonten die Gegner des Gesetzesentwurfs, die Teilzeitarbeit verstoße gegen den Grundsatz der »vollen Berufshingabe« für Beamte, einer besonderen Form des Modells lebenslanger, vorrangiger Berufsorientierung. Hier schien die doppelte »Fürsorgepflicht des Staates« seinen weiblichen Beamten wie auch der gesetzlich geschützten Institution Familie gegenüber mit den herrschenden Normen der geschlechtlichen Arbeitsteilung in Widerspruch geraten zu sein. Unter den Bedingungen des Arbeitskräftemangels im öffentlichen Dienst, insbesondere des großen Lehrkräftemangels in der zweiten Hälfte der sechziger Jahre wurde die gesetzliche Regelung zur Erleichterung der Berufsausübung von Beamtinnen und Richterinnen schließlich doch durchgesetzt. Das Bundesgesetz vom 2. 4. 1969 sicherte die geschlechtliche Arbeitsteilung jedoch dadurch, daß es den Anspruch auf Teilzeitarbeit an Mutterpflichten band und dadurch eine Ausweitung der Regelung auf Männer (damals noch) verhinderte. Zudem regelte das Gesetz nur die Voraussetzungen für einen Anspruch. Diesem auch nachzukommen blieb ins Ermessen des öffentlichen Dienstherrn gestellt. Diese öffentliche Regelung hat sicherlich dennoch dazu beigetragen, die Teilzeitarbeit aus der Bewertung herauszuführen, sie sei nur eine Beschäftigungsform für kurzfristiges Heuern und Feuern, und sie war eine praktische Bestätigung dafür, daß Teilzeitarbeit entgegen dem verbreiteten Vorurteil auch in qualifizierten Berufen möglich ist.[11]

Auch die Diskussion um den »Wertewandel« seit Mitte der siebziger Jahre schien eine Aufwertung der Teilzeitarbeit anzubahnen. Unterbrochene oder zeitlich reduzierte Berufsverläufe, wie sie für weibliche Erwerbstätige als typisch und marginalisierend gelten, schienen allgemein als Modell an Bedeutung zu gewinnen und – was nicht automatisch damit verbunden wäre – neue Formen der geschlechtlichen Arbeitsteilung schienen öffentliches Interesse zu finden.[12]

Unter den gegenwärtigen Bedingungen wachsender Arbeitslosigkeit ist aber eine Reaktivierung der traditionellen Normen der Arbeitsteilung nicht nur in den konservativen politischen Programmen zu verfolgen, sie ist auch als persönliche Reaktion auf die Angst zu erwarten, die Arbeit und damit eine soziale Identität und Position zu verlieren, die bisher das Berufssystem und die herkömmliche Arbeitsteilung boten. »Wertewandel« ist als freiwillige Änderung der Prioritäten im persönlichen Arrangement von Arbeit und Leben an »gute Zeiten« oder eine gute Position gebunden. Bei zunehmender Arbeitslosigkeit könnte ein »Wertewandel« für viele Männer zu einer erzwungenen Anpassung an eine schlechte Realität geraten, ohne daß Alternativen für die identitätsstiftende Funktion bisheriger Arbeitsrollen kollektiv schon gefestigt wären. Diese Bedingungen lassen ebensowenig wie eine allgemeine Verkürzung der Arbeitszeit eine grundlegende Veränderung der geschlechtlichen Arbeitsteilung erwarten und eher eine neue repressive Auslegung ihrer Normen befürchten. Dazu kann auch die Teilzeitarbeit als Instrument mißbraucht werden. Sie begründet aber nicht per se einen Status der »am schlimmsten Ausgebeuteten«. Sie ist als Strategie der Abwehr von Zumutungen aus den spezifischen Erfahrungen von Frauen entstanden. Sie enthält progressive Elemente in dieser Abwehr und ist zugleich eine Arbeitsform mit Zwangscharakter, die aus der gesellschaftlichen Organisation der Arbeit als Lohn- und Hausarbeit resultiert, die den Frauen die individuelle Leistung der Verbindung beider aufbürdet. Bei der absehbaren Entwicklung auf dem Arbeitsmarkt könnten die stets als Nachzüglerinnen in der Beteiligung am Berufsleben betrachteten Frauen sich als Vorbotinnen einer riskanten und problematischen Form der Existenzsicherung erweisen, die nicht mehr nur ihnen allein abverlangt wird. Je mehr sich auch Männer darin zu üben haben, desto eher mag die Chance wachsen, daß rechtliche Absicherungen nachgeholt werden, die zu besseren Konjunkturzeiten für Frauen versäumt wurden.

Anmerkungen

1 Vgl. C. Eckart, *Die Teilzeitarbeit von Frauen – Eine prekäre Strategie gegen Einseitigkeit und Doppelbelastung,* in: E. Talos/G. Vobruba (Hg.), *Perspektiven der Arbeitszeitpolitik,* Wien 1983, S. 83–101.

2 Vgl. H. Kramer/C. Eckart/I. Riemann/K. Walser, *Grenzen der Frauenlohnarbeit. Frauenstrategien in Lohn- und Hausarbeit seit der Jahrhundertwende,* Frankfurt 1986.

3 Vgl. Chr. Deutschmann/G. Dybowski-Johannson, *Wirtschaftliche und soziale Determinanten der Arbeitszeitpolitik,* in: *Mitt AB* 3, 1979, S. 313–327.

4 N. Luhmann, *Temporalisierung von Komplexität: Zur Semantik neuzeitlicher Zeitbegriffe,* in: ders., *Studien zur Wissenssoziologie der modernen Gesellschaft,* Bd. 1, Frankfurt 1980.

5 Dieser Zusammenhang wird in der neueren ökologischen Diskussion um die Arbeit in den Kriterien Verfügung über Zeit, über den Körper und über den Raum gefaßt. Vgl. R. Herding, *Ökologie am Arbeitsplatz,* in: *Alemantschen. Materialien für radikale Ökologie,* Bd. 3, Sommer 1983.

6 Vgl. z. B. Gewerkschaft HBV, *Arbeitsheft Teilzeitarbeit – nicht nur ein Problem für Frauen,* Düsseldorf 1982.

7 E. Glücksmann-Lüdy, *Teilzeitarbeit in der Bundesrepublik Deutschland,* in: *Sozialer Fortschritt* H. 12, 1954, S. 270.

8 Vgl. H. Klages/P. Kmieciak (Hg.), *Wertewandel und gesellschaftlicher Wandel,* Frankfurt 1981.

9 Die Zahlenangaben zur Teilzeitarbeit schwanken je nach Bezugsgröße erheblich. Für die Höhe der Zahl ist vor allem ausschlaggebend, ob *alle* erwerbstätigen Frauen oder die abhängig erwerbstätigen gezählt werden. Auch die statistischen Kategorien blieben über die Jahrzehnte nicht gleich. 1970 und 1980 hatten nach Angaben des Instituts für Arbeitsmarkt- und Berufsforschung rund 20% der abhängig erwerbstätigen Frauen eine Teilzeitarbeit »aus eigenem Entschluß«. 1984 arbeiteten ein Drittel der Arbeitnehmerinnen »in der Woche normalerweise 1–36 Stunden« nach Angaben des IAB. Davon arbeiten inzwischen mehr als die Hälfte weniger als 20 Stunden in der Woche, eine wachsende Zahl in ungeschützten Arbeitsverhältnissen.

10 Vgl. H. Brossok, *Verfassungsrechtliche Zulässigkeit und sozialgeschichtlicher Hintergrund von Teilzeitbeschäftigung und Beurlaubung für Beamtinnen und Richterinnen mit Mutterpflichten*, Jur. Diss. Münster 1973.

11 1977 war die Teilzeitarbeitsquote bei Frauen mit Hochschul- und Universitätsabschluß mit 32% doppelt so hoch wie bei Frauen mit anderen Ausbildungen, s. *Wirtschaft und Statistik* 9/1978, S. 573.

12 Vgl. die Berichte über »Hausmänner« und »die neuen Väter«, z.B. im *Stern* Nr. 33, 6. Aug. 1981, S. 100ff.; *Frankfurter Rundschau* 2. Mai 1981; *Brigitte* Nr. 8, 6. April 1983, S. 116ff.

Sabine Gensior

Teilzeitarbeit und frauenspezifischer Arbeitsmarkt

Zur »Interessenidentität« zwischen Frauen und betrieblicher Personalpolitik

Ziel der folgenden Ausführungen ist es, auf die komplexen, sozioökonomischen Wirkungszusammenhänge aufmerksam zu machen, in deren Rahmen Teilzeitarbeit für Frauen zu sehen ist.[1] Dabei soll nicht vordergründig das »Für und Wider« der frauenspezifischen Teilzeitarbeit gegeneinander abgewogen werden; die Argumente können aufgrund der geführten Auseinandersetzung um die Arbeitszeitverkürzung in ihrer Grundstruktur als bekannt vorausgesetzt werden: In der Kontroverse um die Arbeitszeitpolitik, die ihren bisherigen Höhepunkt in der Tarifauseinandersetzung 1984 fand, verlief bislang eine Trennungslinie zwischen Befürwortern und Gegnern von Arbeitszeitverkürzungen.[2] Die Befürworter vereinigten sich in der Forderung »Arbeit für mehr Beschäftigung durch weniger Arbeit für die einzelnen«. Gedacht war dabei an eine tarifvertraglich geregelte Arbeitszeitverkürzung, die Leitwerte festlegen sollte für ein Normalarbeitsverhältnis, d. h. eine stabile, sozial abgesicherte, abhängige Vollzeitbeschäftigung, deren Rahmenbedingungen (Arbeitszeit, Löhne, Transferleistungen) kollektivvertraglich oder arbeits- bzw. sozialrechtlich auf einem Mindestniveau geregelt sind.[3] Unterdessen haben sich jedoch auch unterschiedliche Vorstellungen über die Form der Durch- und Umsetzung des Ziels »mehr Beschäftigung durch Arbeitszeitverkürzung« entwickelt. Während sog. Traditionalisten für eine Arbeitszeitverkürzung eintreten, die durch kollektive tarifvertragliche Regelungen durchgesetzt werden soll und die sich auf die Begrenzung sowohl der Wochen-, Jahres- als auch Lebensarbeitszeit bezieht, wird von anderer Seite eine sog. neue Arbeitszeitpolitik propagiert: ein Konzept individueller Arbeitszeitflexibilität. Hierunter wird fälschlicherweise auch die Teilzeitarbeit von Frauen gefaßt, für die unterstellt wird, daß sie den Wünschen arbeitender Mütter nach individueller Zeiteinteilung entgegenkommt.

Jedoch ist das Phänomen der Teilzeitarbeit von Frauen nicht mit einer einfachen Wiedergabe des Modellstreits darüber zu erledigen, ob Frauen, aufgrund der bisher geltenden Norm der Vollzeitarbeit, daran gehindert werden, erwerbstätig zu sein oder ob zu wenige Teilzeitarbeitsplätze – gemessen an der Nachfrage – zur Verfügung stehen.[4]

Die Masse frauenspezifischer Teilzeitarbeit, v. a. ihre Zunahme in der jüngeren Vergangenheit, ist vielmehr als ein Resultat technisch-arbeitsorganisatorischer Entwicklung spezifisch ausgelegter Frauenarbeitsplätze zu interpretieren. Darüber hinaus haben wir es mit einer ideologischen Offensive gegen die Berufstätigkeit von Frauen zu tun; sie verbirgt sich lediglich hinter der Propagierung der Teilzeitarbeit in ihrer vorfindlichen Form.

1. Arbeitszeitverkürzung und Frauenerwerbsarbeit

In einem Teil der Frauenbewegung wird gegen die Forderung nach kollektiver Arbeitszeitverkürzung oft eingewandt, daß die 1984 erhobene Forderung nach einer Arbeitszeitverkürzung auf Basis einer 35-Stunden-Woche bei vollem Lohnausgleich ein klassisches Beispiel dafür sei, wie bei der Behandlung von Frauenfragen die geschlechtliche Arbeitsteilung ignoriert werde. Dies wird daran festgemacht, daß die Gewerkschaften sich in manchen Bereichen schwer tun, dem speziellen Wunsch vieler Frauen nach Teilzeitarbeit Rechnung zu tragen. Weiterhin wird in einem Teil der Frauenbewegung oft angeführt, daß der Haushalt, die Familie, soziale Beziehungen außerhalb der Lohnarbeit für Frauen eine völlig andere Bedeutung hätten als für Männer und daß deshalb die Gründe, die bei Frauen Teilzeitarbeits-Wünsche hervorbrächten, möglicherweise richtungsweisend sein könnten für generelle Überlegungen zur Arbeitszeitverkürzung.

Hierzu bleibt folgendes festzuhalten: Es ist zwar richtig, daß Teilzeitarbeitsplätze von vielen Frauen stark nachgefragt werden. Teilzeitarbeit ist oft die einzige Möglichkeit, neben Haushalt und Kindererziehung berufstätig zu sein. Andererseits ist in diesem Zusammenhang auch wichtig, sich zu vergegenwärtigen, was Teilzeitarbeit überhaupt ist und wen sie betrifft.

Als Teilzeitarbeitnehmer sind solche Arbeitnehmer zu bezeichnen, deren vertraglich vereinbarte Arbeitszeit kürzer ist als die tariflich vereinbarte Wochenarbeitszeit. Die Realität der Teilzeitarbeit muß jedoch anders beschrieben werden. Zwar ist diejenige Teilzeitarbeit mit arbeitsvertraglich genau festgelegter Arbeitszeitlage und -länge am weitesten verbreitet; auf der anderen Seite gibt es jedoch neben dieser Form eine Vielfalt weiterer Formen der Teilzeitarbeit. Die für Frauen wichtigsten Formen sind: Die KAPOVAZ (kapazitätsorientierte variable Arbeitszeit) und das Job-sharing (Teilung des Arbeitsplatzes). In der öffentlichen Diskussion wird meist positiv vermerkt, daß trotz der Beschäftigungskrise Teilzeitarbeitsverhältnisse von Frauen enorm zunehmen. Dies wird fälschlicherweise als ein Indiz dafür gewertet, daß Teilzeitarbeit ein Ausdruck frauenspezifischer Wünsche nach Erwerbsarbeit sei. Sieht man sich die Struktur und Verteilung der Teilzeitarbeit genauer an, muß diese Vorstellung relativiert werden. Der wesentliche Sachverhalt ist jedoch nicht immer auf den ersten Blick zu erkennen. Die Aussage, daß Teilzeitarbeitsverhältnisse von Frauen zugenommen hätten, bezieht sich sowohl auf die versicherungsfreien »geringfügigen« Beschäftigungsverhältnisse (unter 20 Stunden), über deren gesamtes Ausmaß nur schwer gesicherte Daten zu gewinnen sind, als auch auf die neuartigen Formen der Teilzeitarbeit wie z. B. KAPOVAZ und das Job-sharing sowie die elektronische Heimarbeit. Bereits ein kurzer Blick auf die gegenwärtige Struktur der Teilzeitarbeit zeigt, daß sich diese Form der Arbeitszeit nahezu durchgängig bezieht auf minderwertige, belastende Arbeitsplätze mit geringen Einkommens- und Aufstiegschancen, die ausschließlich Frauen vorbehalten bleiben bzw. von ihnen wahrgenommen werden. Es scheint, als hätten wir es bei der Teilzeitarbeit mit einem Spezialfall des frauenspezifischen Arbeitsmarktes und der frauenspezifischen Arbeitssituation zu tun.[5]

Rund ein Drittel aller erwerbstätigen Frauen arbeitet heute weniger als 40 Stunden, davon wiederum ein Viertel unterhalb der Versicherungspflichtgrenze von 20 Stunden. Allein letzteres bringt gravierende sozialversicherungsrechtliche Folgen für die Frauen mit sich.[6] Teilzeitarbeit wird fast ausschließlich von Frauen vorwiegend der mittleren (und älteren) Jahrgänge in Berufen ausgeübt, die zum größten Teil dem Dienstleistungsbereich angehören, und an Arbeitsplätzen, die geringe und geringste Anforderungen an die Qualifikation stellen. Es handelt sich also bei der Mehrzahl der Teilzeitarbeitsplätze um unsichere, rationalisierungsanfällige Arbeitsplätze, die keinerlei Aufstiegsmöglichkeiten aufweisen und die, arbeitsmarkttheoretisch gesprochen, dem frauenspezifischen Arbeitsmarktsegment angehören. Neueste Forschungsergebnisse bestätigen die relativ abstrakte Aussage, daß Frauen vorwiegend in bestimmten Arbeitsmarktsegmenten anzutreffen seien. Erwerbstätige Frauen sind bei genauerer Betrachtung auch räumlich in abgrenzbaren Betriebsteilen so stark konzentriert, daß hier von Ghettoisierung gesprochen werden kann: So beträgt der Anteil der Frauen an den sozialversicherungspflichtig Beschäftigten in der elektrotechnischen Industrie 1983 lediglich ca. 34%. Der Anteil der Frauen in den Bereichen der Serienfertigung dieser Branche liegt dagegen bei 70%.

Diese Konzentration impliziert sowohl für die Industrie als auch für den Dienstleistungsbereich eine Prognostizierbarkeit spezifischer Arbeitsbedingungen: geringe Qualifikationsanforderungen, niedrigere Löhne, festgelegte Arbeitszeiten usw. Auch kann man vom Konzentrationsgrad erwerbstätiger Frauen in bestimmten Betriebsteilen auf das Qualifikationsniveau schließen. Betriebe mit überdurchschnittlich hoher Frauenbeschäftigung sind gleichzeitig solche mit extrem kurzzyklischen Tätigkeiten und geringem Qualifikationsniveau.

Das geringe Anforderungs-/Qualifikationsniveau führt auch regelmäßig zu niedrigen Lohn- bzw- Gehaltseinstufungen und bietet aufgrund des hohen Grades der Arbeitsteilung alle Voraussetzungen für verstärkte Automatisierungsbemühungen. Bei der weiteren Mechanisierung/Automatisierung besteht in Zukunft die Gefahr eines arbeitsmarktpolitischen Kahlschlags für die erwerbstätigen Frauen in diesen Bereichen. Die Diffusion der neuen Technologien auch in die Angestelltenbereiche wird vermutlich ebenso wie im industriellen Sektor zu einer zunehmenden Schließung der Automationslücken (z. B. bei den Codierarbeiten in Bank und Post) und damit zu einer Vernichtung von Frauenarbeitsplätzen führen. Zwei weitere Tendenzen sollen hier angedeutet werden, die in neueren Untersuchungen[7] herausgearbeitet wurden: Zum einen ist mit dem Eindringen von männlichen Arbeitskräften in Frauenarbeitsbereiche zu rechnen, zum anderen mit der Verdrängung von Frauen aus den Tätigkeitsfeldern, in denen Männer wie Frauen gleichermaßen beschäftigt sind.[8] Vor allem qualifizierte Tätigkeiten mit Aufstiegs- und Entwicklungschancen werden vermutlich maskulinisiert und die Frauen in Positionen mit geringen Qualifizierungschancen abgedrängt (Feminisierung) bzw. ganz verdrängt, wobei gerade bei den stark repetitiven Tätigkeiten die Wegrationalisierung durch technologische Entwicklung droht.

Die meisten Betriebe schaffen Teilzeitarbeitsplätze zumeist in Bereichen mit niedrigen Qualifikationsanforderungen und stehen einem Teilzeitangebot für qualifizierteres Personal ablehnend gegenüber, so daß sich in den niedrigen Bereichen vor allem die erwerbstätigen Frauen zunehmend konzentrieren werden. Sie sind als Sackgassen-Arbeitsplätze zu bezeichnen.

Bemerkenswert ist weiterhin, daß die Teilzeitarbeitsquote beispielsweise im verarbeitenden Gewerbe erheblich geringer ist als im Dienstleistungsbereich, obwohl dort im Hinblick auf die belastenden Arbeitsbedingungen eine Arbeitszeitverkürzung für Arbeiterinnen mit Kindern durchaus angebracht wäre: Die Teilzeitarbeitsquote für die Bereiche Dienstleistung und Handel beträgt zusammengenommen 13%, die für das verarbeitende Gewerbe lediglich 3,5%. – Da Frauen im verarbeitenden Gewerbe sich meist in den unteren Lohngruppen befinden, können sie sich Teilzeitarbeit, die eine Halbierung des Einkommens bedeuten würde, auch wenn sie wollten, nicht leisten.[9]

Darüber hinaus besagen neuere empirische Ergebnisse, daß Teilzeitarbeit bisher nichts an der Zuständigkeit der Frauen für Haushalt und Kindererziehung geändert habe. Im Gegenteil, sie habe bereits erfolgte Veränderungen in der geschlechtsspezifischen Arbeitsteilung in bezug auf Haushalt und Kinder zum Teil wieder rückgängig gemacht, da eine Berufstätigkeit für die meisten Frauen den Charakter des »Zuverdienens« bekommen habe.[10]

Die hier angeführten Befunde legen es meines Erachtens nahe, davon zu sprechen, daß für Frauen zur Zeit ein gesellschaftspolitischer Wendepunkt erreicht ist, und zwar

– in bezug auf ihre Position im Bereich der Lohnarbeit und
– im Bereich der Reproduktion.

Im Bereich der *Lohnarbeit* war Frauenarbeit in der jüngsten Vergangenheit (ebenso wie sie es in der nächsten Zukunft sein wird) einem verschärften Zugriff arbeitsorganisatorischer Maßnahmen auf der Basis neuer Techniken ausgesetzt. Sie haben ein beträchtliches Ausmaß an Arbeitsplatzunsicherheit und Arbeitsplatzverlust und an Verschlechterungen der Arbeitsbedingungen mit sich gebracht. Dieser Trend kann sich auch in die Zukunft verlängern. Gleichzeitig sind wir mit der schlechten Qualität der Masse der

Teilzeitarbeitsplätze konfrontiert; parallel dazu haben wir es mit einer weiterhin stabilen Frauenerwerbsquote zu tun (vgl. hierzu Lappe 1986).[11] Eine Strukturanalyse des statistischen Datenmaterials zeigt, daß der Anteil von alleinstehenden Frauen an der Erwerbstätigkeit außerordentlich hoch ist. Gleichzeitig ist der Anteil der verheirateten erwerbstätigen Frauen ebenfalls beträchtlich angestiegen.[12] Lohn- und Gehaltsstrukturanalysen legen die Annahme nahe, daß erwerbstätige Frauen zu einem großen Teil aus den gleichen Gründen arbeiten wie männliche Lohnarbeiter, d. h., schlicht, um ihren Lebensunterhalt zu verdienen. Diese Frauen werden künftig noch stärker als bisher in ihren Lebensperspektiven bedroht:

– zum einen durch die zunehmende Arbeitslosigkeit in den frauenspezifischen Einsatzbereichen[13],
– weiterhin durch verschärften restriktiven Arbeitseinsatz, der technisch-arbeitsorganisatorisch durchgesetzt wird und an dessen Ende zum Teil die Teilzeitarbeit sowie die elektronische Heimarbeit stehen.

Speziell längerwährende Arbeitslosigkeit (oder ungeschützte Beschäftigung unterhalb der Versicherungspflichtgrenze auf werkvertrags- oder Honorarbasis wie z. B. bei der elektronischen Heimarbeit) führt bereits heute zu verbreiteter Armut unter Frauen. Diese schon seit geraumer Zeit anhaltende Entwicklung wird stark reduzierte oder gar nicht erst entstehende Rentenansprüche dieser Frauen mit sich bringen. Einher geht damit ein verminderter Anspruch auf Erwerbs- und Berufsunfähigkeitsrente, obwohl der Anteil der Frauen, der aufgrund von Erwerbs- bzw. Berufsunfähigkeit aus dem Erwerbsleben ausscheiden muß, beständig ansteigt. Schon heute verzeichnen wir einen hohen Prozentsatz frauenspezifischer Armut im Alter (vgl. bspw. Ruby et.al., 1982): Er dürfte sich, wenn die oben skizzierte Entwicklung voranschreitet, noch beträchtlich erhöhen. Ein hoher Prozentsatz von Frauen ist im Alter ökonomisch durch die »Hausfrauenehe« und damit »Hausfrauenrente« nicht mehr gesichert.[14] Zum einen wird jede dritte Ehe geschieden[15]; andererseits reicht weder die Rente der Vollzeit-Fabrikarbeiterin in den unteren Lohngruppen noch die der Teilzeitarbeiterin aus, um den Lebensunterhalt im Alter über die Rente zu sichern. Es ist bereits heute verbreitet, daß beide hier genannten Gruppen im Alter zur Inanspruchnahme von Sozialhilfe gezwungen sind.

Mit Hilfe dieser »Eckdaten« können die Lebensperspektiven von Frauen, die sich nicht nur auf den Zeitraum ihrer jüngeren und mittleren Jahre beziehen, in denen sie Teilzeitarbeit suchen mögen, skizziert werden. Mit Hilfe dieser Daten läßt sich auch der gesellschaftliche Wendepunkt für Frauen im Bereich der Lohnarbeit und der Reproduktion herausarbeiten.

2. Technologieentwicklung und Frauenarbeit

In der jüngsten Vergangenheit werden die Probleme der modernen Frauenarbeit oft einseitig aus der Entwicklung der neuen Techniken abgeleitet. Die Ausbreitung der Informations- und Kommunikationstechnologien in Büro, Verwaltung, Dienstleistung und Industrie wird durchgängig als Frauen treffende Rationalisierung verstanden. Technik wird somit im öffentlichen Bewußtsein zur entscheidenden Bestimmungsgröße der Frauenerwerbsarbeit.

Auf den ersten Blick wird diese Sichtweise durch die aktuellen Entwicklungen bestätigt: Informations- und Kommunikationstechniken bieten die Möglichkeit zur Fernarbeit, zur Auslagerung von Arbeitsplätzen aus Unternehmen und Organisationen in die Wohnungen der Beschäftigten. Wenn beispielsweise die zentralen Büros sozusagen »computerisiert« sind, stehen speziell für die Büroarbeit elektronische Hilfsmittel zur Verfügung und lassen sich informationstechnisch ausgestattete Heimarbeitsplätze verwirklichen. Diese technisch möglichen Heimarbeitsplätze werden – neben den verschiedenen Teilzeitarbeitsformen – insbesondere für Frauen propagiert, da sie in besonders günstiger Weise die »Vereinbarkeit von Familie und Beruf« ermöglichen sollen. Anstatt die Frauen zur Arbeit zu transportieren, soll künftig die Arbeit in die Heime oder wenigstens in deren Nähe gebracht werden. Die Auflösung des »Betriebs«, d. h. betriebsförmiger Arbeit[16], scheint damit technisch mögliche Wirklichkeit zu werden.[17]

Zu fragen ist, weshalb die Anwendung und Umsetzung neuer Techniken in den Betrieben hauptsächlich Frauenarbeitsplätze in negativer Weise berührt? Die Ursache ist in folgendem, unterdessen auch wissenschaftlich belegten Sachverhalt zu suchen.[18] In bezug auf Frauenarbeitsplätze haben wir es mit einer geradezu zwanghaften Fixierung weiblicher Arbeitskraft auf inner- und überbetriebliche Arbeitsbereiche mit bestimmten Mechanisierungs- und Automatisierungsbedingungen zu tun. Fraueneinsatzbereiche müssen als ein besonders stark ausgeprägter Spezialfall der betrieblichen und gesellschaftlichen Arbeitsteilung begriffen werden. In dem breiten Rahmen von Personalrekrutierungsstrategien, der technisch-arbeitsorganisatorischen Entwicklung und der verschiedenen Teilzeitarbeitsformen hat sich eine Geschlechterpolarisierung in qualifizierte Männer- und unqualifizierte Frauenarbeitsplätze vollzogen; dies nicht nur im engeren Einsatzbereich von neuen Techniken (z. B. Elektroindustrie, Nahrungs- und Genußmittelindustrie, EDV-Einsatz in Dienstleistungsbereichen), sondern auf gesamtwirtschaftlicher Ebene durch Herausbildung und Stabilisierung von frauenspezifischen Arbeitsmarktsegmenten. Die Selektion und Analyse z. B. »heimarbeitsverdächtiger Tätigkeiten«, die hauptsächlich in Fraueneinsatzbereichen ihren Anfang nimmt, muß daher als Resultat einer bereits vollzogenen strukturellen Entwicklung der Frauenerwerbsarbeit gelten.

3. Arbeitspolitische Veränderungsmöglichkeiten

Es erhebt sich für die sozialwissenschaftliche arbeitsorientierte Forschung die Frage, auf welche Problembereiche die künftige Arbeit orientiert werden muß, wenn die Bedingungen der randständigen inner- und überbetrieblichen Arbeitsmarktsituation von Frauen korrigiert werden sollen.

– Zum einen liegt es nahe, für die bekannten frauenspezifischen Einsatzbereiche den tatsächlichen Anforderungen entsprechende Anforderungs- und Merkmalskataloge zu entwickeln, damit die existierende Lohn- und Gehaltsdiskriminierung abgebaut werden kann.

– Weiterhin scheint es erforderlich zu sein, die betrieblichen Lohn-, Gehalts- und Qualifikationsstrukturen verstärkt in den Mittelpunkt künftiger Forschung zu stellen. Sie sind der strategische arbeitspolitische Ansatzpunkt, um Frauen aus ihrer spezifischen Arbeitsmarktsituation, die einer Ghetto-Situation gleichkommt, zu befreien. Die existierenden Lohn- und Gehaltsstrukturen sind ein Hindernis z. B. bei der Vermittlung von Anpassungsqualifizierung für komplexe und komplizierte Tätigkeiten mit Prozeßkenntnissen, wie sie beim Einsatz neuer Techniken an qualifizierteren Arbeitsplätzen nötig sind.

– Zusätzlich erscheint es wichtig, künftig diejenigen Arbeitsplatztypen in den Mittelpunkt der Forschung zu stellen, die absehbar in ihrer arbeits- und arbeitsmarktpolitischen Qualität nicht verbessert werden können (z. B. gewisse montierende Prozesse in der Fertigung oder solche, in denen massenhaft anfallende Daten fabrikmäßig verarbeitet werden). Vergleichende arbeitssoziologische Untersuchungen von »Restarbeitsplätzen« in ihrer differenzierten Gestalt und Ausprägung dürften hier Erkenntnisfortschritt erbringen.

– Schließlich setzen sich neue technische und technisch-arbeitsorganisatorische Lösungen bei genauerem Hinsehen nicht mit der vielfach behaupteten Geschwindigkeit durch. Ihrer Anwendung stehen auch auf betrieblicher Ebene finanzielle, organisatorische und vor allem auch personelle Probleme entgegen, die den Zeitraum einer jeweiligen breiten betrieblichen Umsetzung meist auf fünf bis zehn Jahre ausdehnen. Dieser vor uns liegende mehrjährige Umsetzungsprozeß technisch-arbeitsorganisatorischer bzw. betrieblicher Umgestaltung verweist zugleich auf eine Vielzahl ungeklärter Problemlagen.

Folgende Fragenkomplexe sind hierbei künftig zu beachten: Wie sind z. B. die unterschiedlichen arbeitsorganisatorischen Handlungsspielräume der Betriebe strukturiert, die zu der konstatierten erheblichen technologischen Heterogenität führen? Wie wird sich die Arbeitsplatzstruktur und wie werden sich die Qualifikationsanforderungen durch den Einsatz neuer Techniken in den Betrieben verändern? Wird es beim Einsatz neuer Techniken in den Betrieben bei einem frauenspezifischen inner- und überbetrieblichen Arbeitsmarktsegment bleiben, oder könnten sich Ansatzpunkte ergeben, den frauenspezifischen Arbeitsmarkt aufzulösen? Welche betrieblichen und gesellschaftspolitischen Strategien sind zu entwickeln, um eine zukunftsorientierte Qualifizierung von Frauen zu ermöglichen? Welche Ansatzpunkte gibt es, um die verfestigte inner- und überbetriebliche Arbeitsteilung zwischen Männern und Frauen zu verändern?[19] Welche Rolle können hierbei die neuen Techniken spielen? Und schließlich, ist es möglich, die historisch verfestigten Schranken zwischen sogenannter schwerer Männerarbeit in den Betrieben abzubauen, um eine Um- und Neubewertung von Frauenarbeit zu ermöglichen?

4. Schlußfolgerungen

Die strukturtheoretischen und empirischen Befunde zum frauenspezifischen Arbeitsmarkt verweisen darauf, daß es sich bei der Diskussion um den Stellenwert der Teilzeitarbeit für Frauen um eine strategische Debatte handelt. Die politisch-ökonomische sowie technisch-arbeitsorganisatorische Entwicklung gefährden Frauen in unserer Gesellschaft außerordentlich in ihren lebensgeschichtlichen Perspektiven. Die sich verstärkenden Tendenzen zur Arbeitszeitflexibilisierung[20] und Teilzeitarbeit müssen, wenn diese Arbeitszeitformen in ihrer Mehrzahl lediglich als Rationalisierungspuffer der Betriebe dienen, die berufliche Sackgassensituation der Frauen verschärfen. Wenn das Ziel der Verbesserung der sozioökonomischen Lage von Frauen weiterhin gilt, erscheint m. E. – allein eine kollektive Arbeitsnorm, ein weiterentwickeltes Normalarbeitsverhältnis, geeignet, die randständige Situation von Frauen nicht zu verschlechtern.[21] Jede andere Arbeitszeitform, die betriebliche Kosten-Nutzen-Kalküle zum Ausgangspunkt für individuell praktizierte Arbeitszeitformen macht, muß die Arbeitsmarktspaltung in zum Teil noch sichere Männerarbeitsplätze und unsichere, schlechte Frauenarbeitsplätze vertiefen. Sie bewirkt damit nicht nur keine Trendumkehr, sondern verschlimmert die derzeitige Lage nur.

Speziell die Diskussion um die »Zukunft der Frauenarbeit«[22] berücksichtigt oft arbeits- und gesellschaftspolitische Gegenstrategien in unzureichender Weise. Dies ist u. a. dann der Fall, wenn der weibliche Lebenszusammenhang verstärkt in der Reproduktionssphäre fixiert wird.[23] Eine solche Sichtweise kann dazu führen, die ungleiche Lohnarbeitersituation von Frauen und Männern auch in die Zukunft zu verlängern. Dem Zwischenschritt auf dem Weg der sozialen Emanzipation der Frau, z. B. reproduktionsorientierte Arbeitszeiten für Männer und Frauen gleichermaßen durchzusetzen, wird in dieser Sichtweise keine Aufmerksamkeit geschenkt. Der Kampf um die Aufhebung der betrieblichen, geschlechtsspezifischen Arbeitsteilung droht damit m. E. zu einem Zeitpunkt abgebrochen zu werden, an dem es – auch mit Hilfe der neuen Techniken – besser möglich wird, die Um- und Neubewertung von Frauenarbeit in Angriff zu nehmen. Wenn dagegen Teilzeitarbeit als zukunftsweisende *frauenspezifische* Arbeitszeitform bewertet wird, d. h. die Beibehaltung eines frauenspezifischen Arbeitsmarktes als wünschenswert angesehen wird, bleiben gesellschaftliche Strukturprobleme in gefährlicher Weise unberücksichtigt. Vor allem wird damit die Zielsetzung der sozialen Emanzipation der Frau vernachlässigt, und das heißt, ihre gesellschaftliche und ökonomische Selbständigkeit wird nicht mehr zu erreichen versucht.[24]

Empirische Indizien verweisen darauf, daß die Realität von Frauen in der Bundesrepublik sehr viel komplexer strukturiert ist, als es Vorschläge nahelegen, die in bezug auf kleine Kinder betreuende Frauen entwickelt werden. Wir haben zur Zeit mehr als eine Million arbeitslose Frauen, für die keine Berufsperspektive existiert; Rentnerinnen sind von Altersarmut bedroht; eine Aufwertung von Familienarbeit und Rücknahme sozialstaatlicher Leistungen sind vorprogrammiert. Andererseits ist unübersehbar, daß sich die gesellschaftliche Situation von Frauen in den letzten 30 Jahren deutlich verändert hat. Die soziale Lage und das Selbstverständnis von Frauen heute, ihre Erwartungen und Bedürfnisse an Berufstätigkeit, Ehe und Kinder, an Liebesbeziehungen sind mit den Verhältnissen der fünfziger Jahre der Bundesrepublik nicht mehr zu vergleichen. Frauen haben sich seither zum Teil ein Terrain der gesellschaftlichen und persönlichen Entwicklung erkämpft, dessen Reichweite nicht auf materielle und soziale Besserstellung begrenzt ist. Gewachsenes Selbstbewußtsein, größere Aktivität im gesellschaftlichen und politischen Leben sowie in der Frauenbewegung sind ein Ausdruck dieser Entwicklung. Deshalb kann es auch *nicht* vorrangig um die Frage der Arbeitszeit für Frauen gehen: Diese Fragestellung verdeckt eher die hinter ihr liegenden sozialen und politischen Probleme von Frauen wie Erwerbstätigkeit, Ausbildung, Familie, Altern, gewerkschaftliche und (frauen-)politische Betätigung. Die soziale Emanzipation der Frau ist nur an der Gesamtheit aller Lebensbedingungen zu messen; sie kann nicht anhand der abstrakten Kategorie Arbeitszeit, die für sich keinerlei sozialen Gehalt hat, abgehandelt werden.

Anmerkungen

1 Ich greife in diesem Rahmen auf einige Forschungsergebnisse zurück, die ich im Rahmen einer Untersuchung im Jahre 1983 gewonnen habe. Ich habe mit quasi-offiziellen Informationsträgern einschlägiger Modellversuche zur Teilzeitarbeit und zur elektronischen Heimarbeit, mit arbeitszeitpolitischen Initiativen sowie betroffenen Frauen aus Modellversuchen u. a. Interviews durchgeführt. Vgl. S. Gensior, *Changes in Working-Time, Sex-Roles, and the Labour Market*, im Rahmen der Studie »La Mutation de Relations entre le Ménage et le Travail«, European Centre for Work and Society, Maastricht 1983 (hekt. Ms.). Auf die Ergebnisse der Untersuchung zur elektronischen Heimarbeit bin ich besonders eingegangen: s. S. Gensior, *Moderne Frauenarbeit, Arbeitszeitflexibilisierung und elektronische Heimarbeit*, in: *Wissenschaft im Fraueninteresse, Jahrbuch '84 der Hochschule für Wirtschaft und Politik*, Hamburg, 1984b. Die Studie »Neue Technologien und Weiterbildung in Büroberufen«, die im Jahre 1984 und 1985 vom CEDEFOP in Auftrag gegeben wurde, gibt über den Zustand und die Veränderungsprozesse der Aus- und Weiterbildungskonzeptionen im kaufmännisch-verwaltenden Bereich Aufschluß. Ausgangspunkt sind die zum Teil weitreichenden Anforderungsveränderungen für die von technischen und organisatorischen Innovationen berührten Arbeitskräfte. In die Untersuchung einbezogen wurde ein breites Spektrum der für Büroberufe relevanten Beschäftigungsbereiche innerhalb des Dienstleistungssektors: Kreditinstitute, Versicherungen, öffentliche Verwaltungen und Industrieverwaltungen. Insgesamt wurden elf Untersuchungsfälle ausgewählt. Die Erhebung umfaßte Interviews mit Vertretern der Geschäfts- und Unternehmensleitungen aus den Organisations- und Personalabteilungen sowie den Abteilungen für Aus- und Fortbildung und mit Arbeitnehmervertretern, d.h. Betriebs- und Personalräten. Zusätzlich wurden Gruppendiskussionen geführt mit von technischen Umstellungen betroffenen Beschäftigten, v. a. Schreibkräften aus der Textverarbeitung, vgl. S. Gensior/B. Schöler, *Neue Technologien und Weiterbildung in Büroberufen*, hg. v. CEDEFOP-Europäisches Zentrum für die Förderung der Berufsbildung Berlin, 1986.

2 Vgl. hierzu v.a. G. Bäcker/H. Seifert, *Arbeitszeitpolitische Kontroverse: Individuelle Flexibilität oder tarifvertragliches Regelsystem*, in: C. Offe/K. Hinrichs/H. Wiesenthal (Hg.), *Arbeitsmarktpolitik. Formen und Folgen einer Neuverteilung der Arbeitszeit*, Frankfurt/New York, 1983, S. 244–259.

3 Vgl. G. Bosch, *Hat das Normalarbeitsverhältnis eine Zukunft?* in: *WSI-Mitteilungen* Nr. 3, 39. Jg., 1986, S. 163–176.

4 Vgl. z.B. Chr. Brinkmann, *Der Wunsch nach Teilzeitarbeit bei berufstätigen und nicht berufstätigen Frauen*, in: *Mitteilungen*

aus der Arbeitsmarkt- und Berufsforschung (MittAB) 12, 1979, S. 403–412.

5 Vgl. hierzu insbesondere die umfangreiche, empirische und theoretische Arbeit von L. Lappe, *Die Arbeitssituation erwerbstätiger Frauen. Geschlechtsspezifische Arbeitsmarktsegmentation und ihre Folgen,* Frankfurt/New York 1981 sowie ders., *»Leichte« Arbeit – schwerwiegende Folgen. Frauenarbeitsplätze in der Industrie,* in: G. Elsner (Hg.), *Was uns kaputt macht,* Bremen 1984, und ders., *Frauenarbeit und Frauenarbeitslosigkeit. Eine empirische Überprüfung geschlechtsspezifischer Arbeitsmarktsegmentation,* in: Arbeitskreis Sozialwissenschaftliche Arbeitsmarktforschung (SAMF), *Arbeitspapier 1986 – 2,* ISSN 0176-8263, Gensior, *Changes in Working-Time,* a. a. O., sowie die neueren Untersuchungen von K. Gottschall/J. Müller, *Frauen auf dem Arbeitsmarkt – wachsende Risiken oder neue Chancen?* in: *SOFI-Mitteilungen* 11, 1985, Göttingen, und Gensior/Schöler, *Neue Technologien,* a. a. O.

6 Vgl. A. Ruby et al., *Rentenreform '84: Frauen bleiben diskriminiert,* in: *Prokla 49,* 12. Jg., 1982, Nr. 4, S. 77–89.

7 Vgl. hierzu Gottschall/Müller, *Frauen auf dem Arbeitsmarkt,* a. a. O.

8 Vgl. hierzu Gensior/Schöler, *Neue Technologien,* a. a. O.,

9 Beispielsweise spricht man bei der Deutschen Bundespost, wo die Frauen in ihrer Mehrzahl auch in den unteren Lohn- und Gehaltsgruppen zu finden sind, bereits von Teilzeitarbeitslosen. Diese Aussage bezieht sich auf Frauen (bzw. auf alleinstehende erwerbstätige Mütter), die bei der Deutschen Bundespost mit Teilzeitarbeitsplätzen vorliebnehmen müssen, die ihnen ein zu geringes Entgelt erbringen. Diese Frauen, so ist mehrfach berichtet worden, sind gezwungen, sich ihren ausreichenden Lebensunterhalt durch zusätzliche Arbeiten, wie z. B. Putzarbeiten, zu verdienen. Über das genaue Ausmaß dieser Entwicklungen ist allerdings noch sehr wenig bekannt.

10 Vgl. hierzu die Allensbacher-Studie *(Situation der Frau in Baden-Württemberg)* im Auftrag des Stuttgarter Sozialministeriums (1983) sowie S. Gensior, *Changes in Working-Time,* a. a. O.,

11 Der Frauenanteil an allen Erwerbstätigen lag 1970 bei 35,8%, 1982 dagegen bei 38,0%. Die Erwerbsquote aller Frauen betrug 1970 46,6%, 1982 51,0%, die Erwerbsquote verheirateter Frauen 1970 35,6%, 1982 39,4%. Weiterhin lag der Anteil erwerbstätiger Mütter mit Kindern unter 18 Jahren an allen erwerbstätigen Frauen 1970 bei 31,5%, 1982 bei 34,4%. Die erwerbstätigen verheirateten Frauen wiesen hingegen einen Anteil an allen erwerbstätigen Frauen von 55,7% auf, 1982 60,0%. – Quelle: Mikrozensus April 1970 und 1982.

12 Die Scheidungsraten und die steigenden Ziffern alleinstehender Mütter besagen folgendes: Der Anteil der Alleinstehenden mit Kindern in der Altersgruppe von 35- bis 44jährigen Frauen war 1982 mehr als doppelt

so hoch wie bei den nicht erwerbstätigen Frauen; die Zahl der Ehescheidungen stieg von 79 490 im Jahr 1979 auf 96 222 im Jahr 1980. Dieser sich fortsetzende Trend hat dazu geführt, daß jede dritte Ehe geschieden wird. Vgl. *Frauen in Familie, Beruf und Gesellschaft*, Stuttgart 1983, S. 22f. und 90f.

13 Die hohen Bestände und Quoten für *arbeitslose* Frauen, insbesondere die branchen- und berufsspezifischen Kennziffern, zeigen eine klare diskontinuierliche Risikoverteilung zwischen den Geschlechtern. Während die absoluten und relativen monatlichen Arbeitslosenzahlen der Männer schon seit längerem unter den Daten der Vorjahresmonate liegen und die saisonbereinigten Zahlen einen fallenden Trend aufweisen, ist bei den Frauen die gegenläufige Tendenz festzustellen. Die Zahl der arbeitslosen Frauen hat seit Juli 1985 die Grenze von einer Million wieder übersprungen und erreichte bei kontinuierlichen Steigerungen im Januar 1986 einen Hochstand (1087293). Die saisonbereinigten Zahlen weisen seit Beginn des Jahres 1985 eindeutig nach oben. *Amtliche Nachrichten der Bundesanstalt für Arbeit* (ANBA) 3/1986, S. 178.

14 Andererseits sind auch verheiratete Frauen zu einem sehr großen Teil erwerbstätig, um ihrer Familie eine ausreichende Subsistenz zu sichern. Der Wunsch nach eigenständiger ökonomischer Sicherung, Sicherung der Subsistenz der Familie und nach befriedigender beruflicher Tätigkeit scheinen hier die tragenden Elemente zu sein.

15 Vgl. Anmerkungen 11 und 12, die Zahl der Ehescheidungen stieg von 79490 im Jahre 1979 auf 96222 im Jahr 1980.

16 Vgl. hierzu S. Gensior/F. Wolf, *Betrieb als historischer Prozeß – Verdrängte Grundlagen der arbeitszeitpolitischen Debatte*, in: *Prokla* 46, 12. Jg., 1982, Nr. 1, S. 85–101.

17 Frauen dürften die Hauptbeteiligten bzw. -betroffenen dieser spezifisch technisch-arbeitsorganisatorisch möglichen Arbeitsform werden, denn Heimarbeit – sowohl auf traditioneller Basis als auch auf moderner, elektronischer – ist eine typische geschlechtsspezifische (weibliche) Arbeitsform.

18 Vgl. hierzu besonders Lappe, *Arbeitssituation erwerbstätiger Frauen*, a. a. O.; ders., *Frauenarbeit und Frauenarbeitslosigkeit*, a. a. O.

19 Wenn die die geschlechtsspezifische Segmentation verstärkenden Barrieren tatsächlich abgebaut werden sollen, dann müßte es neben einer Umorientierung der betrieblichen Personalpolitik und einer Konzentration der betrieblichen und gewerkschaftlichen Interessenvertretung auf die Bedürfnisse der weiblichen Erwerbstätigen vor allem auch zu einer veränderten staatlichen Arbeitsmarktpolitik kommen. Gerade hier ist aber wenig Hoffnung angebracht, wenn man bedenkt, daß das am 1. Mai 1985 in Kraft getretene Beschäftigungsförderungsgesetz gerade für die erwerbstätigen Frauen verheerende Auswirkungen gehabt

hat. Am Wirtschaftszweig der Textil-Bekleidungsindustrie konnte nachgewiesen werden, daß dieses Gesetz keine positiven Beschäftigungseffekte gehabt hat, sondern zur Umwandlung von Tausenden von Dauerarbeitsplätzen in unsichere, befristete Arbeitsverhältnisse geführt hat, wobei hauptsächlich Frauen Opfer dieser Entwicklung wurden (*Frankfurter Rundschau* vom 28. April 1986). Hier wurde die geschlechtsspezifische Arbeitsmarktsegmentation gezielt mit staatlichen Maßnahmen verstärkt und gefördert.

20 Die arbeitszeitpolitische Diskussion bzw. Kontroverse bezieht sich bereits ausschließlich auf die Problematik der Arbeitszeitflexibilisierung.

21 Bosch führt in diesem Zusammenhang folgendes auf: Wesentliche Elemente einer *arbeitsorientierten Konzeption* von *Zeitsouveränität* bzw. einer Weiterentwicklung bzw. einer Weiterentwicklung des Normalarbeitsverhältnisses könnten sein: die Förderung der Gleichberechtigung der Frauen auf dem Arbeitsmarkt (z. B. durch Elternurlaub mit einer Lohnersatzleistung), garantierte Freistellungen für Bildung, mehr Freizeit nach Wahl (z. B. durch Anstreben eines Zwölf-Wochen-Urlaubs alle fünf Jahre), gleitenden Übergang ins Alter, soziale Gestaltung der (Arbeitszeit-)Produktivitätsentwicklung und Schutz vor Ping-Pong Effekten erhöhter Zeitsouveränität. Vgl. Bosch, *Normalarbeitsverhältnis,* a. a. O.

22 Vgl. hierzu beispielhaft den Kongreß »Zukunft der Frauenarbeit«, der im November 1983 in Bielefeld stattgefunden hat, sowie das gleichnamige Heft der *Beiträge zur feministischen Theorie und Praxis, Neue Verhältnisse in Technopatria. Zukunft der Frauenarbeit,* Heft 9/10, 1983.

23 Vgl. hierzu insbesondere die Position von C. Eckart, *Die Entwicklung der Teilzeitarbeit zwischen 1960 und 1971. Versuch der Integration von Hausfrauen in die Lohnarbeit,* Frankfurt 1983 (Arbeitspapier – Institut für Sozialforschung).

24 Vgl. hierzu ausführlicher Gensior, *Changes in Working Times,* a. a. O.

II. Gewalt gegen Frauen

Ulrike Teubner

Vergewaltigung als gesellschaftliches Problem Forderungen zu einer Reform des Sexualstrafrechts

Die richtige Feststellung, daß die neue Frauenbewegung dem Recht distanziert oder skeptisch gegenübersteht, kann zweifach begründet werden. Zum einen durch die Kritik an bestehenden Rechtsnormen und an der Rechtsprechung. Die Frauenbewegung hat die »Justiz« – die Rechtsnormen, deren Anwendung und die sie anwendenden Institutionen – als patriarchalisch identifiziert. Patriarchalisch meint in diesem Zusammenhang, daß mittels Recht männliche Herrschaft und männliche Interessen gegenüber Frauen festgeschrieben, begründet und tradiert werden.

So ist die Forderung der Frauenbewegung nach ersatzloser Streichung des § 218 StGB zu sehen als Auseinandersetzung mit Verhältnissen gesellschaftlicher Entmündigung und Fremdbestimmung von Frauen, die durch Rechtsnormen nicht nur abgebildet, sondern auch abgestützt werden. Entrechtlichung lautet gegenüber dem § 218 StGB die Forderung der Frauenbewegung. Kann die gleiche politische Bewegung dann aber eine Verrechtlichung fordern bzw. sich darauf einlassen, mit Hilfe geänderter Gesetze patriarchale Rechte gegenüber Frauen aufheben zu wollen, wenn es um einen weiteren Bereich der Negation von Frauenrechten geht? Kann es ihr überhaupt gelingen, solche neuen Gesetze durchzusetzen?[1]

Wenn Feministinnen nicht länger akzeptieren, daß Recht männliche Interessen und Macht gegenüber Frauen schützt, dann auch aus der Einsicht, daß Rechtsnormen und Alltagsmoral interdependent sind. Die Forderung nach neuen oder veränderten Gesetzen wird da sinnvoll, wo sich konkrete Auswirkungen auf die Lebensbedingungen der Frauen absehen lassen, wo Recht im Interessenkonflikt zu einer auch rechtsförmigen Neuverteilung von Rechten für Frauen nutzbar wird.

Ich beschäftige mich im folgenden mit einem Bereich der Strafrechtsdogmatik – und der Interpretation von Rechtsnormen –, in dem die Setzung männlicher Herrschaftsrechte über Frauen offensichtlich ist. Es handelt sich um den 13. Abschnitt des Strafgesetzbuches, um die Straftaten, die zwar unter dem Titel »Straftaten gegen die sexuelle Selbstbestimmung« gefaßt sind, diesem Ziel jedoch in jeder Weise widersprechen.[2]

Obwohl die bestehenden Rechtsnormen so offensichtlich den Frauen das Recht auf sexuelle Selbstbestimmung und körperliche Unversehrtheit zugunsten männlicher Verfügungsrechte absprechen, ist es doch verblüffend, daß es erst der parteilichen Selbsthilfe und Forschung von Frauen bedurft hat, dies zum Thema zu machen.[3]

Die Mehrzahl der Kritiken am Sexualstrafrecht setzt bei der Verfolgung der Lust am Geschlechtlichen an, bei den repressiven Strukturen des staatlichen Gewaltapparats, in denen sich die allgemeine gesellschaftliche Repression widerspiegelt. Selbst bei der Analyse des geschichtlich-gesellschaftlichen Charakters des Sexuellen, bei der Forderung nach einer von gesellschaftlichen Zwängen befreiten Sexualität, war die Befreiung der Frau doch nie das zentrale Thema, bestenfalls wurde die psychosoziale Erniedrigung der Frau durch den Mann als sekundäres Problem formuliert.[4]

In den Mittelpunkt der Kritik sind bisher die Strafbarkeit von exhibitionistischen Handlungen und von Homosexualität geraten. Obwohl die Ordnungsfunktion des »genitalen Primats« für die Klassifizierung sog. abweichenden Verhaltens benannt wird, wird ihre Bedeutung für die Normen heterosexuellen Verhaltens nicht thematisiert. Da die Mehrzahl der Kritiker dem männlichen Geschlecht angehört, mag dies ein weiterer Beleg dafür sein, daß die jeweilige Geschlechtszugehörigkeit der Kritiker wesentlich den Zugang zum Normativen bestimmt. Unterschiedliche Betroffenheit führt zu unterschiedlichen Analysen, vor allem bei den Delikten, bei denen die Täter-Opfer-Beziehung qua Geschlecht definiert ist.[5]

Im folgenden sollen Rechtsdogmatik und herrschende Rechtsprechung analysiert werden, indem die Normen auf ihren gesellschaftlichen Gehalt hin untersucht werden. Das schließt die Frage nach ihrer Orientierung an Regeln oder Mustern für Verhalten ein und damit die Frage nach den in Normen inkorporierten Herrschaftsmustern.

Die Ausgangsthese lautet, daß wie wohl in keinem anderen Bereich die Rechtsnormen des 13. Abschnitts des Strafgesetzbuches

Macht- und Herrschaftsverhältnisse von Männern über Frauen abbilden und damit männliche Verfügungsrechte über den weiblichen Körper festschreiben und legitimieren. Die Normen setzen die weitgehende Entmündigung der Frau, ihren Objektstatus und ihre gesellschaftliche Ohnmacht voraus. Dabei finden sich Rückgriffe auf solche Geschlechtsrollenstereotype, die der geschlechtlichen Arbeitsteilung entsprechen.

Mit der Anwendung solcher Normen trägt die Rechtsprechung mit dazu bei, Gewalt gegen Frauen zu negieren, zu legitimieren und zu rationalisieren. Herrschende Vorurteile werden durch die Rechtsprechung verstärkt. Das bedeutet auch, daß das nicht vorhandene gesellschaftliche Unrechts- oder Problembewußtsein durch die Rechtsprechung zumindest nicht in Frage gestellt wird. Eine Konsequenz daraus ist, daß es rechtlich und sozial kein hohes Verfolgungs- und Sanktionsrisiko für Männer gibt, die sexuelle Gewalt gegenüber Frauen ausüben.[6]

Vergewaltigung ist im Strafgesetzbuch unter der Rubrik »Straftaten gegen die sexuelle Selbstbestimmung« eingeordnet. Schon die Formulierungen der §§ 177, 178 StGB lassen jedoch erkennen, daß beide das sexuelle Selbstbestimmungsrecht der Frau nur unzureichend schützen. Das läßt sich an folgenden drei Punkten zeigen:

Erstens: § 177 StGB stellt nur den erzwungenen außerehelichen Geschlechtsverkehr unter Strafe.

Zweitens: Mit Absatz 2 des § 177 StGB wird der minder schwere Fall von Vergewaltigung definiert. Der minder schwere Fall bringt zum Ausdruck, daß das Rechtsgut sexuelle Selbstbestimmung nicht definiert ist als das uneingeschränkte Recht jeder Frau, zu jedem Zeitpunkt zu entscheiden, ob sie sexuelle Beziehungen zu einem Mann wünscht oder nicht.

Drittens: Lediglich der erzwungene außereheliche Vaginalverkehr gilt als Vergewaltigung. Der erzwungene Oral- und Analverkehr werden als sexuelle Nötigung in § 178 StGB erfaßt. Der Strafrahmen ist geringer als bei Vergewaltigung.

Die Rechtsprechung schließt Ehefrauen aus der Gruppe der juristisch zu schützenden Personen aus. Die Vergewaltigung durch den Ehemann kann juristisch nur als Nötigung, eventuell als Körperverletzung sanktioniert werden. Die Negierung von ehelicher Vergewaltigung ist ein erster Hinweis auf das Fortbestehen patriarchaler Interessen in juristischen Normen.

Mit der Heirat verliert die Frau das Selbstverfügungsrecht über ihre Sexualität. Dem Ehemann wird das ständige sexuelle Nutzungsrecht am Körper seiner Frau zugebilligt. Diese juristische Norm kann nicht nur mit bestehenden patriarchalen Einstellungen begründet werden, sondern muß auf die gesellschaftlichen Strukturen zurückgeführt werden, die die Herrschafts- und Verfügungsrechte des Mannes gegenüber der Frau begründen: die traditionelle geschlechtliche Arbeitsteilung.

Sie weist Männern und Frauen nicht nur unterschiedliche Arbeitsbereiche zu, sondern konstituiert auch geschlechtshierarchische Beziehungen zwischen Männern und Frauen. Der Mann verausgabt – vereinfachend dargestellt – seine Arbeitskraft gegen Lohn und kann deshalb über die von der Frau im Rahmen der Haus- und Familienarbeiten erbrachten Dienstleistungen verfügen. Das heißt zum einen, daß die sog. Reproduktionsarbeiten den Charakter von Dienstleistungen haben. Das weibliche Arbeitsvermögen ist personenorientiert an der Situation des Mannes und der Kinder. Zum anderen schließt es auch den Einsatz von Emotionalität und Sexualität ein. Auch weibliche Sexualität wird zu einer Dienstleistung, über die der Mann angesichts der Machtverhältnisse in der Familie verfügen kann.

Dies ist der Grund, weshalb Männer Frauen lediglich in der Rolle der Objekte sehen, weshalb Männer Frauen als ihnen potentiell zur Verfügung stehend wahrnehmen.

Das neue Ehe- und Familienrecht ist von der Tradition patriarchaler Verfügungsinteressen über Frauen abgerückt. Daraus läßt sich ableiten, daß die Straffreiheit von Vergewaltigung in der Ehe auch rechtsdogmatisch nicht länger zu rechtfertigen ist. Der zähe Widerstand gegen die Streichung des Wortes außerehelich beim § 177 StGB signalisiert die Stärke männlicher Interessen an der Beibehaltung ihrer Vorrechte gegenüber Frauen.[7]

Männliche Verfügungsrechte über Frauen bestimmen auch die Konstruktion des minder schweren Falls von Vergewaltigung und sexueller Nötigung, der inhaltlich in unmittelbarem Zusammenhang mit dem Ausschluß der Ehefrauen aus der Gruppe der juristisch zu schützenden Personen zu sehen ist.

Der minder schwere Fall der §§ 177, 178 StGB benennt jene Fälle, in denen eine Vergewaltigung oder sexuelle Nötigung geringer zu bestrafen ist. Die Gründe, die das Strafmaß senken können, werden in erster Linie im Verhalten der Frau und in der Beziehung zwischen dem Vergewaltiger und dem Opfer gesehen. So wird ein minder schwerer Fall dann angenommen, wenn

»der Täter bereits sexuelle Beziehungen zu der Frau hatte oder echte Liebesbeziehungen anstrebt, wenn die Frau dem Täter durch ihr Verhalten Hoffnung auf freiwillige Hingabe gemacht hat, möglicherweise auch, aber keineswegs stets, wenn die Frau eine Dirne ist«.[8]

Einem anderen Kommentar zufolge gilt der minder schwere Fall dann, wenn »das Opfer dem Täter Anlaß zur Tat gegeben hat«.[9]

Die zitierten Kommentare sind gängige Lehrmeinung. Aus ihnen läßt sich erkennen, daß die Verfasser Beziehungen zwischen Männern und Frauen in Analogie zu Warenbeziehungen sehen. Frauen sind danach Besitz von Männern; sei es durch Ehe/Beziehung oder durch Geld. Wenn der ehemalige Besitzer einer Ware sich diese mit Gewalt aneignet, dann ist das folglich ein geringerer Verstoß, als wenn er sich eine fremde Ware aneignet. Dies macht deutlich, warum die Vergewaltigung der Ehefrau straffrei bleibt und die Vergewaltigung der ehemaligen Frau/Freundin oder auch einer Prostituierten potentiell zu einer geringeren Strafe führt als die Vergewaltigung einer fremden Frau.

Dies wirft zudem ein Schlaglicht auf das vorherrschende öffentliche und rechtliche Verständnis von Vergewaltigung. Unter Vergewaltigung wird der überfallartige Angriff eines Mannes auf eine ihm fremde Frau verstanden. Vergewaltigung gilt immer noch als Sexualdelikt in dem Sinn, daß die sexuelle Motivation des Täters für die Tat verantwortlich ist. Die Erklärungen für sexuelle Gewalt – allesamt individualisierend – gehen von der Annahme eines sexuellen Notstands bis zu sexueller Devianz oder psychopathologisch bedingtem Fehlverhalten aus.

Nach unseren Untersuchungsergebnissen handelt es sich bei der Mehrzahl aller Vergewaltigungen um Beziehungstaten, d. h. Täter und Opfer kennen sich bereits vor der Tat oder haben sich gerade kennengelernt. Die meisten Vergewaltigungen müssen als geplante Taten gelten. Das gilt auch für den überwiegenden Teil der überfallartigen Delikte. Die Mehrzahl der Vergewaltigungen entwickelt sich aus normalen zwischenmenschlichen Begegnungen. Entgegen vielfacher Annahmen sind die Interaktionen nicht durch den Austausch von Zärtlichkeiten bestimmt. Der Widerstand und die Gegenwehr der Frau sind für den Mann in der Regel deutlich erkennbar.

Das legt nahe, Vergewaltigung als eine extreme Form der Unterdrückung zu sehen, bei der der Mann sich über den Willen der Frau hinwegsetzt und sie seiner Willkür und Macht ausgeliefert ist.

Neuere Untersuchungen kommen zu dem Ergebnis, daß aggressive Tendenzen in Verbindung mit frauenfeindlichen Einstellungen zu sexueller Aggression gegenüber Frauen führen.[10] Danach ist die Motivation des Vergewaltigers entweder im Machtstreben oder im Ärger, im Haß und in der Verachtung gegenüber Frauen zu sehen. Die Sexualität ist lediglich das Mittel, sei es zur Kontrolle, sei es zur Erniedrigung und Demütigung der Frau. Sie dient aber auch immer der machistischen Selbstbestätigung. Das wird selbst in den Aussagen von Vergewaltigern deutlich.[11]

Die bereits zitierten Kommentare legen bei der Bewertung und Interpretation von Vergewaltigungsdelikten eine bestimmte Konzeption des männlichen Sexualtriebs und daraus abgeleitete Sexualnormen zugrunde, die der sozialen Rationalisierung und Legitimierung der sexuellen Gewalt gegenüber Frauen dienen. So wird die Motivation des männlichen Sexualtriebs mit einer Dampfkesseltheorie bzw. einem psychohydraulischen Modell erklärt. Der männliche Sexualtrieb lädt sich nach allgemeinen Spannungsgesetzen auf und muß, um »Funktionsstörungen« zu vermeiden, dann entladen werden.[12] Hieran knüpft das Reiz-Reaktionsmodell männlichen Verhaltens an. Die Frau ist der Reizauslöser, auf die der Mann natürlich-triebhaft reagiert. Nicht nur Ethologen betonen die soziale Funktion und Notwendigkeit männlicher Aggressivität in Verbindung mit dem Sexualverhalten. In diesem Verhaltensmodell ist die Rolle der Frau der männlichen Rolle und den männlichen Interessen untergeordnet. Die sexuelle Interaktion wird als Spiel mit den Phasen Angriff, Widerstand und Sieg oder Eroberung dargestellt.

Die Rolle der Frau zeichnet sich sowohl durch eine passive Anpassungsfähigkeit – Voraussetzung ist die Negation weiblicher Sexualität – aus, als auch dadurch, daß sie den Erwartungen als »Reizauslöser« entsprechen muß. Das allerdings, obwohl allgemein gefordert, kann ihr in der konkreten Situation als Verschulden angelastet werden. Sie hat kaum Möglichkeiten, die jeweilige Interaktion zu gestalten. Denn nach den Normen, die bei der juristischen Bewertung sexueller Gewalt zur Anwendung kommen, hat das Verführungsmodell nach wie vor Gültigkeit. Danach darf ein Mann sich über ein »Nein« einer Frau hinwegsetzen, da ihr Nachgeben, ihre Unterordnung jeweils antizipiert wird. Der Widerstand der Frau hat lediglich die Funktion, seine Freude an der Eroberung zu vergrößern und den Reiz der Situation zu erhöhen.

Der entscheidende Punkt der Verhaltensnormen zeigt sich in der Aufeinanderbezogenheit beider Rollen. Zwar kommen dem Mann alle Handlungskompetenzen zu, doch die Frau trägt die Verantwortung für die Situation, obwohl oder weil sie weitgehend entmündigt ist. Wir stehen damit vor einem Erklärungsmuster, in dem die Definitions- und Handlungsmacht des Mannes auf verquere Art die Schuld der Frau begründet. Deutlich sind auch die Ambivalenzen in der Zeichnung weiblicher Sexualität. Einerseits wird der Frau die passive Rolle zugeschrieben, andererseits ist sie diejenige, die verführt, provoziert usw. Eine typische juristische Darstellung einer Vergewaltigungsinteraktion, die die Ansätze zur Rationalisierung der sexuellen Gewalt enthält, liest sich folgendermaßen:

> »Häufig ist aber die Situation so, daß die Frau den Angriff in erheblicher Weise provoziert hat bzw. dem Täter sogar in ihrem Verhalten sexuell entgegengekommen ist; daß eine Frau gegenüber dem Werben des Mannes mit ihrem Widerstand ›spielt‹, kann als eine geradezu typische Gegebenheit angesehen werden.«[13]

Die Literatur ist voll von Hinweisen auf die angebliche Polarität im Empfinden von Frauen zwischen »Wunsch und Abwehr, zwischen Begehren und Widerwillen«.[14] Da sich bereits die normalen heterosexuellen Beziehungen durch Macht, Dominanz und Aggression des Mannes »auszeichnen«, ist es nur folgerichtig, wenn denselben Autoren die Grenze zwischen einer Verführung und einer Vergewaltigung fragwürdig erscheint und immer wieder die Behauptung auftaucht, daß ein Großteil der angezeigten Vergewaltigungen falsche Anzeigen sind.[15]

Vor diesem Hintergrund ist auch die Kritik von Wissenschaftlerinnen, Rechtsanwältinnen und Notruffrauen an der Interpretation des Gewaltbegriffs bei Vergewaltigung zu sehen.[16]

Da in der Rechtsprechung aufgrund der Konstruktion des minder schweren Falls mit den Begriffen »Provokation« bzw. »Anlaß zur Tat geben« gearbeitet wird, sind in der Praxis die Strategien der Täterentlastung weit verbreitet. Aus der Sichtweise des Täters, die sowohl von Wissenschaft als auch Rechtsprechung übernommen wird, läßt sich nahezu jedes Verhalten der Frau als Provokation, Entgegenkommen oder als Aufforderung deuten.

Die noch recht neue Wissenschaft vom Opfer – Viktimologie – geht teilweise so weit, aus der puren Existenz der Frau auf den Aufforderungscharakter zur Vergewaltigung zu schließen. Auch dies ist Resultat der konsequenten Anwendung der dargestellten Normen. Zur Verdeutlichung ein Zitat.

»Opferpräzipitation findet ihren Sinn darin, daß in einer besonderen Situation das Verhalten des Opfers von dem Täter interpretiert werden kann als unmittelbare Einladung zu sexuellen Beziehungen oder als ein Zeichen, daß sie für Sexualkontakte verfügbar sein wird, wenn er weiterhin danach drängt.«[17]

Der minder schwere Fall ist in unseren Augen eine Art »Einfallstor« legitimierter männlicher Verfügungsmacht über Frauen.[18]

Die Anwendung des minder schweren Falls hat zur Folge, daß vergewaltigte Frauen in einem Verfahren diskriminierenden Fragen ausgesetzt sind. Umfang und Ausmaß der Fragen sind jeweils abhängig vom gesellschaftlichen Selbstverständnis der Richter und Staatsanwälte und von den Strategien und Taktiken der Verteidigung.

Die angebliche Beweisschwierigkeit von Vergewaltigungsdelikten muß vor diesem Hintergrund gesehen werden. Ein Großteil der Anzeigen, bei denen es sich um Beziehungstaten handelt, wird aufgrund der hier dargestellten Normen eingestellt.[19] Es ist nachgewiesen, daß in diesen Fällen höhere Anforderungen an den Gewaltbegriff gestellt werden. Wir haben zudem die Erfahrung gemacht, daß Gerichte zuerst – also entgegen der Gesetzessystematik – prüfen, ob ein minder schwerer Fall vorliegt.

Die Rechtsprechung sieht, wie bereits erwähnt, nur den gewaltsamen Vaginalverkehr als Vergewaltigung an. Der erzwungene Oral- und Analverkehr werden als sexuelle Nötigung bestraft. Auch hier sind Ehefrauen vom Schutz ausgenommen; auch hier gibt es die Konstruktion des minder schweren Falls.

Die Differenzierung macht deutlich, daß das zu schützende Rechtsgut nicht die sexuelle Selbstbestimmung der Frau ist, da es in allen drei Fällen gleich schwer verletzt ist. Betroffene Frauen betonen immer wieder, daß sie die erlittene Verletzung, Erniedrigung und Unterdrückung als gleich schwer empfinden.

Kritikerinnen der Rechtsprechung haben die Differenzierung damit erklärt, daß der Schutz vor allem der geordneten Fortpflanzungskapazität der Bevölkerung dient, da die Frau nur durch einen Vaginalverkehr schwanger werden kann.[20]

Abschließend stelle ich, ohne auf die strafprozessualen Normen weiter einzugehen, unsere Forderungen zu einer Reform der §§ 177, 178 StGB dar. Sie sind Ergebnis unserer Kritik an den geltenden Normen, deren Anwendung wir während einer Prozeßbeobachtung und -betreuung verfolgen konnten. Diese Forderungen sind der Versuch, jede Form der Rationalisierung männlicher sexueller Gewalt anzugreifen und damit auch die frauenfeindliche Allianz zwischen alltäglicher Moral und juristischer Moral aufzubrechen. Die Forderungen beziehen folgende Punkte mit ein:

– Vergewaltigung in der Ehe ist als Straftatbestand zu formulieren. Wir schlagen die Streichung des Wortes außerehelich vor.
– Die Differenzierung von Vergewaltigung und sexueller Nötigung ist aufzuheben. Jede gewaltsame oder erzwungene Penetration (Anal-, Oral- und Vaginalverkehr) ist als Vergewaltigung zu bestrafen.
– Der minder schwere Fall ist zu streichen.
– Körperlicher Widerstand von Frauen darf nicht länger Voraussetzung der Definition von Gewalt sein. Auch psychische Gewalt ist als Gewalt zu definieren.
– Vergewaltigung soll grundsätzlich nebenklagefähig werden. Auch die Beschränkungen, die sich aus dem Jugendgerichtsgesetz ergeben, sind aufzuheben.
– Gruppen, die Gewalt gegen Frauen bekämpfen, sollen als Nebenklägerinnen zugelassen werden.
– Die Kosten, die aus der Nebenklagevertretung entstehen, soll der Staat tragen.
– Die Ausschlußregelung des Angeklagten vom Verfahren während der Dauer der Aussage der Frau sollte im Interesse der Frau geregelt werden.
– Der Staat sollte bei Schmerzensgeldansprüchen in Vorleistung treten.

Vor allem die Forderung, Vergewaltigung in der Ehe als Straftatbestand zu fassen, wird inzwischen öffentlich diskutiert. Sowohl die SPD als auch die Grünen haben einen Gesetzesentwurf im Bundestag eingebracht. Beide Entwürfe sind unserer Meinung nach unzureichend, da sie sich nur auf den Punkt Vergewaltigung in der Ehe und einige strafprozessuale Änderungen beziehen, allerdings nicht auf die Gesamtheit der Forderungen.

Wenn nur die Forderung »Streichung des Wortes außerehelich bei Vergewaltigung« zum Gegenstand von Beratungen und Anhörungen gemacht wird, wird gerade der inhaltliche Zusammenhang, das nur graduell akzentuierte Verfügungsrecht des Mannes über die ihm angetraute, ihm bekannte bzw. ihn anregende Frau, der bestehenden Rechtsnormen geleugnet.

Zugleich wird übersehen, wie materielles Recht und Verfahrensrecht sich bedingen, denn die Konstruktion des minder schweren Falls von Vergewaltigung erlaubt dem Vertreter des Angeklagten gerade jene Art der Beweisführung, die von Frauen als Angriff auf ihre Person kritisiert werden. Dort wo die Gewalt in die Norm eingelassen ist, wird es für das Opfer der Gewalt nahezu unmöglich, nachzuweisen, daß Gewalt Gewalt ist.

Die Rechtsprechung ändert sich nur dann, so eine Berliner Anwältin, »wenn immer mehr Vergewaltigungsprozesse geführt werden, Staatsanwaltschaft und Gerichte kritisiert werden und unsere Inhalte und unser Selbstverständnis als Frauen auch der Männerjustiz gegenüber vertreten wird«.[21]

Die Entideologisierung der Rechtsprechung wird jedoch erfolglos bleiben, wenn es uns nicht gelingt, die gesellschaftlichen Machtverhältnisse zwischen Männern und Frauen zu verändern. Die vorgetragenen Forderungen sind daher immer einzuordnen in eine feministische gesellschaftspolitische Strategie zur Aufhebung der Arbeitsteilung nach Geschlecht.

»Die Frau hegt einen doppelten Argwohn. Er ist gespeist vom Bewußtsein einer physischen Schwäche im Verhältnis zu der Stärke des Mannes und einer von der Gesellschaftsordnung verursachten juristischen Schwäche im Verhältnis zur Macht, die männlich bleibt. Wo dieses Bewußtsein fortgeschritten ist, gibt es heute erste Zeichen einer Wiederaneignung von Macht durch die Frauen.«[22]

Anmerkungen

1 Vgl. V. Slupik, *Verrechtlichung der Frauenfrage – Befriedungspolitik oder Emanzipationschance?* in: *Kritische Justiz*, Jg. 15 1982.

2 Von grundlegender Bedeutung für unsere Argumentation ist folgender Artikel von A. Schapira, *Die Rechtsprechung zur Vergewaltigung*, in: *Kritische Justiz*, Jg. 10 1977.

3 In der Bundesrepublik Deutschland sind seit Mitte der siebziger Jahre Notrufe für vergewaltigte Frauen gegründet worden. Sie arbeiten mit Unterstützung feministischer Anwältinnen. Die Mehrzahl der Notrufe fordert eine Reform der §§ 177, 178 StGB. Erste Überlegungen, auf die wir uns beziehen, sind von den Mitarbeiterinnen im Notruf Berlin formuliert worden. Unsere Untersuchung »Vergewaltigung als soziales Problem« wurde in der Zeit vom 1. 9. 1980 bis 28. 2. 1983 aufgrund eines von uns gestellten Projektantrags vom BMJFG finanziert. Die hauptamtlichen Mitarbeiterinnen I. Becker, R. Steinhage, U. Teubner wurden von der Rechtsanwältin K. Engel und mehreren Frauen aus dem Frauenzentrum Mainz unterstützt. Der Abschlußbericht der Untersuchung liegt als Band 141 der Schriftenreihe des BMJFG vor.

4 Vgl. V. Sigusch, *Das gemeine Lied der Liebe,* in: *Sexualität konkret,* Bd. 1, Hamburg 1980.

5 Vgl. H. Bacia, *Reform des Sexualstrafrechts,* in: C. Nedelmann u. a., *Kritik der Strafrechtsreform,* Frankfurt 1968.

6 Vgl. E. Blankenburg/K. Sessar/W. Steffen, *Die Staatsanwaltschaft im Prozeß strafrechtlicher Sozialkontrolle,* Berlin 1978; K. Weis, *Die Vergewaltigung und ihre Opfer,* Stuttgart 1982.

7 Dazu sei zum einen auf die Diskussion während der Reform des Sexualstrafrechts hingewiesen wie auch auf die Debatte im Bundestag angesichts der ersten Lesung der Gesetzentwürfe der SPD und der Grünen am 1. 12. 1983.

8 E. Dreher/H. Tröndle, *Strafgesetzbuch und Nebengesetze,* München 1978.

9 C. F. Schröder, *Das neue Sexualstrafrecht,* Karlsruhe 1975, S. 31.

10 Vgl. N. Groth/A. W. Burgess/L. L. Holmstrom, *Rape: Power, Anger and Sexuality,* in: *American Journal of Psychiatry,* 134, 11. Nov. 1977.

11 Vgl. J. Selkin, *Die Angst vor Vergewaltigung,* in: *Psychologie Heute,* April 1975.

12 Vgl. zur Kritik an dieser Konzeption: G. Schmidt, *Sexuelle Motivation und Kontrolle,* in: E. Schorsch/G. Schmidt (Hg.), *Ergebnisse zur Sexualforschung,* Köln 1975.

13 E.-W. Hanack, *Zur Revision des Sexualstrafrechts in der Bundesrepublik,* Reinbek 1968, S. 51/52.

14 O. P. Dost, *Psychologie der Notzucht,* Hamburg 1963, S. 170; vgl. ebenso E. Michaelis-Arntzen, *Die Vergewaltigung aus kriminologischer, viktimologischer und aussagepsychologischer Sicht,* München 1981, S. 3 ff.

15 Diese Behauptung findet sich in vielen kriminologischen Lehrbüchern. Sie ist handlungsanleitend für die polizeiliche Ermittlungsarbeit. Vgl. dazu unseren Abschlußbericht »Vergewaltigung als soziales Problem«, Stuttgart 1983, S. 53 ff.

16 Stellvertretend Schapira, *Rechtsprechung zur Vergewaltigung*, a. a. O.
17 H. J. Schneider, *Viktimologie*, Tübingen 1975, S. 121.
18 Im Gegensatz zu Schapira bin ich der Meinung, daß nicht der Begriff der Geschlechtsehre dies Einfallstor ermöglicht, sondern die männliche Verfügungsmacht der eigentliche Grund ist.
19 Vgl. Blankenburg u. a., *Staatsanwaltschaft im Prozeß strafrechtlicher Sozialkontrolle*, a. a. O.
20 Vgl. v. a. Schapira, *Rechtsprechung zur Vergewaltigung*, a. a. O.
21 I. Lohstöter, *Wann eine Vergewaltigung für die deutsche Justiz eine Vergewaltigung ist*, in: *Courage* Nr. 6 1980, S. 26.
22 R. Rossanda, *Einmischung*, Frankfurt 1983, S. 118.

Carol Hagemann-White

Gleiches Recht auf körperliche Unversehrtheit?

Zum Problem adäquater Hilfe für mißhandelte Frauen

Die Suche nach wirksamen Hilfen für mißhandelte Frauen stellt uns vor die Aufgabe, auf gesellschaftlicher Ebene eine zwischen Individuen herrschende, massiv und wiederholt mißbrauchte Ungleichheit auszugleichen. Zielsetzung ist, die Frau in die Lage zu versetzen, aus ihrer Situation als Opfer von Gewalt herauszutreten.

Die Auseinandersetzung der Frauenbewegung mit Gewalt gegen Frauen setzte mit der unmittelbaren Empörung ein. Zufluchtsorte waren zu schaffen, an denen Frauen überhaupt Schutz vor weiteren Mißhandlungen erfahren und in Ruhe eine eigenständige, nicht mehr dem mißhandelnden Mann unterworfene Lebensperspektive planen könnten. Indem das Problem Mißhandlung von Frauen auf diese Weise als gesellschaftliches öffentlich sichtbar wurde und immer mehr Frauen sich zur Wehr setzten, sollte eine Gesellschaft, die Gewalt gegen Frauen duldet, zur Veränderung bewegt werden.

Inzwischen wird verstärkt die Frage diskutiert, warum Frauen sich Mißhandlungen und Erniedrigungen jahrelang gefallen lassen und, obwohl sie Schutz und Hilfe gefunden haben, sogar zu einem mißhandelnden Mann zurückkehren. Offensichtlich reicht es nicht aus, einen Ort des Schutzes und moralische Unterstützung zu bieten, um die *substantielle* Ungleichheit aufzuwiegen, aus der die Unterwerfung unter Gewalt hervorgeht. Die zufluchtsuchende mißhandelte Frau begibt sich in eine entmutigende Lage massiver materieller Benachteiligung, die mindestens Wohnungslosigkeit und Armut umfaßt, während der Mann, der gegen moralische und rechtliche Normen dieser Gesellschaft verstoßen hat, kaum Sanktionen erfährt. Materiell hat er sogar oft Vorteile. Daher hat es Überlegungen gegeben, durch rechtliche Veränderungen die Last der Folgen von Frauenmißhandlungen stärker dem Mann, der sie zu verantworten hat, aufzuerlegen.[1] Doch auch dort, wo den betroffenen Frauen rechtliche Möglichkeiten jetzt schon zur Verfügung stehen, machen sie davon wenig Gebrauch: sie stellen oft keine Anzeige oder ziehen diese zurück. Dieses Verhalten ist begreiflich: Anders als in den meisten Rechtsstreitigkeiten ist die mißhandelte Frau der unmittelbaren täglichen Erpressung, Drohung und Einschüchterung durch den Antragsgegner schutzlos ausgesetzt. Oft wird den Frauen allerdings auch Unentschlossenheit oder die psychische Unfähigkeit vorgeworfen, ihre Rechte wirklich zu beanspruchen. So hat es Vorschläge gegeben, die Sanktionierung von Frauenmißhandlung stärker dem Staat anzuvertrauen: im Falle der Frauenmißhandlung auch die einfache Körperverletzung zum Offizialdelikt zu machen oder das Recht der Frau auf Aussageverweigerung einzuschränken. Begründet werden diese Vorschläge mit dem Interesse des Gemeinwesens daran, daß das Zusammenleben von Frau und Mann nicht als Freibrief für Körperverletzung gelten soll.

Mit diesen Vorschlägen wandert die Bevormundung von Frauen aus den Händen des Ehemannes in die des Staates. Die Frauenhausbewegung hat demgegenüber vertreten, daß jedes Gegenmittel zur Gewalt gegen Frauen in der Stärkung der Autonomie, der Selbstbestimmungsmöglichkeiten von Frauen begründet sein muß. Um so belastender war es für diese Bewegung zu erleben, daß mißhandelte Frauen das Angebot einer größeren Autonomie vielfach nicht ergreifen. Die Zahlen aus dem Berliner Frauenhaus sind durchaus typisch: Über 20% der Frauen, die dort Schutz suchen, waren seit zehn Jahren oder länger mißhandelt worden. Und etwa die Hälfte der Frauen bleibt nur wenige Tage im Frauenhaus und kehrt dann, jedenfalls zunächst, zum mißhandelnden Mann zurück – oft wiederholt sich dieser Prozeß mehrmals.[2] Wenngleich wir wissen, daß Trennungsprozesse niemals einfach sind, haben die in den Frauenhäusern gemachten Erfahrungen viel dazu beigetragen, daß über den eigenen Anteil der Frauen an ihrer Unterdrückung verstärkt nachgedacht wird. Wenn Frauen wirksame Hilfe geboten werden soll, müssen wir besser verstehen, was sie jetzt – trotz der Existenz von Frauenhäusern – daran hindert, ihre Situation so zu verändern, daß sie ein Leben frei von Mißhandlungen führen können.

Als Erklärungen für den Verbleib von Frauen in Mißhandlungsbeziehungen tauchen immer wieder Aussagen über die weibliche Sozialisation zur Passivität, Abhängigkeit und zum Glauben an die große Liebe auf. Die Versuchung ist offenbar groß, psychologische Erklärungen zu suchen, die allenfalls ein flüchtiges Lippenbekenntnis zu der Bedeutung gesellschaftlicher Zusammenhänge abgeben, aber die Fesseln der Mißhandlungsbeziehungen vor allem in der Persönlichkeitsstruktur der einzelnen Frau zu finden meinen. Diese Tendenzen entwickeln jedoch eine bedenkliche untergründige Ähnlichkeit mit dem herkömmlichen juristischen Denken über das Recht der Frau auf körperliche Unversehrtheit und sexuelle Selbstbestimmung. Beide Denkweisen definieren die geschlagene Frau als Opfer und messen ihr Verhalten an einem Idealbild des seine Rechte unerschrocken einklagenden Individuums. Nach diesem Idealbild müßte eine Frau auf unerwünschte sexuelle oder körperliche Übergriffe eindeutig reagieren: sich wehren, sich trennen, Anzeige erstatten und notfalls den Privatklageweg beschreiten. Tut sie dies nicht, so wird entweder angenommen, eine umfassende und überwältigende Gewaltanwendung hätte die Subjektivität der Frau praktisch ausgelöscht, oder aber es wird ein Defekt in ihr vermutet. Entweder ist sie reines Opfer, oder sie muß heimlich mit der Mißhandlung einverstanden gewesen sein.

In Wirklichkeit ist eine mißhandelte Frau weder abstraktes, freies Individuum noch reines Opfer. Sie ist nicht »Individuum«, weil jede Verständigung, jede soziale Interaktion eine Geschlechtsidentität voraussetzt, die im Umgang vermittelt und bestätigt wird. Die Macht der sozialen und kulturellen Normen für Frauen und Männer besteht weniger in anerzogenen psychologischen Eigenschaften (darin unterscheiden sich Frauen und Männer weit weniger als gemeinhin angenommen) als darin, sich im täglichen Umgang der gemeinsamen Kultur bedienen zu müssen. Gerade dann, wenn eine Frau beispielsweise auf Kosten des Mannes ihre eigenen Rechte durchsetzt und einen »männlichen« Weg geht, muß sie für sich und andere ihren Weg und ihr Handeln damit in Einklang bringen, daß sie eine Frau ist. Ohne ein soziales Umfeld, das ihr neue und andere Möglichkeiten anbietet oder bestätigt, wird sie fast zwangsläufig von einem Teil der in der Gemeinschaft geltenden Rollen- und Verhaltenserwartungen für Weiblichkeit Gebrauch machen. Nicht so sehr die Persönlichkeit der Frau als die Struktur der sozialen Situation sind dafür verantwortlich, daß Frauen auf durchsetzbare Rechte und Ansprüche verzichten oder sogar mit Gesten der Fürsorglichkeit »bezahlen«. Sie meiden oft das System der Rechtspflege bzw. machen davon nur punktuell

Gebrauch (etwa indem sie eine Anzeige erstatten und dann später zurückziehen), da dieses System ihnen kaum Möglichkeiten zum Aushandeln solcher Lösungen läßt.

So massiv und brutal Frauenmißhandlung auch ist, sie geschieht nur selten in einem auswegslosen Zwangszusammenhang. Die mißhandelte Frau leidet nicht nur, sondern handelt immer auch; zumindest bewältigt sie ihre Situation von Tag zu Tag und überlebt darin. Um eine Situation der wiederholt unberechenbar ausbrechenden Gewalt zum Rahmen des eigenen Lebens zu machen, müssen Frauen Teile der eigenen Subjektivität abspalten: ihre Wut unterdrücken, ihre Bedürfnisse und Wünsche verdrängen, ihre Fähigkeiten und Stärken vergessen oder verstecken, ihren Haß verleugnen. Diese Überlebensstrategie entspricht der kulturellen Idealbildung von Weiblichkeit, der aus Liebe leidenden und duldenden Frau.[3] Die Vorstellung des »reinen Opfers« gehört also zu dem Arsenal der sozialen Normen, mit deren Hilfe Verständigung über und Vergewisserung von Geschlechtsidentität möglich ist. Ungewolltes oder unverschuldetes Leiden kann so nachträglich einen Sinn erhalten und z. B. das Recht auf »unweibliche« Verhaltensweisen moralisch legitimieren. Zugleich erschwert dieses Idealbild die Trennung von dem Mann.

Aber auch die feministische Hilfe bzw. die Sozialarbeit ist nicht frei davon, Frauen darauf zu reduzieren, Opfer von Mißhandlungen zu sein. Diese Reduktion verbirgt sich in Verhaltenserwartungen; schon die Frau, die ihre Kinder oder ihren Haushalt vernachlässigt und etwa durch die Kneipen zieht, erfüllt weniger das Bild des reinen Opfers, dem gerne geholfen wird. Das Angebot von Schutz, Beratung und Unterstützung bei der Trennung sollte, so diese Erwartungshaltung, für eine grundlegende Veränderung der gesamten bisherigen Lebenssituation und Beziehungsmuster ausreichen. Ergreift die Frau dieses Angebot nicht, steigt der Verdacht, daß sie mit der Mißhandlung (zumeist unbewußt) einverstanden ist. In den kritischen Fragen wie die, warum »mißhandelte Frauen« zu ihren Mißhandlern zurückkehren, verschwindet die Komplexität ihrer Lebenszusammenhänge und die Verwobenheit der Teile ihres Lebens miteinander; die Frau wird so zum Opfer gemacht.[4] Diese Reduktion der Frauen auf Opfer von Mißhandlung wiederholt sich in den wissenschaftlichen Theorien, die Erklärungen für solche Fragen aufstellen. Die Definition der geschlagenen Frau als Opfer spaltet sie nicht nur von ihren nichtgeschlagenen Schwestern ab; sie wiederholt und unterstreicht die Abspaltung von sich selbst, die die Frauen, um zu überleben, praktisch vollziehen müssen, und verstärkt ihre Fesseln statt sie sprengen zu helfen.

Eine sozialwissenschaftliche Sichtweise mit feministischem Blick eröffnet die Chance, das Ertragen männlicher Gewalt begreiflich zu machen, ohne insgeheim die Zustimmung der Frau zu dieser Gewalt zu unterstellen. Empirische Forschungsergebnisse aus verschiedenen Ländern weisen erstaunliche Übereinstimmungen gerade im Hinblick auf das Verhalten der Betroffenen auf. Ein soziologischer Blick wird von solchen Mustern zu der Vermutung von »Gesetzmäßigkeiten« geführt: daß es regelhaft strukturierte Möglichkeiten gibt, in Verhältnissen zu überleben und weibliche Identität aufrechtzuerhalten, die tagtäglich Gewalt gegen Frauen zulassen.

Vergleichbare Untersuchungen über Frauenmißhandlung aus Schottland[5], Berlin[6], den USA[7] und England[8] liegen inzwischen vor. Einig sind sich alle Berichte darin, daß mißhandelnde Männer auf allen Ebenen der Bildung und des Einkommens zu finden sind. Die Frauen selbst verfügen im allgemeinen über wenig eigenes Geld – doch dies gilt auch, wenn Frauen nicht mißhandelt werden, denn auch rund die Hälfte aller erwerbstätigen Frauen verdient nicht genug, um sich und Kinder zu ernähren – netto weniger als DM 1000,– monatlich.[9] Von den Frauen, die in ein Frauenhaus gingen, waren rund die Hälfte in dem vorausgegangenen Jahr erwerbstätig gewesen.[10] Doch niedrige Löhne und ungeschützte Beschäftigungsverhältnisse, zudem oft erzwungener Arbeitsplatzwechsel infolge von Mißhandlungen, schmälern den Nutzen der Erwerbstätigkeit für die Selbständigkeit der Frau. Darüber hinaus berichten mißhandelte Frauen aus allen sozialen Schichten, daß sie über das vorhandene Geld – auch das selbst verdiente – nicht verfügen konnten, sondern von den Zuteilungen des Mannes abhängig und seinen kleinlichen Kontrollen unterworfen waren. Vielfach mußten Frauen selbst dann unter Armutsbedingungen wirtschaften, wenn die Männer gut verdienten.

Zwischen 20 und 30% der mißhandelten Frauen sind nicht wegen ihres Ehemannes im Frauenhaus, sondern suchen vor den Mißhandlungen des Freundes oder des Verlobten, seltener auch des männlichen Verwandten (Väter, aber auch Söhne) Schutz. Offenbar ist nicht die Ehe im engeren Sinne, sondern die heterosexuelle

Beziehung der Rahmen, in dem Männer meinen, eine Frau mißhandeln zu dürfen.

Nicht nur in bezug auf den Kreis der Betroffenen (Frauen aller sozialen Schichten werden mißhandelt) ähneln sich die Daten aus verschiedenen Ländern und Untersuchungen, sondern auch hinsichtlich der Geschichte der Beziehungen, ihrer durchschnittlichen Dauer und des Verhaltens der Frau. Nahezu alle Frauen sind mindestens ein Jahr lang handgreiflich, z. B. mit Faustschlägen, Fußtritten und Würgeversuchen körperlich mißhandelt worden, ehe sie in ein Frauenhaus kamen. Rund ein Viertel berichtet zudem noch von Mißhandlungen mit Gegenständen (dies schließt die Vergewaltigung mit Gegenständen ein). Die »psychische Mißhandlung« (Beschimpfungen, gezielte Demütigungen, ständig einschränkende Kontrollen, aber auch Quälereien wie erzwungene Schlaflosigkeit) verteilt sich ebenfalls auf alle sozialen Schichten und wird von denselben Männern ausgeübt wie die körperliche Mißhandlung. Die schon einmal erfahrene und drohende körperliche Mißhandlung ermöglicht einerseits den »Psychoterror«, doch gilt auch umgekehrt: allmählich sich steigernde Einschränkungen und Kränkungen zermürben das Selbstbewußtsein und isolieren die Frau, wodurch ihr die Möglichkeit verlorengeht, sich gegen körperliche Mißhandlungen zu wehren.

Ein Drittel der Frauen berichtet, daß sie sich niemals gewehrt haben; ein Drittel versuchte sich durch Abwendung der Schläge oder Flucht zu wehren; ein Drittel hat aktiv zurückgeschlagen. Alle drei Gruppen mußten schließlich im Frauenhaus Schutz suchen. Die gleichmäßige Streuung der berichteten Reaktionsweisen über das gesamte Spektrum der Möglichkeiten weist darauf hin, daß nicht von einer bestimmten Persönlichkeitsstruktur bei mißhandelten Frauen auszugehen ist. Auch hat die große Mehrheit bereits versucht, den Mann zu verlassen, und hat Hilfe und Rat gesucht. Das Muster ist überall ähnlich: zuerst wenden sich Frauen an Verwandte und Freunde (vor allem die unmittelbare Familie), finden jedoch dort keinen wirksamen Schutz, und wenden sich erst wesentlich später und in geringerem Umfang an unpersönliche Institutionen. Eine bedeutsame Minderheit von 20 bis 30% war derart isoliert bzw. ihr war der Zugang zu sozialen Diensten derart fremd, daß sie vor der Flucht in ein Frauenhaus nie Hilfe gesucht hatte. Schließlich beeindrucken die Anlässe für schwere Mißhandlungen durch ihre Banalität und ihre Alltäglichkeit: das zu weich gekochte Ei, der Streit um Geld für Zigaretten oder Bier, das verdächtige Lächeln gegenüber dem Postboten, das Fernsehprogramm der Kinder. Wüßten wir nicht, welche Brutalitäten erfolgt sind, könnten wir die Erzählungen im Frauenhaus über Anlässe von Schlägen leicht als alltägliche Ehekräche einschätzen.[11] Zwischen den sozial akzeptierten Formen männlicher Vorherrschaft in familiären Beziehungen und der Frauenmißhandlung gibt es fließende Übergänge.

Es würde den Rahmen dieses Beitrags sprengen, die Daten der verschiedenen Untersuchungen detailliert wiederzugeben. Offenbar gibt es jedoch durchgängige Muster der Frauenmißhandlung von internationaler Verbreitung. Das bedeutet wohl, daß es sich gerade *nicht* um Überbleibsel aus traditionellen Kulturen handelt, denn diese wären ja regional sehr unterschiedlich. Bei Gewalt gegen Frauen haben wir es vielmehr mit einem Strukturmerkmal moderner Industriegesellschaften zu tun.

Um die Schleier des Schweigens und der Verharmlosung zu zerreißen und der Forderung nach Schutz und Hilfe für mißhandelte Frauen Nachdruck zu verleihen, hat die Frauenhausbewegung immer wieder die Brutalität und die jahrelange Wiederholung von Frauenmißhandlungen ins Bewußtsein gehoben. Doch der oben angedeutete Zusammenhang zwischen körperlicher und seelischer Mißhandlung deutet an, daß Gewalt nicht einfach mit Schlägen (auch nicht mit deren Wiederholung) gleichgesetzt werden kann. Unter Mißhandlung soll daher »jeder Angriff auf die körperliche und seelische Integrität eines Menschen unter Ausnutzung einer gesellschaftlich vorgeprägten relativen Machtposition«[12] verstanden werden. Dazu gehört

- die Bereitschaft zur Gewaltausübung;
- die relative Machtposition und
- die Bereitschaft, solche Angriffe hinzunehmen.

Für eine soziologische Erklärung der Bereitschaft von Frauen, männliche Gewalt über sich ergehen zu lassen, habe ich grundsätzliche Überlegungen schon angedeutet, die auf die tragende Bedeutung der kulturellen Definition des Geschlechts für jede mögliche Identitätsbildung und jede Interaktion verweisen. Darüber hinaus lassen sich auf empirischer Ebene einige Faktoren benennen, die für die Frage nach wirksamer Hilfe praktisch bedeutsam sein könnten. Ich beziehe mich dabei auf die Arbeit von Mildred Pagelow[13], die der Frage nach empirischen Beziehungen zwischen bestimmten Faktoren und Dauer der Mißhandlungsbeziehungen vor der Trennung nachgegangen ist:

Erstens: Durch Sitte, Ernährung und Übung sind Männer in der Regel den Frauen, mit denen sie Beziehungen eingehen, körperlich überlegen. Pagelow hat hierzu konkrete Daten erhoben: die mißhandelnden Männer waren im Durchschnitt 15 cm größer, wogen 20 kg mehr und waren im Schnitt drei Jahre älter als ihre Frauen. In den wenigen Fällen, in denen die Frau größer oder kräftiger als der Mann war, hatte der Mann von der Waffe Gebrauch gemacht oder die Kinder mißhandelt (bis hin zur Tötung), um die Frau einzuschüchtern. In diesen Befunden spiegelt sich die soziale Norm, die besagt, daß die Frau einen Mann haben soll, der sie zu beschützen in der Lage ist. Das Schutzbedürfnis wird auch subjektiv von Frauen empfunden; es ist die Kehrseite der allgemeinen Verbreitung von männlicher Gewalt und sexuellen Übergriffen gegen Frauen in allen Lebensbereichen, v. a. wenn sie ohne männlichen »Schutz« auftreten. Die romantische Liebe alltäglicher Prägung ruft deshalb nach dem Mann, der wenngleich kein Held, immerhin größer, stärker und älter ist als die Frau. Stellt sich in der Beziehung dann Gewalttätigkeit ein, so ist die Frau dem Mann rein körperlich nicht gewachsen. Sie ist es aber auch seelisch nicht, weil seine – notfalls imaginierte – Überlegenheit ein Kriterium für die Partnerwahl war. Der Vorstellungskomplex der romantischen Liebe und des starken, schützenden Mannes ist daher eine Quelle der relativen Wehrlosigkeit von Frauen gegen Mißhandlung.

Zweitens: Die soziale Lage von Frauen scheint ihr Ausharren in einer Mißhandlungsbeziehung zu beeinflussen. Pagelow fand folgende Zusammenhänge bestätigt:

– Je geringer der Zugang der Frauen zu monetären bzw. sozialen »Hilfsquellen« (z. B. Beruf und eigenes Einkommen, aber auch erreichbare nähere Verwandtschaft u. ä.), desto länger dauerte die Mißhandlungsbeziehung an.

– Je mehr negative Reaktionen von Institutionen auf ihrer Suche nach Hilfe eine Frau erfahren hat, desto länger benötigte sie, um sich von dem Mann zu trennen. Dabei kommt es nicht so sehr auf die Bewilligung oder Verweigerung praktischer Hilfen an, sondern vielmehr darauf, daß die skeptische Haltung oder Untätigkeit eines Repräsentanten des Gemeinwesens psychisch eine gewaltige Entmutigung bedeutet. Wenn z. B. die Polizei eine Anzeige gar nicht erst aufnimmt und sei es auch mit der Absicht, die Frau vor der Rache des Mannes zu schützen, wird der Frau vermittelt, daß die Mißhandlung des Mannes in dieser Gesellschaft nicht als Unrecht gilt. Die Sozialarbeiterin, die erst einmal mit dem Mann reden und »seine Seite« hören will, der Arzt, der kein eindeutiges Attest ausstellen möchte – sie handeln ja alle nicht nur als einzelne, sondern vertreten das Rechtsempfinden und die Hilfsbereitschaft der Gesellschaft.

– Schließlich haben diejenigen Frauen die Mißhandlungen am längsten ertragen, die am stärksten einem traditionellen Frauenbild verhaftet waren. Hier sind allerdings kaum noch Ursache und Wirkung auszumachen, denn aus der Not macht das traditionelle Frauenbild eine Tugend. Längeres Ertragen von Mißhandlungen scheint geeignet, dieses Frauenbild als Rettung eines durch Schläge und Demütigungen weitgehend zerstörten Selbstwertgefühls zu verstärken oder gar herauszubilden.

Die hier berichteten Befunde zeigen an, daß Mißhandlungsbeziehungen in bestimmten sozialen Lagen schwerer zu lösen sind als in anderen. Es könnte daher sinnvoll und für die Praxis nützlich sein, diese Frage weiterzuverfolgen. Doch eines muß festgehalten werden: weder die Bereitschaft, die Mißhandlung hinzunehmen, noch die Bereitschaft, Gewalt auszuüben, ist derart ungewöhnlich, daß wir eine prinzipielle geschlechtsspezifische Erklärung dafür suchen müßten. Mit etwas Geschichtsbewußtsein müssen wir erkennen, daß Menschen in erschütterndem Ausmaß ganz allgemein bereit und imstande sind, sowohl Gewalt, Erniedrigung und Ausbeutung auszuüben wie auch, diese bis zum eigenen Untergang zu ertragen. Millionen von Männern, die freiwillig in den Krieg gezogen sind, lassen bezweifeln, daß Hysterie oder Masochismus als besondere weibliche Eigenschaften zu werten sind. Auch sind Frauen an Gewalttaten und Unterdrückung nicht unbeteiligt gewesen. Um den Tatbestand der Frauenmißhandlung zu begreifen, ist nahegelegt, die Aufmerksamkeit auf das mittlere Glied unserer Definition zu richten, d. h. auf die gesellschaftliche Machtposition, die hierfür ausgenutzt wird. Bei einem derart in der Gesellschaft verankerten sozialen Phänomen wie Gewalt gegen Frauen kann der Rückgriff auf individuelle Pathologien (die es natürlich überall gibt) kaum Erklärungswert besitzen. Erklärungen – und damit Ansatzpunkte für eine praktische Veränderung – wären bei dem Tatbestand gesellschaftlicher Begünstigung zu suchen[14], der dafür sorgt, daß den Ansätzen von Gemeinheit und Grausamkeit bei Männern, den Ansätzen von Schwäche und Feigheit bei Frauen verstärkt zum Durchbruch verholfen werden. Hierzu gehört die gegenwärtige Rechtslage, die eine formale Rechtsgleichheit bei substantieller Rechtsungleichheit beinhaltet.

Zu dem Tatbestand der gesellschaftlichen Begünstigung von Frauenmißhandlung gehört deren faktische Straffreiheit. Zwar ist die Körperverletzung abstrakt und allgemein unter Strafe gestellt, doch auch bei Strafantrag der Verletzten ist die Verfolgung durch die Staatsanwaltschaft vom Vorliegen eines öffentlichen Interesses an der Strafverfolgung abhängig. Richtlinien der Staatsanwaltschaft bestimmen, daß dieses öffentliche Interesse erst dann gegeben ist, wenn »der Rechtsfrieden über den Lebenskreis des Verletzten hinaus gestört ist«. Wo dies nicht der Fall ist, hat die Polizei nach einer weiteren Richtlinie nicht einmal Ermittlungen vorzunehmen. Dies gilt selbst für »gefährliche Körperverletzung«; die betroffene Frau wird auf den Privatklageweg verwiesen, den sie nicht in der Lage ist zu beschreiten.[15] Durch die soziale Ungleichheit der Geschlechter und die allgemeine Duldung, sogar Bewunderung männlicher Aggressivität wird dieser faktisch rechtsfreie Raum des privaten »Lebenskreises« zum Freiraum für Männer, Frauen zu mißhandeln. Wir wissen aus zahlreichen Berichten inzwischen, daß die faktische Straffreiheit von Frauenmißhandlung vielen Männern bewußt ist. In einer Gesellschaft, die keine anderen Sanktionen/Heilmittel für Gewalttätigkeit kennt als Strafverfolgung, bedeutet der systematische Verzicht im Falle der Gewaltanwendung gegen Frauen eine moralische Unterstützung und eine reale, wirksame Begünstigung von Frauenmißhandlung.

Die Forderung der Frauenhäuser nach Strafverfolgung für Mißhandlung wird vielfach als sinnlose Rache, die nicht zur Problemlösung beitragen kann, wahrgenommen. Der tatsächliche Umgang betroffener Frauen mit dem Rechtssystem in den relativ seltenen Fällen, in denen sie Zugang zu ihm haben (z. B. bei fortgesetzter Verfolgung und Mißhandlung nach der Scheidung), spricht jedoch eher dafür, daß Frauen die gesellschaftliche Sanktionierung mit in einen Verhandlungsprozeß der Veränderung ihrer Situation einbeziehen. Wenn die sozialen oder psychischen Kosten der Weiterverfolgung ihnen zu hoch erscheinen oder aber, wenn sie ihr Nahziel erreicht haben, ziehen sie die Anzeige zurück oder sagen vor Gericht nicht mehr aus. Dieser eher menschliche Umgang mit dem Rechtssystem wird aber ebenfalls den Frauen zum Vorwurf gemacht. Das juristische Denken ist so sehr auf die immanente Zielsetzung des Systems ausgerichtet, wonach Strafverfolgung nur das Ziel einer tatsächlichen Bestrafung haben kann, daß innerhalb dieses Systems ihre flexible Nutzung für andere Ziele durch Frauen gar nicht wahrgenommen wird, die Frauen infolgedessen lediglich als schwach und inkonsequent gesehen werden. Auch dies wird als Grund herangezogen, den Frauen dieses Mittel weiterhin vorzuenthalten, indem die rechtliche Basis für die Strafverfolgung lückenhaft bleibt oder gar nicht erst geschaffen wird. Rechtsgleichheit für Frauen im Bereich der personalen Gewalt wird eine Erweiterung des juristischen Denkens um sozialwissenschaftliche Dimensionen erfordern.

Anmerkungen

1 Vgl. C. Hagemann-White u. a., *Hilfen für mißhandelte Frauen* (Schriftenreihe des Bundesministeriums für Jugend, Familie und Gesundheit), Stuttgart 1981, Kap. 12.
2 Hagemann-White u. a., *Hilfen,* a. a. O., S. 44–45, S. 61 und S. 83.
3 M. Brückner, *Die Liebe der Frauen. Über Weiblichkeit und Mißhandlung,* Frankfurt 1983.
4 Zur Problematik der »victimisation« vgl. K. Barry, *Sexuelle Versklavung von Frauen,* Berlin 1983.
5 R. E. Dobash/R. Dobash, *Violence Against Wives,* New York 1979.
6 Hagemann-White u. a., *Hilfen,* a. a. O.; vgl. auch *Frauen gegen Männergewalt,* Erfahrungsbericht des 1. Berliner Frauenhauses, Berlin 1978.
7 M. D. Pagelow, *Woman-Battering, Victims and Their Experiences,* Beverly Hills/London 1981.
8 J. Pahl, *A Bridge over Troubled Waters. A Longitudinal Study of Woman who went to a Refuge,* Canterbury 1981.
9 Zahlenangabe für 1980; s. z. B. M. Dobberthien, *Frauenarbeit zwischen Chance und Diskriminierung,* in: *Feminismus. Inspektion der Herrenkultur,* hg. v. L. Pusch, Frankfurt 1983, S. 421–448.
10 Ähnliche Zahlen zu denen der Berliner Untersuchung nennen auch Pagelow, *Woman-Battering,* a. a. O., sowie Pahl, *Bridge,* a. a. O.
11 Dies wird ausführlich dargestellt bei Dobash/Dobash, *Violence,* a. a. O.

12 Hagemann-White u. a., *Hilfen*, a. a. O., S. 24.
13 Pagelow, *Woman-Battering*, a. a. O.
14 C. Hagemann-White, *Gewalt und Geschlecht*, in: *Wege zum Menschen*, 30. Jg., H. 2/3, S. 49–57, Göttingen 1979.
15 Hagemann-White u. a., *Hilfen*, a. a. O., S. 116f.

III. Durchsetzung egalitären Familienrechts

Carola Schumann

Das Scheidungsrecht in der anwaltlichen Praxis

I. Der egalitäre Gehalt des neuen Scheidungsrechts

Vor zehn Jahren trat das neue Scheidungsrecht in Kraft. Es wurde als Gesetz begrüßt, das die Frauen den Männern gleichstellte und das – durch die Abschaffung des Schuldprinzips – darauf verzichtete, Frauen für »eheliches Fehlverhalten« finanziell zu bestrafen. Das reformierte Familienrecht mit seiner Abkehr von der traditionellen Versorgungsehe schien besonders geeignet als Testfall für die Frage, inwieweit sich Prozesse der sozialen Gleichstellung von Frauen und Männern durch Rechtssetzung vorantreiben lassen und diese sich als wirkungsvolles Instrument sozialen Wandels erweisen kann.

Ausgangspunkt einer mit Bremer Rechtsanwälten und Rechtsanwältinnen durchgeführten Untersuchung[1] war, daß mit der Reform des Familien- und Scheidungsrechts die Gleichberechtigung von Frauen und Männern verwirklicht werden sollte, diesem Gesetz mithin eine egalitäre Qualität zukam. Da jedoch Rechtssatz und Rechtswirklichkeit selten im Einklang stehen, sollte analysiert werden, ob die Rechtsanwender dem Gesetz im intendierten Sinne zur Durchsetzung verhelfen, oder ob sie sich als Barrieren erweisen, durch die die egalitären Tendenzen des Familienrechts gebremst werden.

Man könnte an dieser Stelle anzweifeln, ob dem neuen Scheidungsrecht tatsächlich egalitäre Qualitäten zukommen. Tatsächlich hat es wohl eher kompensatorische Funktionen, die bestenfalls auf eine Gleichstellung im Innenverhältnis sich scheidender Ehepartner abzielen, die gesellschaftliche Ungleichheit der Geschlechter aber kaum berühren. Ebenso in Zweifel ziehen lassen sich auch die Absichten der Gesetzgeber. Die Gleichstellung der Geschlechter war mit Sicherheit kein zentrales Motiv für die Reform des Scheidungsrechts; sie war allenfalls insofern intendiert, als ihr Vorhandensein einfach unterstellt wurde, wie es im Prinzip der »ökonomischen Eigenverantwortlichkeit« zum Ausdruck kommt, was besagt, daß beide Ehepartner nach einer Scheidung für sich selbst aufzukommen haben.

Ausnahmen von diesem Prinzip, wie sie das Gesetz vorsieht, belegen seine kompensatorischen Funktionen. Sie reflektieren zugleich die besondere Situation von Frauen, indem diese aufgrund »ehebedingter Nachteile« Anspruch auf Kompensationsleistungen erheben können. Die Anspruchsgrundlage ergibt sich dabei aus dem Prinzip der Gleichwertigkeit von Hausarbeit und Berufsarbeit.

Dennoch lassen sich durch ein Gesetz, das die wirtschaftlichen Verhältnisse einer auseinanderbrechenden Familie regelt, nicht die durch eine Familiengründung verpaßten Berufschancen der Frauen wiedergewinnen; der finanzielle Ausgleich nach der Scheidung bedeutet keine gesellschaftliche Chancengleichheit. Solange die Chance des neuen Eherechts zur partnerschaftlichen Verteilung von Haus-, Erziehungs- und Berufsarbeit nicht wahrgenommen wird, scheitern seine guten Absichten an der Irreversibilität einer biographisch durch Familiengründung entwickelten Ungleichheit zwischen den Geschlechtern.

Selbst der finanzielle Ausgleich hauptsächlich in Form von Unterhaltsansprüchen bedeutet in der Regel nicht viel, da es im durchschnittlichen Scheidungsfall um die Verteilung einer ökonomischen Mangellage geht, der Unterhaltsanspruch der Frauen häufig gegenstandslos ist, weil die finanzielle Leistungsfähigkeit des Durchschnittverdieners nur zum Unterhalt der Kinder reicht. Unterhaltsregelungen sind zudem als Übergangsregelungen gedacht bis zu dem Zeitpunkt, an dem eine Frau in der Lage ist, ihre Existenz durch eigene Arbeit zu sichern. Dieses Prinzip der »ökonomischen Eigenverantwortlichkeit« – gedacht zur Überwindung der Versorgungsehe – hat in der Praxis zur Folge, daß viele Frauen in einer Zeit des zunehmend enger werdenden Arbeitsmarktes und der Zurücknahme öffentlicher Sozialleistungen durch Scheidung an den Rand der Armutsgrenze gebracht werden.

Die Vorteile des neuen Scheidungsrechts – gerade für Frauen – werden in der juristischen Diskussion weitaus überschätzt. Diese Diskussion – ebenso wie die Reform von 1986 und die oberste Rechtsprechung – orientiert sich an Extremfällen, die juristisch zwar interessant sein mögen, für die Menge der Scheidungsverfahren aber nicht repräsentativ sind. Genau diese aber muß im Mittelpunkt stehen, wenn man die Brauchbarkeit eines Gesetzes, sein Problemlösungspotential und seine Realitätsgerechtigkeit beurteilen will.

Es liegt nahe, in den Richtern die Hauptakteure bei der Rechtsanwendung zu sehen. Damit wird aber leicht die Rolle von Rechtsanwälten in diesem Prozeß übersehen. Ihre Tätigkeit ist weniger sichtbar als die der Richter, gleichwohl aber oft von größerer Bedeutung. Denn sie bereiten nicht nur die rechtlichen Entscheidungen, die der Richter zu treffen hat, vor, sondern handeln im Vorfeld häufig erfolgreich rechtlich gestützte Kompromisse der Parteien aus, so daß sich eine gerichtliche Entscheidung erübrigt. Gerade im Scheidungsrecht tritt Recht eher selten als Urteil in Erscheinung, sondern viel häufiger als Vereinbarung zwischen beiden Parteien; die Rechtsgebundenheit solcher Vereinbarungen scheint hinter dem Maßstab ihrer Praktikabilität und Folgenorientierung zurückzutreten. Das Aushandeln von Vereinbarungen findet zwar gewissermaßen im Schatten des Rechts statt, d. h. dem Recht kommt einerseits eine Orientierungsfunktion und andererseits eine Begrenzungsfunktion für Handlungsspielräume zu, aber die Ergebnisse solcher Vereinbarungen lassen sich anhand der Rechtslage nicht unbedingt prognostizieren.

Die Frage nach der Anwendung des neuen Scheidungsrechts kann also umformuliert werden in die Frage, wie Anwälte mit den Rechtsansprüchen ihrer Klienten umgehen und inwieweit sie bei ihren Problemlösungsangeboten die besondere Lage von scheidungssuchenden Frauen berücksichtigen.[2]

Unser Untersuchungsdesign sah eine intensive Befragung von mit Scheidungsrecht vertrauten Anwälten mit Hilfe eines Leitfadens vor. 37 Anwälte und 14 Anwältinnen, von denen sich einige als Feministinnen begreifen, wurden im Laufe des Jahres 1982 interviewt.

Da sich die Ergebnisse hauptsächlich auf die Unterhaltsproblematik beziehen, sei eine kurze Darstellung der Regelungen vorangestellt. Unterhalt wird nach dem Prinzip der »Bedürftigkeit« geregelt. Sie besteht dann, wenn ein Ehegatte nicht in der Lage ist, für seinen eigenen Unterhalt zu sorgen. Dies kann der Fall sein, wenn er ein oder mehrere gemeinschaftliche Kinder zu versorgen hat (§ 1570 BGB), wenn er bei der Scheidung zu alt ist, um erwerbstätig zu sein (§ 1571 BGB), oder zu krank (§ 1572 BGB) oder wenn er keine angemessene Erwerbstätigkeit finden kann (§ 1573 BGB). In § 1573 Abs. 2 wird zudem der sogenannte Differenzunterhalt geregelt.

Diese Vorschriften sind durch das am 1. April 1986 in Kraft

getretene Unterhaltsänderungsgesetz ergänzt bzw. modifiziert worden. Sowohl der Unterhalt wegen Erwerbslosigkeit als auch der Ergänzungsunterhalt können künftig zeitlich begrenzt werden, sofern im Hinblick auf die Dauer der Ehe und die Arbeitsteilung in der Ehe ein zeitlich unbegrenzter Unterhaltsanspruch unbillig wäre (§ 1573 Abs. 1, 2, 3 BGB). Eine entsprechende Regelung gilt für den Umfang aller Unterhaltsansprüche. Seit dem 1. April 1986 darf auch die Bemessung des Unterhalts nach den ehelichen Lebensverhältnissen aufgrund von Billigkeitserwägungen zeitlich begrenzt werden (§ 1578 Abs. 1 S. 2 BGB).

Zusammenfassend läßt sich festhalten: Das Prinzip der ökonomischen Eigenverantwortlichkeit wird durch das Prinzip der Bedürftigkeit durchbrochen. Damit reflektiert das Gesetz die zwiespältige Lage, in der sich Frauen heute befinden, nämlich in einer Übergangsphase zwischen dem gesellschaftlichen Modell der Versorgungsehe und dem der Partnerschaftsehe. Es versucht die Bestrebungen der Frauen nach wirtschaftlicher Unabhängigkeit durch Berufstätigkeit zu unterstützen und gleichzeitig die Folgen ehebedingter ökonomischer Unselbständigkeit durch unterhaltsrechtliche Bestimmungen abzumildern. Deren Handhabung durch die Anwälte möchte ich mich jetzt zuwenden.

II. Die Praxis der Rechtsanwendung

Anhand von zwei Themen soll im folgenden die Anwendungspraxis des neuen Scheidungsrechts unter dem Aspekt ihrer Bedeutung für Frauen beleuchtet werden: Erstens soll das Thema »Unterhaltsverzicht« aus der Perspektive der Anwälte betrachtet werden; zweitens sollen die Motive untersucht werden, die Anwälte dazu veranlassen, die Scheidungsfolgen überwiegend auf dem Vergleichswege zu regeln, wobei in vielen Fällen gegenseitiger Unterhaltsverzicht zwischen den Parteien vereinbart wird. Einschlägige Daten finden sich in der Arbeit von Lutz Müller-Alten, der eine repräsentative Gerichtsaktenanalyse durchgeführt hat.[3] Um die Relevanz des ersten Themenbereiches zu verdeutlichen, seien an dieser Stelle ein paar Zahlen aus seiner Darstellung zitiert. Nur in 18% aller von ihm untersuchten Fälle wurden Unterhaltszahlungen vereinbart. In 58% einigte man sich auf gegenseitigen Unterhaltsverzicht, wobei einschränkend zu bemerken ist, daß nicht in allen diesen Fällen auch Unterhaltsansprüche bestanden haben müssen. In allen übrigen Fällen wurde Unterhalt aus anderen Gründen nicht geltend gemacht. Unterhaltsverzichte finden sich am häufigsten bei vorgerichtlichen Vereinbarungen. Es handelt sich dabei überwiegend um Fälle kurzer Ehedauer, in denen weder Kinder noch große Gehaltsdifferenzen vorhanden sind.

Anspruchsverzicht

Nach wie vor scheint die Schuldfrage eine Rolle zu spielen, allerdings stärker im Bewußtsein der Männer als in dem der Frauen. Eine Reihe von Anwälten und Anwältinnen hat die Erfahrung gemacht, daß Männer kein Verständnis dafür aufbringen, daß sie unterhaltsverpflichtet sind, wenn sie von ihren Frauen verlassen wurden, insbesondere dann, wenn dies wegen eines anderen Mannes geschehen zu sein scheint. Ein Anwalt beschreibt die typische Reaktion solcher Mandanten:

»... die Unterhaltszahlungen stinken den meisten Männern auch ungeheuer ... da regen sie sich oft darüber auf und sind also fassungslos, was sie denn aufeinmal zahlen müssen; speziell, wenn die Frau weggelaufen ist ... Also, dann kochen sie ... die Idee, daß die Frau einen anderen Mann kennengelernt hat, ist an sich schon unerträglich, und dann noch dieses Verhältnis zu finanzieren; da wird dann häufig als Redewendung gebracht: ›Ich finanzier' doch nicht die Abenteuer meiner Frau‹ – als ob's da um 'ne Bezahlung ginge.« (11)[4]

Solchen Mandanten ihre Unterhaltsverpflichtung nahezubringen, erweist sich offenbar als schwierige und undankbare Aufgabe für die Anwälte; um so besser – für Mandant und Reputation des Anwalts – wenn es gelingt, die Gegenseite verzichts- oder doch zumindest kompromißbereit zu machen, indem man anstelle regelmäßiger Unterhaltszahlungen z. B. eine einmalige Zahlung, eine Abfindung also, anbietet, die den Mandanten von dem Gefühl befreit, die »Abenteuer« seiner Frau zu finanzieren.

Mutmaßliche Gründe für den Unterhaltsverzicht von Frauen. Die überwiegende Mehrheit der Anwälte hat Mandantinnen erlebt, die von sich aus auf Unterhalt oder einen Teil des Unterhalts zu verzichten bereit waren. Zur Illustration ein Zitat:

»Es gibt einige Frauen, die sagen: ›Ich will von dem gar nicht abhängig sein. Ich will dessen Geld gar nicht haben. Ich will auf eigenen Füßen stehen und nicht ewig in dessen Taschen rumkramen.‹ Das gibt es auch. Das ist zwar nicht der Regelfall, aber gibt es und nicht selten.« (12)

Diese Art von Verzichtsbereitschaft scheint einerseits in einer Art Stolz begründet zu liegen, nämlich dem Stolz, nicht auf jemanden angewiesen zu sein, den man im Grunde verachtet, und andererseits in einer Art Bedürfnis nach Selbständigkeit und Unabhängigkeit. Eine Anwältin trifft diese Haltung präzise, wenn sie sagt:

»Ich erlebe sogar oft Frauen, denen es sehr peinlich ist, von dem Mann nach einer Trennung noch Unterhalt fordern zu müssen, die psychisch sehr darunter leiden, das als Abhängigkeit empfinden nach der Trennung, mit der sie sich eigentlich befreien wollten.« (6)

Ein weiterer, häufig genannter Grund für die Verzichtsbereitschaft von Frauen wird von den Anwälten in einer neuen Liebesbeziehung der Frau gesehen. Diese Frauen seien zu Kompromissen oder partiellem Unterhaltsverzicht bereit, weil sie entweder die Ehe wegen eines neuen Partners aufgegeben und deshalb moralische Bedenken gegenüber einer Unterhaltsforderung hätten, oder weil sie bereits mit einem neuen Partner zusammenleben und ihn eventuell zu heiraten beabsichtigen, und daher ihre wirtschaftliche Zukunft durch den neuen Partner als abgesichert ansähen. Ein Anwalt schildert diesen Fall beispielhaft:

»Wenn eine Frau die Ehe verläßt wegen eines anderen Partners, ist ihr im Grunde genommen alles egal – es ist leider so, aber es ist so; sie verzichtet auf Unterhalt und sogar auf alle anderen möglichen Wirtschaftsgüter, nur, um aus der Ehe rauszukommen; meistens auch noch, wenn Kinder da sind, die dann schon älter sind, volljährig sind, um also vor ihren Kindern nicht ganz so schlecht dazustehen, geht sie also oft mit einem Handkoffer.« (34)

Einige Anwälte sind der Meinung, daß ganz andere Gründe als ein mögliches Schuldbewußtsein maßgeblich für Anspruchsverzichte sind. So verzichteten Frauen z. B., weil der Mann Unterhaltszahlungen wirtschaftlich nicht verkraften könnte oder die Höhe der Unterhaltszahlungen so gering wäre, daß sich ein Kampf darum nicht lohnt.

Neben diesen Gründen, die zumeist einen totalen Unterhaltsverzicht nach sich ziehen, gibt es ganz pragmatische Gründe, die viele Frauen zu Teilverzichten bewegen: wenn der Ehemann den geforderten Unterhaltsbetrag nicht zu zahlen bereit ist, begnügen sich Frauen mit einem geringeren, aber freiwillig bezahlten Betrag, um die Blockierung von Unterhaltszahlungen bis zu einer Gerichtsentscheidung zu verhindern.

Die wesentliche Frage hierbei ist, in welcher Weise Anwälte auf die Verzichtsbereitschaft ihrer Mandantinnen reagieren: unterstützen sie diese, machen sie auf die damit verbundenen Risiken aufmerksam oder steuern sie ihr entgegen?

Bedingungen, unter denen Anwälte Verzichte akzeptieren.

Erstens: Für unproblematisch – besonders auch von weiblichen Anwälten – wird ein Verzicht auf Unterhalt dann gehalten, wenn die Frauen entweder bereits berufstätig sind oder aber es werden wollen und ihnen dies auch durchaus zuzutrauen ist. Andere Anwälte steuern der Verzichtsbereitschaft nicht entgegen, wenn sie die *wirtschaftliche Existenz der Frauen auf andere Weise* für *gesichert* halten, etwa durch eine zukünftige Erbschaft oder Wiederheirat. Unterstützt wird ein Unterhaltsverzicht auch dann, wenn die Mandantin faktisch ein »eheähnliches Verhältnis« zu einem neuen Partner unterhält, wobei bei den Anwälten weniger moralische Vorbehalte eine Rolle zu spielen scheinen als vielmehr die Annahme, daß ein solches Verhältnis ihre Mandantinnen von wirtschaftlichen Sorgen befreit. Solche Unterhaltsverzichte werden vermutlich aber auch deshalb begrüßt, weil für Unterhaltsforderungen in diesen Fällen angesichts der Rechtsprechung kaum Aussicht auf Erfolg gesehen wird.

Zweitens: Im Gegensatz zur ersten Gruppe der Anwälte läuft die Handlungsstrategie einer zweiten Gruppe darauf hinaus, den Anspruchsverzicht der Mandantin *durch entsprechende Gegenleistungen* kompensieren zu lassen, die sie wirtschaftlich nicht völlig ungesichert lassen. Dies setzt eine Kompromißbereitschaft auf beiden Seiten voraus. Ein Kompensationsvertrag dieser Art kann z. B. so aussehen, daß der Ehemann für eine begrenzte Zeit von vielleicht zwei Jahren Unterhalt bezahlt und als Gegenleistung für den anschließenden Unterhaltsverzicht seiner Frau den Kindern einen großzügigen Unterhalt gewährt. Andere Kompensationsgeschäfte bestehen darin, der Frau für ihren Unterhaltsverzicht eine Abfindung zu zahlen, ihr Hauseigentum zu überschreiben oder sie – bei weniger begüterten Verhältnissen – von der Schuldentilgung zu befreien.

Drittens: Eine dritte Gruppe, eine Minderheit unter den Anwälten, spricht sich *gegen Unterhaltsverzichte* aus und behauptet von sich, solchen Absichten entgegenzusteuern. In dieser Gruppe befinden sich überraschenderweise nur wenige Anwältinnen. Einige dieser Anwälte sehen ihre Aufgabe darin, auftretenden Schuldgefühlen bei ihren Mandantinnen entgegenzuwirken, ihnen die Zulässigkeit und Rechtmäßigkeit ihrer möglichen Ansprüche zu verdeutlichen. Falls sich die Bedenken einer Frau gegen Unterhaltsbeanspruchung nicht zerstreuen lassen, sollte sie nach Ansicht einiger Anwälte dennoch keinen Unterhaltsverzicht vereinbaren, sondern ihren Unterhaltstitel auf jeden Fall sichern, indem sie die Unterhaltsfrage ungeregelt läßt, den ihr zustehenden Unterhalt aber nicht in Anspruch nimmt. Dazu raten Anwälte auch, wenn die Frau ihre Existenz durch eigene Arbeit sichern kann oder auf die finanzielle Versorgung durch einen neuen Partner setzt. Diese anwaltliche Strategie bezieht mögliche zukünftige Risiken unzureichender wirtschaftlicher Existenzsicherung ein und wird am radikalsten von einer Anwältin vertreten, die dem konservativen politischen Spektrum zuzurechnen ist:

»... ich mache keinen Unterhaltsverzicht; und wenn die Frau mich anfleht, mach' ich keinen Unterhaltsverzicht; ich sag': ›Sie brauchen ja keinen zu nehmen ... aber ich verzichte nicht für Sie‹, ich sag': ›was weiß ich denn, wie elend Sie also in paar Jahren auf einmal dastehen‹.« (30)

Zusammenfassend kann man feststellen, daß sich die Anwälte in drei Gruppen einteilen lassen, die sich nach ihren Reaktionen auf die Verzichtsbereitschaft von Frauen unterscheiden. Die erste Gruppe akzeptiert Unterhaltsverzichte, wenn ihr die wirtschaftliche Existenz der Frau gesichert zu sein scheint, nämlich durch in Aussicht genommene Berufstätigkeit, durch geplante Heirat, durch eine neue Beziehung oder durch Erbschaft. Nicht berücksichtigt wird, daß solche für die Zukunft gefaßten Pläne scheitern, Aussichten sich zerschlagen und Hoffnungen sich nicht erfüllen können. Da also gewisse Risiken ignoriert werden, können diese anwaltlichen Handlungsstrategien als problematisch betrachtet werden.

Die zweite Gruppe gibt einer endgültigen wirtschaftlichen Entflechtung der geschiedenen Ehepartner den Vorzug. D. h. Unterhaltsverzicht wird befürwortet, wenn die Möglichkeit zu einer Kompensation besteht, die die Frau wirtschaftlich nicht ungesichert läßt. Solche Regelungen sind vorwiegend dann realisierbar, wenn Vermögenswerte vorhanden sind. Sie können Vorteile haben, wenn die Frau ihre Existenz durch eigene Arbeit ausreichend sichern kann. Sehr problematisch aber sind sie, wenn dies nicht der Fall ist, da sie keine langfristige Existenzsicherung ermöglichen.

Die dritte Gruppe kann man als sehr zukunftsorientiert insofern bezeichnen, als sie bemüht ist, bei ihren Lösungsstrategien alle möglichen Risiken einzukalkulieren, die in Zukunft auftreten können. Ihre Strategie besteht darin, die rechtlichen Möglichkeiten auszuschöpfen. Obwohl dieses Vorgehen den Interessen von Frauen noch am nächsten zu kommen scheint, ist es unter dem Aspekt wirtschaftlicher Sicherheit auch nicht ganz unproblematisch, weil Unterhaltszahlungen nicht unbedingt ein gesichertes Einkommen darstellen.

Vergleich über die Scheidungsfolgen

Bisher wurde danach gefragt, wie Anwälte einer Verzichtsbereitschaft bei ihren Mandantinnen begegnen; nicht gefragt wurde danach, ob und in welchem Maße sie durch Anwälte überhaupt erst hergestellt wird. Die Tatsache, daß so viele Eheleute sich über die Scheidungsfolgeregelungen vergleichen, also Vereinbarungen treffen, deutet darauf hin, daß kaum jemand seine Rechte vollständig wahrnimmt. Vereinbarungen beruhen letztlich auf Kompromissen, und die setzen gegenseitiges Nachgeben voraus, mithin Verzichte. Diese müssen nicht unbedingt sehr weitgehend sein und werden vielleicht auch kompensiert. Dennoch verdient dieses Phänomen eine nähere Untersuchung, denn was bedeutet es eigentlich für Frauen?

Zur Verdeutlichung der Relevanz dieses Themas seien nochmals einige Daten von Müller-Alten angeführt: von den 236 von ihm erfaßten Verfahren des Jahres 1980 in Hannover endeten 50% als Prozeßvergleich, bei 25% waren die Scheidungsfolgen durch einen notariellen Vertrag geregelt, bei 14% entweder durch eine privatschriftliche Vereinbarung oder durch eine Vereinbarung, die dem Gericht zu Protokoll gegeben wurde. Bei 13% lagen keinerlei Regelungen vor. Nur in knapp 4% der Verfahren ist in einem Urteil über die Folgesachen entschieden worden, obwohl beispielsweise in 30% der Verfahren Ehegattenunterhalt anhängig gemacht worden war.

Der außergerichtliche Vergleich im Verhältnis zum Prozeßvergleich. Bei der allgemein anzutreffenden Beliebtheit der vergleichsweisen Erledigung von Scheidungsfällen muß man unterscheiden zwischen einem Vergleich, der vorgerichtlich in Form einer privatschriftlichen oder notariellen Vereinbarung hergestellt und folglich vom Richter nicht mehr kontrolliert wird, und einem Vergleich, der erst vor Gericht mit Hilfe des Richters geschlossen wird.

Es scheint, daß sich Anwälte in der Bevorzugung der einen oder anderen Art durchaus unterscheiden. Hier spielen strategische Überlegungen eine Rolle, die mit dem professionellen Selbstverständnis des Anwalts verknüpft sind, aber zu einem wesentlichen Teil auch Ausdruck anwaltlicher Kostenkalkulation sind.

Die Art der Klientel bestimmt die jeweilige Gebührenlogik. Die ist gewissermaßen dadurch vorgegeben, daß die vorgerichtliche Tätigkeit der Anwälte nicht durch die Prozeßkostenhilfe gedeckt ist, für privatschriftliche und notarielle Vereinbarungen infolgedessen nicht in Anspruch genommen werden kann. Wer bei Klienten, die prozeßkostenhilfeberechtigt sind, auf seine Kosten kommen will, sieht sich gezwungen, den Prozeßvergleich anzusteuern.

Bei zahlungsfähigen Mandanten ist der vorgerichtliche Vergleich kaum weniger lukrativ als der Prozeßvergleich, dafür aber erheblich weniger zeitaufwendig. Für Personen, die ihre Scheidung selbst bezahlen müssen, kann er besonders kostengünstig sein, wenn der Regelungsbedarf klein ist und keine Vermögenswerte auseinandergesetzt werden müssen. Dieser Gesichtspunkt wird vor allem von solchen Anwälten hervorgehoben, deren oberstes Prinzip angesichts einer überwiegend armen Klientel Kostengünstigkeit ist.

Die Bevorzugung des Prozeßvergleichs wird gelegentlich auch damit begründet, daß die Ergebnisse eines Vergleichs eher von den Mandanten akzeptiert werden, wenn diese durch richterliche Autorität zustande gekommen sind. Nicht nur Autorität, sondern auch die richterliche Aura des Unparteiischen mag die Akzeptanz erhöhen. Ein mit Hilfe des Richters geschlossener Vergleich kann nicht ganz unausgewogen und unfair sein in den Augen des Klienten. Diese Kontrollfunktion wird dem Richter aber nicht nur seitens der Klienten zugeschrieben, sondern bei komplizierten Fällen auch von Anwälten in Anspruch genommen. Wer sich der

Berechnungsgrundlage seines Regelungsvorschlages nicht ganz sicher ist, ist auf richterliche Korrektur angewiesen. Ein vom Richter abgesegneter Vorschlag entlastet von dieser Unsicherheit und der vollen Verantwortung. Im Gegensatz dazu stehen vorgerichtliche Vergleiche eher im Ruch, auf Kosten der einen oder anderen Partei zu gehen.

Professionelle Handlungslogik. Der Streit vor Gericht um Unterhalt, Sorgerecht oder Zugewinn wird nach Möglichkeit vermieden. Sofern die Mandanten sich nicht selbst bereits einig über die Regelung der Folgesachen sind und von sich aus streitige Auseinandersetzungen vermeiden möchten, werden sie von den Anwälten dazu gedrängt, auf solche Auseinandersetzungen zu verzichten. Diese Strategie entspringt einer in erster Linie an ökonomischen Eigeninteressen ausgerichteten Kosten-Nutzen-Kalkulation, d.h. der Arbeitsaufwand muß in einem günstigen Verhältnis zum finanziellen Ertrag stehen. Dies ist dann gewährleistet, wenn man in möglichst kurzer Zeit eine Vielzahl von Verfahren erledigen kann, d. h. der Anwalt lebt davon, daß – wie einer es ausdrückt – »die Sachen flott vom Tisch kommen«. Dazu ein Zitat:

»...von der Intensität her da hat man vielleicht zwei Stunden ein hartes Gespräch gehabt, und dann unterschreiben die die Vereinbarung und dann ist die Sache erledigt. Dann muß man irgendwann nochmal einen Gerichtstermin kurz wahrnehmen. Und so muß man dann sonst, wenn's streitig ist, ein ganzes Jahr lang immer wieder, die Akten werden immer dicker und jetzt gebührenmäßig bleibt da nichts hängen, da zahlt man dann drauf, wenn man das ausrechnen würde, wie lange man damit zu tun hatte... Streitige Ehescheidungssachen, die nehmen weit mehr Zeit in Anspruch als einverständliche. Die kleinen dünnen Akten mit einer Vereinbarung, die machen das Geld letztlich«. (4)

Das Bemühen um einverständliche Regelungen läßt sich bei allen Arten von Anwälten antreffen, bei eher konservativen genauso wie bei sozial engagierten, bei feministischen ebenso wie bei nichtfeministischen Anwältinnen. Sie unterscheiden sich allenfalls danach, inwieweit ihnen dies gelingt, d. h. nach dem Prozentsatz einverständlicher Regelungen, den sie dem Gericht präsentieren können.

Neben dem ökonomischen Interesse gibt es weitere Gründe für die Bevorzugung des Vergleichs. Eine Reihe junger und engagierter Anwälte, deren Klientel sich weitgehend aus der Unterschicht rekrutiert, verfolgt das Prinzip, Scheidungen möglichst kostengünstig durchzuführen, nicht zuletzt sicherlich auch deshalb, weil sich Kostengünstigkeit herumspricht, mithin – wie ein Anwalt es ausdrückt – die beste Reklame ist. Die preisgünstigsten Scheidungen sind am ehesten die, bei denen man möglichst wenig regelt und nur mit einem Anwalt auskommt. Das bedeutet, Streit darf nicht entstehen und die Parteien müssen sich in möglichst vielen Folgesachen untereinander einigen.

Im Durchschnittsfall ist der Spielraum für Streit auch begrenzt. Vermögen ist selten vorhanden, die Einkommensverhältnisse sind eindeutig und damit auch die Berechnungsgrundlagen für die Unterhaltsforderungen; der typische Streit bei Unterhaltsauseinandersetzungen um die Anrechnungsfähigkeit von berufsbedingten Aufwendungen, Überstunden und Weihnachtsgeld lohnt sich kaum, wenn es dabei um Beträge von etwa 30,– DM geht.

Vor allem lohnt sich ein Unterhaltsstreit nach Ansicht einiger Anwälte dann nicht, wenn der Ehemann zahlungsunfähig ist. Bei durchschnittlichem Einkommen ist dies ein häufiger Fall, wenn Kindesunterhalt für mehr als ein Kind gezahlt und Schulden getilgt werden müssen. Der verbleibende Unterhaltsanspruch für die Frau wäre so gering, daß es in der Regel für sie günstiger ist, von Sozialhilfe zu leben. Die Unterhaltszahlung durch das Sozialamt ist nicht nur höher, sondern auch sicherer als die des geschiedenen Ehemannes.

Das Bild des Anwalts als kämpferischer Vertreter von Mandanteninteressen scheint zumindest im Bereich des Scheidungsrechts zu verblassen. Der Anwalt versteht sich als Friedensstifter, Streitschlichter und Vermittler. Zwei weitere Faktoren scheinen hierbei eine Rolle zu spielen, nämlich ein spezifisches Verständnis von anwaltlicher Kompetenz zum einen, und zum anderen die besondere Beziehung der Streitgegner zueinander.

Die Besonderheit ist darin zu sehen, daß die Streitenden eine Familie bilden, die durch eine Scheidung zwar aufgelöst, aber nicht völlig zerstört werden darf, wenn gegenseitige Verpflichtungen weiterbestehen sollen und zukünftige Kontakte notwendig werden wegen der gemeinsamen Kinder. Ein Restbestand an familialer Konsensfähigkeit ist nicht nur wünschenswert in Hinblick auf die Aufrechterhaltung der Beziehung zwischen Kindern und Eltern, sondern vor allem auch notwendig hinsichtlich der Funktionsfähigkeit der für die Zukunft getroffenen Regelungen, wie etwa Unterhalt und Besuchsrecht. Das heißt: angesichts der möglichen Vollstreckungsprobleme in diesen Bereichen sind solche Regelungen auf ein gewisses Maß freiwilliger Befolgung angewiesen und müssen daher von den Beteiligten halbwegs akzeptiert sein.

Eine weitere Erklärung für die Vergleichsbemühungen der Anwälte ergibt sich vielleicht aus ihrem Verständnis von professioneller Kompetenz. Die Suche nach geeigneten Konfliktlösungsmöglichkeiten dem Gericht zu übertragen bedeutet danach das Eingeständnis mangelnder Kompetenz, mangelnder Entscheidungsfähigkeit; es bedeutet, dem Mandanten kein optimales Ergebnis anbieten zu können, sondern ihn dem Risiko einer Gerichtsentscheidung auszusetzen. Nicht in der buchstabengetreuen Applizierung des Rechts erweist sich anwaltliche Kompetenz, sondern in der souveränen Handhabung rechtlicher Spielräume, d. h. in der Gestaltung ausgeklügelter Verträge, die die gesetzlich vorgegebenen Regelungen quasi »umgehen«, zugleich aber gesetzlich zulässig sind. Dem Mandanten wird der Eindruck vermittelt, daß ihm aus der Vereinbarung materielle Vorteile erwachsen, die bei strikter Rechtsanwendung nicht zu erwarten gewesen wären, oder doch zumindest Vorteile dadurch, daß die Vereinbarung auf seine individuellen Bedürfnisse zugeschnitten ist. Die Leistung des Anwalts – der der Gegenseite Kompromisse abgerungen hat – wird damit sichtbar, der Anwalt hinterläßt zufriedene Mandanten.

Zu diesem Kompetenzverständnis gehört auch, daß die Kompetenz des Anwalts sich darin erweist, sein Konfliktlösungskonzept dem Mandanten – und natürlich auch der Gegenseite – als optimal »verkaufen« zu können. Mit überwiegender Mehrheit rechnen es sich denn auch die Anwälte selbst zu, wenn es zu einer Einigung der Parteien kommt. Dazu ein Zitat:

»... im Grunde läuft das zwischen den beiden Anwälten, die versuchen, eine Einigung zu treffen. Es läuft in der Regel so ab, daß du mit deinem Mandanten, deiner Mandantin in etwa absprichst, was da gefordert werden soll, daß du dann die Gegenseite anschreibst und diesen Vorschlag machst, und alles andere läuft dann in der Regel telefonisch doch ziemlich an den Mandanten vorbei und dann mußt du dem das Ergebnis irgendwie verkaufen«. (36)

Die hohen Vergleichsquoten bei den Scheidungsfolgesachen deuten darauf hin, daß der Einfluß der Anwälte auf die Mandanten in der Tat beträchtlich sein muß. Eine junge Anwältin meint dazu:

»Ich habe eine Menge Mandantinnen. Wenn ich denen sage: ›Vergleichen Sie sich‹, dann tun die das. Ich hab also ein oder zwei, wo das schwierig ist, gerade bei Männern wird's schwierig... Normalerweise sind die Frauen, also wenn ich ihnen sage: ›so und so machen Sie das, das ist sinnvoll‹, dann machen die das auch«. (45)

Vielleicht – so jedenfalls drängt sich hier der böse Verdacht auf – laufen viele Scheidungen auch deshalb so reibungslos ab, weil es in der Mehrzahl Frauen sind, die sich anwaltlich vertreten lassen, sich also vielleicht zu häufig widerstandslos Vereinbarungen aufschwatzen lassen, die sicherlich nicht immer zu ihren Gunsten ausfallen.

Wahrscheinlicher aber ist, daß den Anwälten ein Repertoire an Strategien zur Verfügung steht, die den Mandanten kaum eine Wahl lassen, als sich den Vorschlägen des Anwalts zu fügen. Das erfolgreichste Mittel, eine kämpferische Haltung bei den Mandanten zu dämpfen, scheint dabei der Hinweis auf die drohenden finanziellen Kosten streitiger Verfahren zu sein. Mandanten, die aufgrund der Prozeßkostenhilfe-Berechtigung diese Kosten nicht selbst zu tragen haben, wird ein Vorschuß abverlangt, um sie von ihren Klageabsichten abzubringen. Im übrigen steht den Anwälten auch ein umfangreiches Arsenal an Argumenten zur Verfügung, um den Mandanten die Vorteile von Vereinbarungen vor Augen zu führen.

Anwaltliche Argumentationsmuster. Die Vorteilhaftigkeit von Vereinbarungen ergibt sich weitgehend aus den Risiken, die mit streitigen Verfahren verbunden sind. Die Kalkulation solcher Risiken basiert vor allem auf vier Faktoren, nämlich finanzielle Kosten, Zeit, Rechtsprechung und Beziehung der Scheidungssuchenden untereinander.

Erstens: Kosten. Streit kostet Geld, Vereinbarungen sind billiger – so etwa lautet das wohl überzeugendste und damit erfolgreichste Argument der Anwälte. Zur Begründung wird angeführt, daß bei einverständlichen Regelungen ein zweiter Anwalt gespart werden kann, weniger Gebühren anfallen und die Kosten über eine Niedrigansetzung des Streitwerts nach unten manipuliert werden können. Für Fälle, in denen Vermögen vorhanden ist, seien Vereinbarungen auch wirtschaftlicher, weil damit der Instanzenweg ausgeschlossen wird, der die Verfahren erheblich verteuern kann.

Zweitens: Zeitdauer. Die Zeitdauer streitiger Verfahren dürfte ebenfalls von abschreckender Wirkung sein. Wer sich scheiden lassen will – und oft sind es ja die Frauen –, möchte die Scheidung schnell hinter sich bringen, um sein Leben unbelastet neu organisieren zu können; er oder sie fürchtet die nervliche Belastung jahrelangen Streits und jahrelanger Ungewißheit. Eine Vereinbarung bedeutet eine rasche Klärung der Lage für beide Beteiligten, für die auch magere Verhandlungsergebnisse in Kauf genommen werden.

Drittens: Rechtsprechung. Mit dem Verweis auf die Rechtsprechung können Mandanten in manchen Fällen ebenfalls von ihrem Wunsch nach Rechtsdurchsetzung abgebracht werden. Handelt es sich um relativ unkomplizierte Fälle, dann wird argumentiert, das Ergebnis einer Streitentscheidung sei prognostizierbar, der Streit damit überflüssig, weil man auf dem Vergleichswege zu einem ähnlichen Ergebnis kommen könne. Bei rechtlich komplizierteren Fällen wird auf das Risiko eines ungewissen Prozeßausgangs hingewiesen, bzw. einer noch unklaren oder unsicheren OLG-Rechtsprechung.

Viertens: Persönliche Beziehung. Anwälte versuchen ihren Klienten Vereinbarungen mit dem Hinweis auf die positiven Folgen im emotionalen Bereich nahezubringen. So plädieren sie für Vereinbarungen, damit nicht das »letzte Stück an Gemeinsamkeit« mit Prozessen zerschlagen werde, immer in Hinblick auch auf die gemeinsamen Kinder, derentwegen man »miteinander Kontakt halten« müsse.

Fünftens: Argumente, die sich an Frauen richten. Viele Anwälte scheinen dem Prinzip zu folgen: gegenseitige Unabhängigkeit der Parteien nach der Scheidung bei gleichzeitiger wirtschaftlicher Sicherung. Erreichbar ist dies nur, wenn Frauen berufstätig sind oder werden wollen, auf Unterhaltsforderungen verzichten und sich statt dessen mit der Überschreibung von Vermögenswerten oder Bargeldzahlungen abfinden lassen. Solche Vereinbarungen sind in der Regel – trotz momentaner finanzieller Belastung – für die Männer vorteilhaft, weil sie deren Unterhaltspflichten zeitlich begrenzen. Diese können auch nicht wieder aufleben bei erneuter Bedürftigkeit der Frau. Die Vorteilhaftigkeit für die Frauen dagegen ist weniger eindeutig und erfordert einen höheren Argumentationsaufwand seitens der Anwälte.

Die Vorteile des gegenseitigen Unterhaltsverzichts werden damit begründet, daß der Unterhaltsanspruch der Frau sich in eine Unterhaltsverpflichtung umkehren kann, wenn der Mann aufgrund eines Unglücksfalles arbeitsunfähig wird. Die Abhängigkeit von Unterhaltszahlungen sei zudem mit weiteren Risiken verbunden: der Unterhaltsverpflichtete kann arbeitslos werden, seine Zahlungen unregelmäßig entrichten oder sie einstellen, und im Falle seines Todes fallen sie ganz aus. Mit dem Hinweis auf derartige Risiken wird den Frauen der Unterhaltsverzicht erleichtert, wenn ihnen gleichzeitig Kompensationen in Form von Eigentum angeboten werden, das sicheren Besitz darstellt – im Gegensatz zu Unterhaltszahlungen, denen sie »hinterherlaufen« müßten.

Für den Fall, daß Frauen auf Unterhalt angewiesen sind, weil kein Vermögen vorhanden ist und ihr eigener Verdienst zur Existenzsicherung nicht ausreicht, wird ihnen häufig eine Reduzierung ihrer Unterhaltsforderungen nahegelegt mit der Begründung, dem Mann müsse die Arbeitsfreude erhalten bleiben. Typisch für diese Begründung ist folgende Äußerung:

»... daß man ihr sagt: ›gut, mach' Deine Kuh, ... von deren Milch Du leben willst, mach' sie nicht wütend, schlachte sie nicht, reduziere Deine Vorstellungen etwas und handle Dir meinetwegen z. B. dafür die Klausel ein, daß Dein Eigenverdienst bei dieser Unterhaltsbemessung nicht angerechnet wird‹.« (5)

Der Gegner muß also geschont werden, damit er seine Arbeit nicht aufgibt.

Sofern nicht die Betreuung kleinerer Kinder eine Berufstätigkeit faktisch ausschließt, wird den Frauen zur Rückkehr ins Arbeitsleben geraten. Kein Anwalt, und sei er noch so konservativ, der nicht die positive Bedeutung der Berufsarbeit für Frauen anzupreisen wüßte: sie verschafft nicht nur ökonomische Unabhängigkeit, sondern vermittelt Zukunftsperspektiven, neue Kontakte und Beziehungen, frischen Lebensmut und gestärktes Selbstbewußtsein. Zur Illustration ein Beispiel:

»... die Frauen sind bei mir also schlecht dran, ... die also nun kommen und sagen: ›Nun setzen Sie mal für mich ordentlich die Unterhaltsansprüche durch.‹ Ich sage immer: ›Denken Sie erst mal nach, ob Sie sich damit einen Gefallen tun ... Wollen Sie jetzt Ihr Leben lang zuhause sitzen und auf diese paar Mark immer warten, meinetwegen Ihre 1000 oder 1200 Mark? Nun stellen Sie sich mal vor, Sie würden in Ihren Beruf jetzt nochmal richtig einsteigen und kriegten 2000, dann könnten Sie leben ...

Denken Sie an sich... Arbeit hat ja auch einen menschlichen Wert... Das... lenkt ja ab von dem Problem. Sonst sitzen Sie und grämen sich den ganzen Tag über diese Problematik und denken immer nur an die gescheiterte Ehe... während Sie so ja wieder neuen und frischen Lebensmut kriegen.‹« (22)

Nachteile von Vergleichen. Der Hauptnachteil von Vergleichen wird darin gesehen, daß Vereinbarungen die Verhältnisse so festschreiben, wie sie zum Zeitpunkt der Scheidung bestehen, sich mithin einer veränderten Lage zu einem späteren Zeitpunkt nicht automatisch anpassen. »Man denkt nicht an Entwicklungen«, so sagt ein Anwalt, »die man nachher manchmal einfach gar nicht mehr korrigieren kann, ... weil der Vergleich dasteht, und an den ist man dann ewige Zeiten gebunden.« (20) Dies kann sich für den Mandanten insbesondere dann als nachteilig herausstellen, wenn sich das Gesetz oder die Rechtsprechung zu seinen Gunsten ändert, wie dies z. B. beim Differenzunterhalt geschehen ist durch eine zunehmend restriktivere Rechtsprechung sowie generell im Unterhaltsrecht durch die 1986 in Kraft getretene Reform.

Die Risiken, die aus der Festschreibung einer Regelung für alle Zeiten erwachsen können, sind jedoch für Frauen ungleich höher zu veranschlagen als für Männer. In der mangelnden Anpassungsfähigkeit an veränderte Verhältnisse, so meint ein junger Anwalt,

»liegt eine Fragwürdigkeit von Vereinbarungen, weil man alle Möglichkeiten des Lebens doch nicht abschätzen kann und nicht alle Risiken abdecken kann, die gerade bei Frauen sicherlich noch mehr gegeben sind als bei Männern, so daß man mit einem Bein eigentlich immer als Anwalt im Regreß steht, wenn man einer Mandantin rät, auf Unterhalt zu verzichten oder eine Unterhaltsvereinbarung zu treffen, wo die an sich bestehenden Unterhaltsansprüche nicht in voller Höhe ausgeschöpft werden«. (15/2)

Deshalb dürfe man, so seine Schlußfolgerung, wenn man Frauen vertritt, schon von vornherein weniger geneigt sein, Vereinbarungen zu treffen als bei Männern. Geteilt wird diese Einschätzung offenbar auch von den Anwälten, die auf die Gefahren von Unterhaltsverzichtsvergleichen hinweisen. Sie halten solche Vergleiche bei der derzeitigen Arbeitsmarktlage für nicht verantwortbar, da man nicht sicher sein könne, daß den Frauen eine Existenzsicherung durch eigene Arbeit gelingen werde. Auch die Kompensation solcher Verzichte in Form einer Bargeldabfindung sei nicht zur Existenzsicherung geeignet.

Abschließend sei noch einmal darauf hingewiesen, daß diese skeptische Haltung zur Vergleichspraxis nur bei einer Minderheit von etwa 10% anzutreffen ist, die ansonsten wenig gemeinsame Merkmale aufweist. Leicht überrepräsentiert sind in dieser Gruppe sowohl ältere Anwälte als auch Frauen, was angesichts der geringen Größe dieser Gruppe aber keine weiteren Schlüsse zuläßt. Bedenken, daß Vergleiche tendenziell eher zu Lasten der Frauen gehen könnten, werden – mit einer Ausnahme – von den Anwältinnen nicht geäußert.

III. Die Vergleichspraxis – Einige Aspekte der Bewertung

Zwei Fragen drängen sich auf:

Erstens: Warum akzeptieren so viele Frauen Vergleiche, obwohl sie dadurch auf Rechtsansprüche verzichten?

Zweitens: Was bedeutet dies für das Scheidungsrecht als gesellschaftspolitisches Instrument zur Verwirklichung der Gleichberechtigung?

Die Vergleichsbereitschaft von Frauen

Befolgen Klienten – insbesondere die Frauen unter ihnen – die Vergleichsvorschläge ihrer Anwälte in so hohem Maße, weil sie der Autorität der Anwälte so wenig entgegenzusetzen haben, oder haben sie vielleicht auch gute Gründe dafür? Ist es vielleicht tatsächlich so, daß Frauen zu rigider Rechtsverfolgung nicht bereit sind, vor der Ausnutzung von Rechtspositionen zurückschrekken, weil sie sozialisationsbedingt nach Harmonie und Ausgleich streben? Sind Distanz und Fremdheit rechtlichen Angelegenheiten gegenüber Merkmale weiblicher Existenz? Sind die Tendenzen zum Anspruchsverzicht ihrem als typisch geltenden Mangel an Durchsetzungsvermögen geschuldet oder als typisch weibliche Verzichtsbereitschaft interpretierbar? Oder kann diese Art von Rechtsverzicht auch Ergebnis einer Art Kosten-Nutzen-Analyse sein, Ausdruck mithin rationalen Kalküls? Und welche Faktoren könnten diesem Kalkül zugrunde liegen?

Erstens: Möglicherweise spielen gerade für Frauen, die in der Regel wenig Geld zur Verfügung haben, Zeit- und Kostenkalkulationen eine besondere Rolle. Vereinbarungen bieten den Vorteil, preiswert zu sein, das Verfahren zu beschleunigen und damit auch die psychischen Kosten bzw. die nervliche Belastung zu mindern.

Zweitens: Das Scheidungsrecht scheint nur begrenzt als Interessendurchsetzungsinstrument tauglich. Die kompromißlose Durchsetzung eigener Rechtsansprüche läßt sich immer auch als Ausdruck für die völlige Zerrüttung der Ehebeziehung deuten. Der Rückzug auf formale Rechtspositionen indiziert einen Mangel an Gesprächsbereitschaft und Verständnis für die Lage der Gegenseite und ignoriert zugleich die vorrechtlichen Konfliktlösungsmöglichkeiten auf der Beziehungsebene. Die Beendigung einer Ehe bedeutet in vielen Fällen jedoch nicht das Ende der Beziehung oder Kommunikation überhaupt. Der familiale Charakter der Beziehung fördert Kompromißbereitschaft, die Suche nach einer Lösung, die keine verbitterten Gegner zurückläßt; und dies sicher verstärkt, wenn gemeinsame Kinder vorhanden sind und ihnen eine ungestörte Beziehung zu beiden Elternteilen ermöglicht werden soll.

Drittens: Schließlich hängt die Praktikabilität von Scheidungsregelungen von deren Konsensfähigkeit ab, d.h. die getroffenen Regelungen sind in großem Maße auf die Zustimmung beider Parteien angewiesen, weil andernfalls mit Vollstreckungsproblemen zu rechnen wäre, von denen besonders Frauen nachteilig betroffen wären, da sie in der Regel die Anspruchsberechtigten sind.

Viertens: Es wäre auch denkbar, daß das Rechtsbewußtsein vieler Frauen sich nicht am geltenden Recht orientiert, sondern an vermeintlichen oder realen Moralmaßstäben, die entweder geteilt oder doch zumindest gefürchtet werden. Anspruchsverzicht kann sich als Ausweg aus einer konflikthaften Lage anbieten, wenn das Verfolgen legitimer Rechtsansprüche auf das Unverständnis oder gar die Mißbilligung der Umwelt stößt. Die Diskrepanz zwischen Moral und Scheidungsrecht – und das jüngste Unterhaltsänderungsgesetz ist erneuter Beleg für sie – betrifft vor allem Frauen: da sie im Scheidungsfalle die gängige Moral seltener auf ihrer Seite haben, bleibt ihnen wenig, womit sie dem von allen Seiten erzeugten Druck standhalten könnten. Also verzichten sie.

Die rechtspolitischen Dimensionen lassen sich deutlich machen, wenn man die Ergebnisse auf ihre Folgen für Gesetzgebung, Rechtssicherheit und Gesellschaftssteuerung überprüft.

Erstens: Im Hinblick auf die Gesetzgebung zeigt sich, daß Reformbemühungen, indem sie sich an der Rechtsfortbildung der obersten Gerichte orientieren, an der Rechtswirklichkeit der überwiegenden Anzahl von Scheidungsfällen vorbeigehen, da diese Wirklichkeit offenbar nicht zur Kenntnis derjenigen gelangt, die am Gesetzgebungsprozeß beteiligt sind, und sie kann auch nicht dorthin gelangen, da sie sich in der Öffentlichkeit gerichtlicher Entscheidungen nicht repräsentiert.

Zweitens: Es stellt sich die Frage nach der Gewährleistung von Rechtssicherheit, wenn legitime Rechtsansprüche unter dem Druck der Verhältnisse als Verhandlungsmasse gehandelt werden, weil das Ausreizen dieser Ansprüche gesellschaftlich unerwünschte Folgen nach sich ziehen würde.

Drittens: Die Steuerungsfähigkeit von Recht steht erheblich dort in Frage, wo sich zeigt, daß seine Implementation auf dem Verhandlungswege zu Anwendungsstrategien gelangt, die im Ergebnis den gesetzgeberischen Intentionen nicht entsprechen, womöglich sogar widersprechen. Zumindest lassen die Ergebnisse kaum den Schluß zu, daß die Anwendung des neuen Scheidungsrechts die Gleichstellung der Geschlechter vorangetrieben hätte. Dies kann zynisch nur der behaupten, der in Unterhaltsverzichtsvereinbarungen eine Stärkung des Prinzips der ökonomischen Eigenverantwortlichkeit sieht. Recht erweist sich da als untaugliches Instrument sozialen Wandels, wo seine Durchsetzung auf dem Verhandlungswege stattfindet bzw. durch die Vertragsfreiheit der Parteien unterlaufen werden kann.

Viertens: Vereinbarungen belassen den Parteien zwar mehr Autonomie als die autoritative Konfliktentscheidung durch den Richter, sie unterstreichen zugleich aber auch den nur scheinbar privaten Charakter von Ehescheidungen, verstellen also den Blick darauf, daß Scheidungen auch Ausdruck gesellschaftlicher Probleme sind, die sich auf die Familien auswirken; Probleme beispielsweise, die in der Arbeitsorganisation begründet sind, sich aus geschlechtsspezifischer Rollenverteilung entwickeln oder aus Arbeitslosigkeit folgen. Dasselbe gilt für die Folgen der Scheidung. Hier wird leicht übersehen, daß eine Scheidung gesellschaftliche Kosten mit sich bringt, indem sie soziale Ungleichheit durch sozialen Abstieg verschärft, der insbesondere die Frauen trifft, die infolge einer Scheidung zu Sozialhilfeempfängerinnen werden. Diese Privatisierung der Scheidungskosten erspart Staat und Gesellschaft kompensatorische Maßnahmen, die dem neuen Familienrecht erst seinen Stellenwert als gesellschaftspolitisches Steuerungsinstrument garantieren könnten.

Anmerkungen

1 Die Befragung der Bremer Rechtsanwälte und Rechtsanwältinnen wurde unter Mitwirkung von Rüdiger Lautmann, Egbert Schmidt und Jutta Limbach durchgeführt. Die Untersuchung ist zugleich Teil eines größeren Projekts, das von Ute Gerhard und Rüdiger Lautmann entwickelt und geleitet wurde. Vgl. dazu R. Lautmann, *Die Gleichheit der Geschlechter und die Wirklichkeit des Rechts,* (Forschungsbericht) Bremen 1985. Der Stiftung Volkswagenwerk sei an dieser Stelle für die Finanzierung des Forschungsprojekts gedankt.

2 Der Befragung von Anwälten korrespondierte eine Befragung von geschiedenen Frauen, die von Egbert Schmidt durchgeführt wurde. Vgl. Lautmann, *Gleichheit der Geschlechter,* a. a. O.

3 L. Müller-Alten, *Ehescheidung und Scheidungsverträge,* Frankfurt 1984. Das dieser Arbeit zugrundeliegende Datenmaterial entstammt einem Forschungsprojekt unter der Leitung von Beatrice Caesar-Wolf und Barbara Willenbacher.

4 Die Zahl hinter den jeweiligen Zitaten kennzeichnet die Nummer des entsprechenden Interviews.

Wolfgang Voegeli

Frauen im Prozeß der Ehelösung – Auswirkungen des neuen Unterhaltsrechts

1. Änderungen des Scheidungs- und Scheidungsfolgenrechts

Das am 1. 4. 1986 in Kraft getretene Gesetz zur Änderung unterhaltsrechtlicher, verfahrensrechtlicher und anderer Vorschriften (BGBl I, S. 301) soll nicht nur den bisher ergangenen Entscheidungen des Bundesverfassungsgerichts[1] Rechnung tragen, sondern der Begründung des Gesetzentwurfs (BT-Drucks. 10/2888) zufolge mehr Einzelfallgerechtigkeit verwirklichen. Das Gesetz sieht u. a. vor, daß der Unterhalt wegen Erwerbslosigkeit und der Aufstockungsunterhalt künftig zeitlich begrenzt werden können,

»soweit insbesondere unter Berücksichtigung der Dauer der Ehe sowie der Gestaltung von Haushaltsführung und Erwerbstätigkeit ein zeitlich unbegrenzter Unterhaltsanspruch unbillig wäre; dies gilt i. d. R. nicht, wenn der Unterhaltsberechtigte nicht nur vorübergehend ein gemeinschaftliches Kind allein oder überwiegend betreut hat oder betreut« (§ 1573 Abs. 5 n. F.).

Das gleiche soll künftig für die Bemessung des Ehegattenunterhalts nach den ehelichen Lebensverhältnissen gelten. Gem. § 1578 Abs. 2 S. 2 n. F. kann nach einer gewissen Zeit der Unterhalt auf den »angemessenen Lebensbedarf« begrenzt werden. Weiterhin wurde die Härteklausel des § 1579 geändert, die einen Unterhaltsausschluß im Falle grober Unbilligkeit vorsieht: Erstens wird eine Herabsetzung oder zeitliche Begrenzung nun ausdrücklich vorgesehen, was aber der bisherige Wortlaut schon gestattete.[2] Zweitens wurde Abs. 2 aufgehoben, der den Unterhalt des kinderbetreuenden Ehegatten auch im Falle grober Unbilligkeit für unverwirkbar erklärte. Statt dessen müssen bei der wertenden Bestimmung dessen, was grob unbillig ist, die Belange der zu betreuenden Kinder gewahrt bleiben. Schließlich wurde § 1568 Abs. 2 aufgehoben, so daß in Zukunft zeitlich unbegrenzt geltend gemacht werden kann, die Scheidung stelle eine grobe Härte für einen Partner dar.

Sowohl der Gesetzgeber als auch die interessierte Öffentlichkeit verbinden mit diesem Gesetz den Wunsch bzw. die Befürchtung, es werde in Zukunft zu weniger Unterhaltsansprüchen kommen. Demgegenüber werde ich in diesem Beitrag zu zeigen versuchen, daß das Gesetz keine nennenswerten praktischen Auswirkungen auf die Unterhaltsquote haben wird. Vielmehr wird es seine Wirkungen auf einer rein symbolischen Ebene entfalten, indem es die Kategorie des Verschuldens aufwertet. Auch die These, die Unterhaltsquoten nach dem bisherigen Recht seien so niedrig, daß man eine krasse Unterausschöpfung der gesetzlich möglichen Unterhaltsansprüche annehmen müsse, ist nach jetzigem Erkenntnisstand nicht haltbar. Vielmehr wird die niedrige Unterhaltsquote bestimmt durch mangelnde Leistungsfähigkeit der Männer einerseits und die von der Rechtsprechung entwickelten Berechnungsmethoden andererseits. Das neue Gesetz verhindert daher aller Wahrscheinlichkeit nach auch nicht ein stärkeres Geltendmachen von Unterhaltsansprüchen, weil solche der Rechtsprechung zufolge auch bisher nicht existierten. Kritikwürdig ist daher nicht so sehr der Inhalt des neuen Unterhaltsrechts, sondern die im Gesetzgebungsverfahren deutlich gewordene Gleichgültigkeit der jetzigen Regierung gegenüber der Armut geschiedener Frauen mit minderjährigen Kindern. Die Gesetzesbegründung ist geprägt einerseits von bestimmten Gerechtigkeitsvorstellungen, die nicht weiter erörtert werden, andererseits von Annahmen über die soziale Realität, die empirisch nicht überprüft sind. Dies ist für eine folgenreiche rechtspolitische Diskussion zwar fast schon alltäglich, gleichwohl einer rationalen Entscheidungsfindung nicht gerade förderlich. Gerechtigkeitsvorstellungen müssen erläutert, die dahinterstehenden Konzepte von Familie und Familienrecht müssen deutlich werden. Im folgenden werden die bestehenden idealtypischen Familienrechtskonzepte dargestellt, um altes und neues Recht entsprechend einzuordnen. Die Behauptung, das alte Scheidungsrecht habe zu Unzuträglichkeiten geführt, ist bezüglich ihrer faktischen Basis einer empirischen Überprüfung zugänglich. Bezüglich der Implementation der sozial- und familienpolitischen Ziele, die mit der Scheidungsrechtsreform von 1977 verfolgt wurden, liegen inzwischen einige empirische Arbeiten vor[3], deren Ergebnisse, soweit sie hier relevant sind, diskutiert werden sollen.

2. Idealtypen des Scheidungsrechts

Die rechtspolitische Diskussion um das Scheidungsrecht findet schon seit dem 19. Jahrhundert im Spannungsfeld zwischen zwei idealtypischen Konzepten eines Eherechts statt: einerseits einem autoritär-institutionellen, andererseits einem freiheitlich-individualistischen.[4]

Das institutionelle Konzept geht davon aus, daß die Ehe der individuellen Verfügung entzogen sein muß. Dahinter steht die Auffassung, eine durch das Verschuldensprinzip erschwerte Scheidung mit scharfen Sanktionen für Verschulden entfalte generalpräventive Wirkung. Damit soll die Basisinstitution Familie in der vorgefundenen patriarchalisch-hierarchischen Form, die den hierarchischen Strukturen in Betrieb und Gesellschaft entspricht, gesichert werden.[5] Mit dem Zerfall dieses traditionalistischen Konzepts, der einhergeht mit der Entleerung des rechtlichen Inhalts von Ehe, der faktisch freien Ehescheidung und der stärkeren Regulierung von Scheidungsfolgen[6], entsteht ein neues institutionalistisches Konzept: Ehe und Familie als tendenziell lebenslanger ökonomischer Zwangszusammenhang, der Reproduktions- und Sozialisationskosten soweit wie möglich privatisieren soll. Die von der höchstrichterlichen Rechtsprechung normierte generell fortwirkende Verantwortung der Ehegatten füreinander über die Beendigung der Ehe hinaus ist ein Ausdruck dieses modernen Aspekts des institutionalistischen Konzepts. Es handelt sich um den Versuch, unter stillschweigender Anerkennung ihrer faktischen privaten Auflösbarkeit die Ehe als ökonomischen Zwangszusammenhang über ihre formale Beendigung hinaus zu perpetuieren. Die Wirkung wäre eine Privatisierung allgemeiner sozialer Existenzrisiken von der Eheschließung bis zum Tode des Ehegatten. Die Legitimation dieser fortwirkenden Verantwortung aus der Institution muß konsequenterweise auch eheliches Verschulden berücksichtigen, da der juristische Begriff der Institution Familie traditionell sehr stark das Moment der Loyalität enthält. Schuldhaftes, also illoyales Verhalten muß in dieser Denkweise zum Ausschluß von Unterhaltsansprüchen führen.

Demgegenüber geht das individualistische Konzept von einer partnerschaftlichen Struktur der Ehe aus.[7] In bezug auf Rechtsstruktur und politische Intentionen baut es auf gleichberechtigte Kommunikations- und Entscheidungsstrukturen und entwirft damit das Ideal einer Familie als Grundlage einer demokratischen Gesellschaft. In seinem Zentrum steht das Selbstbestimmungsrecht des Individuums, das die prinzipielle Auflösbarkeit auch der Ehe erfordert. Gleichzeitig gewährleistet es aber auch eine größere Funktionalität der modernen Familie durch Abbau unnötiger Reibungsverluste, die sich aus einem familiären Zwangszusammenhang ergäben.

Der politischen Intention nach waren und sind Gleichberechtigungskonzepte von den wesentlichen Akteuren bisher stets als sozialstaatlich-kompensatorische formuliert worden. Es ging nicht nur um formal gleiche Rechte, sondern stets auch um Kompensation für ökonomische Nachteile, die Ehegatten wegen der spezifischen Arbeitsteilung in der Ehe in Kauf genommen haben bzw. nach Scheidung durch Kindererziehung auch weiterhin in Kauf nehmen.[8] Gegenüber dieser materialen gewinnt allerdings eine formale Gleichberechtigungskonzeption zunehmend an Geltung, jedoch nicht als politisches Konzept, sondern als Effekt der mit der Zurücknahme staatlichen Zwangs erstarkten Vertragskategorie und Privatautonomie. Insbesondere die ökonomischen Beziehungen zwischen den geschiedenen Ehegatten unterliegen faktisch zwangsläufig privatautonomer Gestaltung, selbst wenn sie nicht als dispositives Recht gestaltet sind, denn zur Geltendmachung von Ansprüchen kann man nur sehr begrenzt gezwungen werden. Es zeigt sich hier, daß auf der Ebene des Familienrechts nur individualistische Ausgleichsregeln geschaffen werden können, die sozialpolitische Zielsetzungen über direkte private Umverteilung verfolgen.[9] Deren Durchsetzung bleibt prekär, solange nicht wie z. B. beim Versorgungsausgleich im Zusammenwirken zwischen Gerichten und Sozialversicherung quasi ohne Mitwirkung der Individuen über ihr Eigentum verfügt wird.

3. Implementation der Scheidungsrechtsreform

Im folgenden soll aufgezeigt werden, wie das Verhältnis zwischen institutionellen und individualistischen Elementen in zentralen Bereichen des Scheidungs- und Unterhaltsrechts normativ ausgestaltet ist und wie diese Normen durchgesetzt werden.

Implementation findet auf verschiedenen juristischen Ebenen statt, denen auch unterschiedliche Funktionen zukommen. In der ersten gerichtlichen Instanz geht es fast ausschließlich um die praktische Gestaltung von Lebensverhältnissen, notfalls mit dem hoheitlichen Mittel des Urteils, in Ehescheidungsprozessen typischerweise durch Vergleiche.[10] In den oberen Instanzen tritt diese Funktion zurück hinter eine dominierende andere: die ständige Reformulierung des Programms. Das Mittel ist typischerweise das Urteil. Hier werden bestimmte Ziele, die im Gesetzgebungsprozeß formuliert wurden, verstärkt, andere zurückgedrängt oder eliminiert. Für die direkte konkrete Gestaltung von Lebensverhältnissen haben diese Urteile wenig Relevanz, da nur 3,5% aller Scheidungsverfahren über die erste Instanz hinaus betrieben werden. Es ist daher fraglich, ob diese obergerichtliche Fortentwicklung des Rechtsprogramms für die Normalität der Verfahren der ersten Instanz direkt relevant wird, denn ihr liegen Ausnahmefälle problematischen Charakters zugrunde, deren Konfliktlagen nicht repräsentativ für die Verfahren der ersten Instanz sein können. Anzunehmen ist, daß für einen Teil der erstinstanzlichen Fälle durch die höchstrichterliche Rechtsprechung die Verhandlungsbasis verändert wird. Weiterhin ist zu vermuten, daß durch sie die Ansichten der Juristen über das gesamte Rechtsgebiet geprägt werden, weil sie die juristische Literatur dominieren.

3.1. Scheidungsrecht

Im Bereich des Scheidungsrechts ist das Prinzip der freien Auflösbarkeit durch die Vermutungstatbestände des § 1566 BGB ansatzweise normativ umgesetzt, allerdings mit Einschränkungen; denn es ist eine Mindesttrennungsfrist von einem Jahr und für die einverständliche Scheidung gem. § 630 Zivilprozeßordnung (ZPO) ein Einigungszwang für die meisten Scheidungsfolgen vorgesehen. Beide Elemente haben jedoch einen ambivalenten Charakter. Die Mindesttrennungsfrist enthält insofern ein institutionalistisches Element, als sie die Geltung der Ehe gegen den Willen des/der sofort scheidungsbereiten Ehepartner(s) aufrechthält. Gleichzeitig dient sie aber auch dazu, daß die Ehepartner vor Eintritt in ein rechtsförmiges Verfahren ihren Trennungsprozeß selbst praktisch durchführen. Durch § 630 ZPO sollen die Ehepartner einerseits gezwungen werden, die wichtigsten Scheidungsfolgen zu regeln unter der Annahme, daß die Berechtigten ihre materiellen Ansprüche dann auch geltend machen werden. Andererseits aber dient diese Regelung gerade dazu, die private Regelung möglichst ohne Rechtsstreit zu fördern.

Die freie Auflösbarkeit hat sich im wesentlichen als einverständliche Scheidung (§§ 1565 Abs. 1, 1566 Abs. 1) durchgesetzt. In über 80% der Fälle liegen deren Grundvoraussetzungen (einjährige Trennung und förmliche Zustimmung des Antragsgegners) vor.[11] Dazu trug auch die obergerichtliche Rechtsprechung bei, die die Bedingungen für eine Scheidung vor einjähriger Trennung wegen unzumutbarer Härte (§ 1565 Abs. 2) wesentlich erschwerte, indem sie diese auf das formale Verheiratetsein, nicht auf das Zusammenleben, bezog.[12]

Der Einigungszwang über die wesentlichen Scheidungsfolgen allerdings wird von den Gerichten pragmatisch reduziert. Rechtstechnisch wird diese Reduktion über den Grundtatbestand des § 1565 Abs. 1 vollzogen, zu dessen Annahme es inzwischen ausreicht, auf den gemeinsamen Scheidungswillen und die Trennung von einem Jahr zu verweisen.[13] Nimmt man sämtliche formalen Anforderungen ernst, dann erfüllten in den untersuchten Samples nur 10,5% aller Fälle die für eine einverständliche Scheidung normierten Voraussetzungen.[14] Schaut man nach den inhaltlichen Regelungskomplexen und fragt, ob diese in irgendeiner Weise abschließend thematisiert wurden, und läßt das Besuchsrecht außer acht, dann scheinen immerhin zwei Drittel aller Scheidungen die mit dem erweiterten Verbund verfolgten Zwecke zu erfüllen.[15] Die getroffenen Unterhaltsregelungen enthielten aber eine hohe Quote von Verzichten. Seit 1983 hat sich hier das Verhalten der Beteiligten zudem geändert. Die Regelungsdichte geht zurück, und das Verbundverfahren wird tendenziell entleert.[16] Nötig wäre daher eine neue Untersuchung des Ehegattenunterhalts nach Scheidung, die auch regionale Unterschiede und die isolierten Unterhaltsverfahren erfaßt.

Die Gerichte tendieren dahin, alle aufgeworfenen Fragen der Scheidungsfolgen einer einverständlichen Regelung per Vergleich zuzuführen, darüber hinaus aber selten von sich aus weitere Scheidungsfolgenregelungen anzuregen[17], obwohl sie durch § 630 ZPO in Verbindung mit der allgemeinen Hinweispflicht gehalten wären, darauf zu dringen, daß alle in § 630 ZPO bezeichneten Folgen auch einbezogen werden. Darin zeigt sich (wie auch bei den Anwälten; vgl. den Beitrag von Carola Schumann in diesem Band) ein Rationalisierungsdruck angesichts steigender Arbeitsbelastung durch steigende Scheidungszahlen. Es scheint, daß die Gerichte eine Vermeidungsstrategie haben: Alle Gegenstände, die nicht unbedingt geregelt werden müssen, bleiben unberücksichtigt; ansonsten werden nur solche Gegenstände geregelt, für die ein normativer (§ 623 ZPO: Versorgungsausgleich und elterliche Sorge) oder ein faktischer Regelungszwang existiert. Letzterer könnte sich daraus ergeben, daß die Parteien einen Regelungsbedarf anmelden, der bei Ignorierung u. U. zu späteren isolierten Folgeverfahren führen könnte. Diese Regelungen werden typischerweise per Vergleich getroffen. Dasselbe gilt für die seltenen, zusätzlich eingeführten Gegenstände, deren Thematisierung dazu dienen kann, andere Streitpunkte konsensfähig zu machen. Insgesamt ergibt sich so für die einverständliche Scheidung, daß ihre institutionalistischen Elemente weitgehend unwirksam bleiben, sie vielmehr zugeschnitten wird auf ein Modell vertraglichen Aushandelns. Dies gilt um so mehr, als auch die meisten anfänglich strittigen Scheidungen am Ende in allen Punkten konsentiert sind[17], aber eben nur in jenen, die die Parteien selbst zum Thema machen, und das sind immer weniger.

Institutionelle Barrieren sind daher im Scheidungsrecht nicht mehr wirksam. Das Verhalten der Eheleute ist in aller Regel nicht mehr Gegenstand juristischer Überprüfung. Die Diskussion um die Fünf-Jahres-Frist des § 1568 mutet angesichts des statistischen Nichtvorhandenseins dieser Fallgestaltung geradezu pathetisch an. Sie gehört in das Kuriositätenkabinett der Jurisprudenz und zeugt von der Weltfremdheit des fachlichen Diskurses bis hin zum höchsten Gericht.[18]

Die Durchsetzung eines individualistischen, an vertraglicher Auflösung orientierten Scheidungsrechts trifft aber auf eheliche Lebensverhältnisse, die nur z. T. partnerschaftlich und durch ähnliche ökonomische Ausgangsbedingungen geprägt sind. In den vielen Fällen, in denen Frauen wegen der traditionellen Rollenverteilung ökonomische Einbußen erlitten und für die Zukunft schlechtere Erwerbschancen haben, haben sie vermutlich auch faktisch schlechtere Verhandlungschancen. Wie sich diese angesichts weitgehender kompensatorischer Schutzvorschriften im Scheidungsfolgenrecht auswirken, soll am Unterhaltsrecht gezeigt werden. Denn anders als bei Vertragsverhandlungen im allgemeinen, in denen der sozial Stärkere seine allgemeinen Geschäftsbedingungen diktieren kann, werden Scheidungsfolgen typischerweise nicht bei der Eheschließung ausgehandelt, sondern bei der Scheidung. Hier ist die normative Position der geschiedenen Frau in der Bundesrepublik auch im internationalen Vergleich jedoch ausgezeichnet.

3.2. *Unterhaltsrecht*

Auf der Normebene findet sich eine widersprüchliche Gemengelage. Einerseits wurde das in der Gesetzesbegründung formulierte sozialpolitische Ziel der ökonomischen Eigenverantwortlichkeit der geschiedenen Ehepartner als Rechtsgrundsatz (§ 1569) umgesetzt, ebenso das Ziel der Absicherung ehebedingter Erwerbsnachteile[19], indem Kinderbetreuung (§ 1570), Alter (§ 1571), Krankheit (§ 1572), die Übergangszeit bis zur Aufnahme einer Erwerbstätigkeit (§ 1573 Abs. 1) und unzureichendes Einkommen (Aufstockungsunterhalt; § 1573 Abs. 2) als Unterhaltstatbestände normiert wurden. Andererseits aber wurden auch allgemeine Lebensrisiken durch Unterhaltsansprüche abgesichert und wurde durch sie eine nach der höchstrichterlichen Rechtsprechung unbedingte Lebensstandardgarantie (§§ 1573 Abs. 2 a. F., 1578 a. F.) gewährt. Dadurch wurde ein zu § 1569 konkurrierendes Prinzip eines lebenslangen ökonomischen Zwangszusammenhanges, begründet aus einer nachwirkenden ehelichen Verantwortung, eingeführt, das nach der gesetzlichen Systematik im Prinzip der ökonomischen Selbstverantwortung stets vorgeht. Es werden nicht mehr ökonomische Folgen von Vereinbarungen über eheliche Arbeitsteilung ausgeglichen, sondern die Ehe als institutioneller Zusammenhang wird als Grundlage für einen rentenähnlichen Unterhaltsanspruch angesehen. Diese Anlage im Gesetz wurde durch die höchstrichterliche Rechtsprechung noch verstärkt. Es wurden die dem Gesetz (§ 1578 a. F.) nach möglichen vielfältigen Interpretationen des Kriteriums »eheliche Lebensverhältnisse« nicht genutzt, diese vielmehr ausschließlich an den ehelichen Einkommensverhältnissen orientiert. Weiterhin wurde die schon in § 1579 Nr. 1 gegebene Möglichkeit, den Unterhaltsanspruch zeitlich und der Höhe nach im Verhältnis zur Ehedauer begrenzen, nicht genutzt. Ein Instrumentarium, das darauf reagiert, inwiefern die eigene Biographie des potentiell Unterhaltsberechtigten durch die eheliche Arbeitsteilung geprägt wurde, konnte so nicht entwickelt werden. Vielmehr wurde das *formale*

Band der Ehe noch stärker zur Grundlage des Unterhaltsanspruchs, als dies von Gesetzes wegen notwendig gewesen wäre.

Dadurch entstand in der juristischen Diskussion und auch in der Öffentlichkeit der Eindruck, daß die Ehe auch bei Scheidung ein lebenslanges Versorgungssystem sei, das nun ohne das Verschuldenskorrektiv des alten Rechtes schamlos ausgebeutet werden könne. Entsprechend reagierte die höchstrichterliche Rechtsprechung mit einem Ausschluß des Unterhaltsanspruchs nach § 1579 Abs. 1 Nr. 4 a. F. bei Aufnahme einer Beziehung zu einem anderen Partner.[20] Derartiges Verhalten wertet die Rechtsprechung in der Regel als illoyal und damit schuldhaft aber z. T. auch schon als objektiven Ausschließungsgrund. Auch der Entwurf der Bundesregierung läßt sich auf diesem Hintergrund begreifen. Er zielte nicht darauf ab, das Prinzip der ökonomischen Eigenverantwortung zu stärken, was ein flüchtiger Blick auf die Vorlage suggerieren könnte. Vielmehr wäre durch die offene Fassung der Billigkeitstatbestände in den §§ 1573, 1578 des Entwurfs jeglichem Verschuldensargument die Tür geöffnet worden. Der Wortlaut des Gesetzes hingegen bringt bei diesen beiden Vorschriften eine wesentliche Korrektur des Entwurfs. Insbesondere ist im Gesetz eine Kürzung oder Befristung von Unterhaltsansprüchen von geschiedenen Frauen, die nicht nur vorübergehend Kinder betreut haben oder betreuen, nahezu ausgeschlossen. Für die restlichen Fallgestaltungen ist jedenfalls nach dem Willen des Gesetzgebers eine Berücksichtigung von ehelichem Fehlverhalten im Rahmen der hier vorzunehmenden Billigkeitsabwägung nicht möglich.[21] Dieses kann daher lediglich im Rahmen des § 1579 Nr. 6 seine Wirkung entfalten.

Angesichts dieser normativen Gestaltung wird sich in der Praxis der Zuerkennung von Unterhaltsansprüchen nichts ändern. Diese These gilt auch für die gesetzliche Anerkennung der Ausschlußwirkung von ehelichem Fehlverhalten. Denn die Praxis nach der alten Fassung läßt keine Ausbeutung der Männer erkennen. Im Gegenteil, sie zeigt, daß es in aller Regel lediglich die Mütter und langjährigen Hausfrauen sind, die Unterhalt erhalten und dies in unzureichendem Maße:

Unterhaltsausschlüsse sind äußerst selten.[22] Im Verfahren allerdings werden Verschuldensargumente etwas häufiger benutzt. Sie haben auf dieser Ebene aber quantitativ keine feststellbaren Auswirkungen.[23] Es läßt sich jedoch vermuten, daß sie vorgerichtlich

Wirkungen entfalten. Auf der Hand liegt die Funktion der zahlreichen obergerichtlichen Urteile zum Ausschluß des Unterhalts wegen ehelichen Fehlverhaltens, den Sanktionscharakter des Scheidungsrechtes *symbolisch* zu erhalten. *Reale* Rückwirkungen der Verfestigung des Verschuldensprinzips sind jedoch angesichts der geringen Quote positiver Unterhaltsregelungen einerseits und der Übereinstimmung dieser Quote mit derjenigen unter Geltung des Verschuldensprinzips im alten Recht[24] andererseits – wenn man die Zahl der Familien mit Kindern konstant hält – nicht zu erwarten. Zudem stellt die Gesetzesfassung gegenüber dem Regierungsentwurf klar, daß in Übereinstimmung mit der Rechtsprechung des Bundesverfassungsgerichts die Interessen minderjähriger Kinder zu wahren und nicht nur zu berücksichtigen sind. Bei »Fehlverhalten« kann daher für Frauen mit minderjährigen Kindern lediglich der Unterhalt auf das zur Sicherung der Kindererziehung notwendige Maß reduziert werden – angesichts der geringen Unterhaltshöhen und der schlechten Einkommenslage geschiedener Frauen mit Kindern wahrscheinlich ein äußerst seltener Fall.

Die erzielten Unterhaltsquoten sind äußerst niedrig. Lediglich 18% aller geschiedenen Frauen erhalten Unterhalt wegen Kindererziehung (=30% der Frauen mit minderjährigen Kindern), 4% aufgrund anderer Ansprüche (=10% der Frauen ohne minderjährige Kinder). Männer erhalten ihn dagegen nur in unter 1% aller Fälle. Diese Unterhaltsquoten sinken im Laufe der Zeit zudem beträchtlich.[25] Aufstockungsunterhalt (§ 1573 Abs. 2), Unterhalt wegen Krankheit (§ 1572) spielen statistisch eine völlig unbedeutende, Übergangsunterhalt (§ 1573 Abs. 1) und Unterhalt zur Umschulung und Ausbildung (§§ 1575, 1574 Abs. 3) sowie Billigkeitsunterhalt (§ 1576) keine Rolle.

Auf den ersten Blick läßt die niedrige Unterhaltsquote, insbesondere bei alleinerziehenden geschiedenen Frauen, vermuten, daß hier das Gesetz nicht ausgeschöpft wird. Diese Vermutung wird noch bestärkt, wenn man sich den *sozialen* Unterhaltsbedarf ansieht. Indikator dafür ist die Erwerbstätigenquote verheirateter Frauen mit Kindern. Nur die Hälfte der Frauen mit einem Kind ist erwerbstätig, davon die Hälfte teilzeitbeschäftigt. Bei mehr Kindern liegen die Quoten niedriger.[25] Von daher wären Unterhaltsquoten von ca. 75% aller geschiedenen Frauen mit minderjährigen Kindern zu erwarten. Der Unterhaltsbedarf nach *rechtlichen* Kriterien läßt sich derzeit nur vermuten. Im folgenden sollen dafür wesentliche Faktoren für die etwa gleich großen Gruppen geschiedener Frauen mit/ohne minderjährige(n) Kinder(n) diskutiert werden.

In ca. einem Sechstel aller Fälle[26] ist ein neuer Partner der geschiedenen Frau bei Scheidung schon vorhanden. Bei Frauen ohne minderjährige Kinder wäre dann nach der Rechtsprechung und § 1579 Nr. 6 n. F. ein Unterhaltsausschluß zu erwarten. Das mag in vorgerichtlichen Verhandlungen eine Rolle spielen. Weiterhin haben 25 bis 30% der kinderlosen Frauen wegen kurzer Ehedauer (bis zu drei Jahren) keinen Anspruch. Berücksichtigt man diese beiden Gruppen, bleiben ca. 60% der geschiedenen Frauen ohne minderjährige Kinder als potentiell Anspruchsberechtigte. Davon werden etwa zwei Drittel unter 45 Jahre alt und zu 80% vor, zu 90% nach der Scheidung erwerbstätig sein; etwa ein Drittel wird über 45 Jahre alt und zu 33% vor, zu 60% nach der Scheidung erwerbstätig sein.[27] Zu erwarten ist also, daß ca. 12% aller geschiedenen Frauen ohne minderjährige Kinder voll auf Ehegattenunterhalt angewiesen sind. Das Potential für einen Aufstockungsunterhalt der erwerbstätigen geschiedenen Frauen ohne Kinder wird dadurch verringert, daß 20 bis 30% dieser Gruppe das gleiche Einkommen erzielen wie ihre Männer.[28] Diejenigen Frauen, die erst nach Trennung oder gar nach Scheidung wieder erwerbstätig wurden, haben wegen der dann zumeist anwendbaren Anrechnungsmethode zur Berechnung des Unterhalts eine relativ geringe Chance, Unterhalt zu erhalten.[29]

Die sog. Anrechnungsmethode geht davon aus, daß das Einkommen, das während der Dauer der Ehe erzielt wurde, den Maßstab für die ehelichen Lebensverhältnisse abgibt. Der nach diesem Einkommen berechnete Unterhaltsbedarf kann nach Scheidung auch durch eigene Erwerbstätigkeit gedeckt werden, sofern sie zumutbar ist. Das eigene Erwerbseinkommen wird dann auf den Unterhaltsbedarf angerechnet (vgl. das Beispiel in Anm. 34). Im Effekt führt dies dazu, daß in Fällen, in denen Ehefrauen während der Ehe nicht erwerbstätig waren, nur relativ geringe Unterhaltsbedarfe entstehen und diese sehr schnell durch eigenes Erwerbseinkommen nach Scheidung gedeckt werden. Die sog. Differenzmethode hingegen führt zu anderen Ergebnissen. Sie wird bei Doppelverdienerehen angewandt und führt zu Unterhaltsansprüchen in Höhe von zwei Fünfteln bis drei Siebteln der Differenz zwischen den beiden Nettoeinkommen nach Abzug eventuell zu zahlenden Kindesunterhalts. Dadurch, daß das Erwerbseinkommen des unterhaltsberechtigten Ehegatten schon in die Berechnung des Unterhaltsbedarfs eingeht, ergibt sich ein sehr viel höherer Unterhaltsbedarf als bei Einverdienerehen. Dieser Bedarf wird zwar auch zum großen Teil durch das eigene Einkommen gedeckt, aber bei sehr unterschiedlichen Einkommen niemals völlig, sofern keine minderjährigen Kinder vorhanden sind.

Ein Bedarf an Aufstockungsunterhalt besteht bei Anwendung der Anrechnungsmethode wohl nur bei denjenigen Frauen, die wegen Kindererziehung ihre Erwerbstätigkeit aufgegeben hatten und nun nach Volljährigkeit ihrer Kinder nach langer Ehe sich scheiden lassen. Bei den übrigen erwerbstätigen Frauen ohne minderjährige Kinder werden die Differenzen vermutlich nicht erheblich sein.

Dieses so ermittelte Unterhaltspotential wird dann noch durch mangelnde Leistungsfähigkeit des Unterhaltsverpflichteten weiter eingeschränkt. Hier spielen Arbeitslosigkeit, Ausbildungszeiten, Unterhalt für ein Kind mit einer neuen Partnerin, Schulden aus Haushaltsanschaffungen eine große Rolle. Danach ist eine wesentlich höhere Unterhaltsquote als die existenten 10% dieser Gruppe nicht zu erwarten.

Einen Unterhaltsanspruch haben geschiedene Frauen mit minderjährigen Kindern nur für die Erziehung gemeinsamer Kinder und nur, wenn ihnen die elterliche Sorge übertragen wird. In 3 bis 5% dieser Fälle finden Ehelichkeitsanfechtungen statt, in ca. 10% erhält der Vater die elterliche Sorge. Von den restlichen Frauen mit minderjährigen Kindern erhalten vollen Unterhalt nur diejenigen mit mindestens einem Kind unter acht Jahren.[30] Das betrifft ca. die Hälfte dieser Gruppe.[31] Eine Einschränkung ergibt sich für diese Gruppe aus ihrer teilweisen Erwerbstätigkeit (für 36% aller geschiedenen Mütter mit Kindern unter sechs Jahren im Bundesgebiet). Nicht immer ist eine Erwerbstätigkeit bei Erziehung kleiner Kinder unzumutbar. War das Kind bisher schon im Kindergarten oder bei einer Tagesmutter betreut worden, so kann dieses Arrangement auch nach der Scheidung zumutbar sein – dies um so mehr, wenn der Verpflichtete Unterhalt nach § 1581 zu leisten hat. Dann sind auch höhere Anforderungen an die Erwerbsverpflichtung des Berechtigten zu stellen.[32]

Für die restlichen geschiedenen Frauen besteht ohnehin eine Erwerbsverpflichtung, und zwar bei Kindern ab 15 bis 16 Jahren eine Pflicht zur Vollzeiterwerbstätigkeit. Die Erwerbstätigenquote für verheiratete Frauen mit Kindern unter 15 Jahren liegt bei 41% und steigt für geschiedene Frauen auf 66%.[33] Für diejenigen Mütter mit Kindern im Alter von 8 bis 15 Jahren liegt daher die Erwerbstätigenquote noch höher. Dasselbe ist zu vermuten für Mütter mit Kindern über 15 Jahren. Geht man davon aus, daß bei dieser Gruppe von Frauen der Anstieg der Erwerbstätigkeitsquote bei Trennung nicht dem ehelichen Lebensplan entsprach, sondern trennungsbedingt ist, so liegt die Vermutung nahe, daß wegen der dann anwendbaren Anrechnungsmethode kaum Unterhalt zu zahlen sein wird. Denn das erzielte Einkommen der Frauen wird in der Regel den nach den durch das Einkommen des Mannes geprägten ehelichen Lebensverhältnissen berechneten Unterhaltsbedarf decken.[34] Weiterhin ist zu berücksichtigen, daß in 10% aller Fälle nach Abzug des Kindesunterhalts bei beiderseitiger Vollerwerbstätigkeit gleiche Einkommen der Ehegatten bestehen. Schließlich liegt bei einem Viertel der Fälle dieser Gruppe mangelnde Leistungsfähigkeit der geschiedenen Väter vor.[35] Dies ist nicht verwunderlich angesichts der Tatsache, daß in der Scheidungspopulation junge Ehepaare einerseits und Angehörige der Unterschicht andererseits überrepräsentiert sind.[36] Auch die Anrechnungsvorschriften des § 1577 für Einkommen aus überpflichtmäßiger Erwerbstätigkeit werden einen Teil der Ansprüche zum Erlöschen bringen. Angesichts der großen Differenzen in der Unterhaltsrechtsprechung der Oberlandesgerichte bezüglich der Berechnung des Unterhalts wird die damit gegebene Rechtsunsicherheit zudem ein vorsichtiges Geltendmachen von Ansprüchen bewirken. Ein weiterer Unsicherheitsfaktor für alle Berechnungen ergibt sich daraus, daß die Einkommenslage in den Fällen, in denen Frauen, insbesondere solche mit Kindern, offiziell kein Einkommen beziehen, undurchschaubar ist. Oft mögen Einkommen aus nicht regulären Arbeitsverhältnissen (Putzstellen, Tagesmutter, etc.) vorliegen, an deren Offenbarung die Parteien kein Interesse haben. Es ist daher nicht sehr wahrscheinlich, daß die 30% Unterhaltsquote für Frauen mit minderjährigen Kindern eine krasse Unterausschöpfung der gesetzlichen Regelungen, wie sie durch die Obergerichte interpretiert werden, darstellt.[37]

Angesichts der geringen Unterhaltsquote, die keine Verbesserung gegenüber dem Zustand nach altem Recht gebracht hat und angesichts der geringen Höhe der Unterhaltsbeträge (zu 75% unter 600,– DM pro Monat)[38] ist das sozialpolitische Ziel der besseren Sicherung der Kindererziehung durch nachehelichen Ehegattenunterhalt nicht erreicht worden. Wesentlicher Faktor dabei ist vor allem die mangelnde Leistungsfähigkeit der Männer und die Auslegung der Unterhaltstatbestände bei der Entwicklung von Methoden zur Unterhaltsberechnung. Aber auch das institutionalistische Prinzip der Anbindung des Ehegattenunterhaltes an den Lebensstandard der Ehe bei kinderlosen Ehen hat sich nicht durchsetzen können; ein Aufstockungsunterhalt wird nur in seltenen Fällen gezahlt. Dasselbe gilt wahrscheinlich für die Absicherung allgemeiner Arbeitsmarktrisiken und Ausbildungskosten durch Unterhaltsgewährung. Derartige Ansprüche erscheinen statistisch ebenfalls nicht. Die betroffenen Ehegatten lehnen anscheinend die private Absicherung derartiger Risiken ab. Angesichts gestiegener Arbeitslosigkeit kann sich dies allerdings inzwischen geändert haben.

Durchgesetzt hat sich demnach der in § 1569 formulierte Grundsatz der ökonomischen Eigenverantwortlichkeit der Ehegatten nach Scheidung, mithin ein höchst individualistisches Modell der Ehegattenunterhaltsregelung. Der angestrebte Ausgleich für ehebedingte Erwerbsnachteile findet nur eingeschränkt statt. In der Praxis werden nur Kindererziehung und/oder lange Ehedauer als legitime Ursachen für Erwerbsnachteile kompensiert – und das in unzureichendem Ausmaß. Institutionalistische Konzeptionen spielen in der obergerichtlichen Rechtsprechung und damit für die Reformulierung des Familienrechtsprogramms zwar eine zentrale, praktisch für die Gestaltung der Lebensverhältnisse aber nur eine marginale Rolle.

Es findet ein Prozeß der Individualisierung und Entsolidarisierung statt. Die Konflikte werden nicht solidarisch geregelt, ihre Auswirkungen vielmehr auf den Arbeitsmarkt, die allgemeinen sozialen Sicherungssysteme und staatliche Dienstleistungen für Kindererziehung verschoben. Nicht familiale, sondern individuelle Autonomie scheint das vorherrschende Deutungsmuster zu sein, nicht professionelle Fürsorge, sondern effiziente Konfliktverwaltung prägt das Bild.[39]

Dieses Bild wird durch die neuen gesetzlichen Regelungen, wie gezeigt, nur symbolisch verschlechtert. Reduktion oder Ausschluß von Unterhaltsansprüchen wird es vermutlich nur in statistisch nicht relevanten Einzelfällen geben. Der Skandal ist, daß diese Einzelfälle und der aufgezeigte symbolische Konflikt die Gesetzgebungsmaschinerie in Gang setzen konnten. Die Armut vieler geschiedener Frauen und ihrer minderjährigen Kinder wird dagegen vom Gesetzgeber verdrängt.

Anmerkungen

1 BVerfGE 55, S. 134ff. – Zur Verfassungswidrigkeit des § 1568 Abs. 2; 57, S. 161ff. – Zur Verfassungswidrigkeit des § 1579 Abs. 2; BVerfG FamRZ (Zeitschrift für das gesamte Familienrecht) 1983, S. 342ff. – Zur Verfassungswidrigkeit des § 1587b Abs. 3 (§§ ohne Angabe sind solche des Bürgerlichen Gesetzbuches [BGB]).

2 OLG Düsseldorf, FamRZ 1983, 1139.

3 B. Willenbacher, *Stellungnahme zum Entwurf eines Gesetzes zur Änderung unterhaltsrechtlicher, verfahrensrechtlicher und anderer Vorschriften,* Protokoll der 54. Sitzung vom 12. 6. 1985 des 10. Ausschusses des Deutschen Bundestages; B. Caesar-Wolf, D. Eidmann, B. Willenbacher, *Ehelösung nach dem neuen Scheidungsrecht. Normstruktur und Verfahrenspraxis,* in: *Zeitschrift für Rechtssoziologie* 1983, S. 202ff.; B. Willenbacher, D. Eidmann, B. Caesar-Wolf, *Eine erste Bilanz zu den Auswirkungen des neuen Scheidungsfolgenrechts,* in: *Scheidung 83 – Eine Zwischenbilanz zum 1. Eherechtsreformgesetz, Loccumer Protokolle* 8/1983, S. 60ff.; L. Müller-Alten, *Ehescheidung und Scheidungsverträge,* Frankfurt 1984; ders., *Prozeßkostenhilfe in Ehesachen,* hg. v. Niedersächsischen Ministerium der Justiz, Hannover 1984; B. Caesar-Wolf, D. Eidmann, *Gleichberechtigungsmodelle im Scheidungsfolgenrecht und deren Umsetzung in die familiengerichtliche Praxis,* in: *Zeitschrift für Rechtssoziologie* 1985, S. 163ff.

4 W. Voegeli, B. Willenbacher, *Die Ausgestaltung des Gleichberechtigungssatzes im Eherecht,* in: *Zeitschrift für Rechtssoziologie* 1985, S. 235ff.

5 Nähere Ausführungen dazu: W. Voegeli, *Funktionswandel des Scheidungsrechts,* in: *Kritische Justiz* 1982, S. 132ff.

6 M. A. Glendon, *State, Law and Family,* Amsterdam 1977.

7 Pointiertesten Ausdruck erhält diese Position derzeit im Recht des Staates Washington der USA: Washington Marriage Deisolution Act 1973, Wash. Rev. Code Ann. § 26.09.030 (Supp. 1975) und im schwedischen Ehegesetz von 1973, Art. 11, §§ 1–3. In diesen beiden Rechtsordnungen erhält die Scheidung den Charakter einer gerichtlich registrierten einseitigen Kündigung mit Kündigungsfristen von fünf bis

sechs Monaten. Zur Herausbildung solcher individualistischen Konzeptionen im Recht vgl. M. A. Glendon, *The New Family and the New Property*, Toronto 1981.

8 Voegeli/Willenbacher, *Ausgestaltung*, a. a. O.

9 Voegeli, *Funktionswandel*, a. a. O.

10 Vgl. Müller-Alten, *Ehescheidung*, a. a. O.; Caesar-Wolf u. a., *Ehelösung*, a. a. O.

11 Vgl. Müller-Alten, *Ehescheidung*, a. a. O., S. 54, 63; Caesar-Wolf u. a., *Ehelösung*, a. a. O.

12 BGH FamRZ 1981, S. 127ff.

13 Das ergibt sich daraus, daß in vielen Fällen Scheidungen ausgesprochen werden, ohne daß die nach § 630 ZPO erforderlichen Einigungen vorliegen, aber auch ohne daß die für eine Feststellung des Scheiterns notwendige Beweisaufnahme durchgeführt wird – vgl. Müller-Alten, *Ehescheidung*, a. a. O.

14 Vgl. ebd., S. 244.

15 Vgl. Caesar-Wolf u. a., *Ehelösung*, a. a. O.

16 B. Willenbacher/L. Müller-Alten, I. Diekmann, *Die Nutzung des gerichtlichen Angebots zur Regelung der Ehescheidungsfolgen*, in: *Zeitschrift für Rechtssoziologie* 1986, S. 168ff.

17 Vgl. Caesar-Wolf u. a., *Ehelösung*, a. a. O.

18 BVerfG FamRZ 1981, S. 15ff.

19 BT-Dr. 7/650, S. 60f.; S. 76f.

20 Vgl. dazu P. Derleder, *Die neue Zähmung der Widerspenstigen. Zur Renaissance des Verschuldensprinzips im Scheidungsfolgenrecht*, in: *Kritische Justiz* 1982, S. 18ff.

21 Ausschußbericht BT-Dr. 10/4514.

22 Vgl. Müller-Alten, *Ehescheidung*, S. 143f.

23 Vgl. Willenbacher u. a., *Bilanz*, a. a. O.

24 Vgl. Willenbacher, *Stellungnahme*, a. a. O.

25 Vgl. ebd.

26 Willenbacher u. a., *Bilanz*, a. a. O.

27 Willenbacher, *Stellungnahme*, a. a. O.

28 P. C. B. Willenbacher, Auswertung der Daten von Müller-Alten, *Ehescheidung* und ders., *Prozeßkostenhilfe*, a. a. O.

29 Grundlegend zur Anrechnungsmethode: BGH FamRZ 1981, S. 539ff.; Zur Anwendung der Anrechnungsmethode bei zwischen Trennung und Scheidung aufgenommener Erwerbstätigkeit: BGH FamRZ 1984, S. 149f.

30 BGH FamRZ 1983, 456ff.

31 P. C. B. Willenbacher.

32 BGH FamRZ 1983, 569ff.

33 Ch. Höhn, *Erwerbstätigkeit und Rollenwandel der Frau*, in: *Zeitschrift für Bevölkerungswissenschaft* 1982, S. 297ff.

34 Ein Rechenbeispiel: Familie mit zwei Kindern zwischen acht und vierzehn Jahren, M Nettoeinkommen: 2400,– DM, F während der Ehe nicht erwerbstätig, nach Trennung 800,– DM Nettoeinkommen durch Halbtagserwerbstätigkeit.

Unterhaltsberechnung:	2400,–	M	Nettoeinkommen
	– 120,–		notwendige berufsbedingte Aufwendungen
	– 630,–		Kindesunterhalt
	1650,–		verteilungsfähiger Betrag
	707,–	F	Unterhaltsquote = 3/7 des verteilungsfähigen Betrages
	+ 70,–		geschätze trennungsbedingte Mehrkosten F
	777,–	F	Unterhaltsbedarf
	– 800,–	F	Nettoeinkommen
	+ 50,–		notwendige berufsbedingte Aufwendungen
	27,–	F	Unterhaltsanspruch

Diese Berechnung wurde nach der Methode des OLG Frankfurt, FamRZ 1984, S. 282, vorgenommen. Die trennungsbedingten Mehrkosten wurden auf 10% des Quotenunterhalts geschätzt, wie es einige OLG (FamRZ 1981, 887) tun. Nach der Rechtsprechung des BGH muß jedoch der Mehrbedarf konkret nachgewiesen werden (BGH FamRZ 1982, 255ff.; 1984, 149ff.). Ob in diesen Fällen ein Unterhaltsanspruch realisiert werden kann, hängt entscheidend von der Bewertung des trennungsbedingten Mehrbedarfs ab. Dieser wird z.B. vom OLG Düsseldorf (FamRZ 1984, S. 902) sehr hoch angesetzt. An diesem Punkt existiert eine erhebliche Rechtsunsicherheit.

35 P.C.B. Willenbacher.

36 B. Willenbacher, W. Voegeli, *Multiple Disadvantages of one Parent-Families in the Federal Republic of Germany.* Paper presented at the Vth World Conference of the International Society on Family Law, »Family, State and Economic Security«, Brüssel 8–14 July 1985.

37 So aber Caesar-Wolf/Eidmann, *Gleichberechtigungsmodelle*, a.a.O.

38 Müller-Alten, *Ehescheidung*, S. 138f.

39 Demgegenüber unterstellen Caesar-Wolf u.a., *Ehelösung*, a.a.O., eher ein Deutungsmuster familialer Solidarität und Autonomie.

Erhard Blankenburg

Haben Frauen ein anderes Rechtsbewußtsein als Männer?

1. Was nennen wir »Rechtsbewußtsein?

Qualitative Einstellungsuntersuchungen sprechen von einem »negativen Rechtsbewußtsein« von Frauen. Damit wird die Haltung bezeichnet, im Konfliktfall lieber »soziale Formen« der Auseinandersetzung zu suchen als auf »Rechte« zu pochen und Rechtsinstanzen zu mobilisieren. Rüdiger Lautmann belegt dies mit Aussagen aus qualitativen Interviews und Gruppendiskussionen:

»Eine noch ledige Studentin sagt zum Scheidungsrecht: ›Da habe ich mich noch nicht drum gekümmert, das halte ich für verfrüht. Erstmal heiraten, und dann kann man ...‹ Eine andere junge Frau über Recht im Beruf: ›Ich habe mich nicht ausgekannt, weil es mich nicht gekümmert hat. Solange es mir gut geht, brauche ich nicht auf das Recht zu pochen.‹ Über ihre Rechte als ledige Mutter: ›Wenns nicht weiterging, dann hat man sich orientiert, wenn Not am Mann war. Solange alles lief, habe ich mich eigentlich wenig darum gekümmert.‹ Eine geschiedene junge Frau mit zwei Kindern wird mit der Mehrheit juristischer Durchsetzungen – auf Sozialhilfe, Vollstrekkung des Unterhaltsanspruchs und Strafverfolgung gegen den Mann – nicht fertig. ›Niemand hilft mir, niemand kommt zu mir. Da heißt es: jetzt gehen Sie dahin und dann dahin. Beim Jugendamt hat es geheißen, gehen Sie zum Staatsanwalt, und dort hat es geheißen, gehen Sie zum Sozialamt, die müssen Sie bezahlen. Und beim Sozialamt heißt es wieder, gehen Sie da und da hin. Gehen Sie zum Rechtsanwalt, hat es dann wieder geheißen. Jetzt nehme ich nichts mehr in die Hand.‹«[1]

Die Zitate sind eindrucksvoll und lösen Assoziationen aus mit Personen, die wir alle kennen. Entgegengestellt werden dem Aussagen von einigen Männern:

»Ein Elektriker: ›Bei Kleinigkeiten bin ich nicht dafür, daß man sofort vor Gericht geht; wenn es um größere Beträge oder größere Sachen geht, dann schon.‹ Ein Jungakademiker: ›Solange man selber Probleme lösen kann, soll man sie auch selber lösen. Warum gleich eine Instanz einschalten, um das zu schlichten? – Das andere Extrem wäre, daß man keine Differenzen mit irgendjemand haben dürfte.‹ Und nun eine schöne Formel für seine graduelle Bereitschaft zur Anmeldung von Recht: ›Es war noch nicht da, daß ich mit jemand einen prozeßreifen Ärger gehabt hätte.‹«[2]

Auch diese Aussagen sprechen nicht gerade von hohen Erwartungen an Rechtsinstanzen. Beide, Männer wie Frauen, äußern sich in den Zitaten eher zurückhaltend: erst werden soziale Mittel zur Konfliktbehandlung empfohlen, nur wenn diese nicht weiterhelfen, wird der Weg zum Gericht bei den einen, der Weg zum Jugendamt oder Rechtsanwalt bei den anderen genannt. Beide nennen die rechtliche Durchsetzung als letztes Mittel. Der Unterschied liegt in der sozialen Situation, in der sie sich befinden: während Frauen durchweg mit familiären Problemen zitiert werden, geht es bei den Zitaten der Männer um Situationen aus dem Geschäftsleben. Während die zitierten Frauen sich in einer objektiv ohnmächtigen Lage befinden, erscheinen die zitierten Männer in einer starken Position, in der sich ihnen nur die Wahl zu stellen scheint, ob sie sich mit Hilfe von Rechtsinstanzen oder auch schon ohne diese durchsetzen werden. Der Unterschied in der Verhaltensbereitschaft, von rechtlichen Mitteln Gebrauch zu machen, kann aus geschlechtsspezifischen *Orientierungsmustern,* aber ebenso auch aus sozialspezifischen *Gelegenheitsmustern* zu erklären sein. Beide Hypothesen gilt es gegeneinander zu testen, will man/frau Unterschiede im Rechtsbewußtsein von Männern und Frauen erklären.

Auf eine Besonderheit des Begriffs »Rechtsbewußtsein«, so wie er hier benutzt wird, sei vorweg hingewiesen: »Negatives Rechtsbewußtsein« ist hier definiert durch skeptische Einstellungen zu eigenen Rechtsansprüchen und zugleich durch »Verzicht« auf Handlungsbereitschaft.

So »negativ« muß eine solche Haltung nicht bewertet werden[3] – Verzicht auf rechtliche Aktionen *kann* »positiv« sein im Hinblick auf die Aufrechterhaltung von Sozialbeziehungen oder auf andere, konstruktive Konfliktbehandlungen. Ob »Verzicht« auf Recht positiv oder negativ zu bewerten ist, bedarf jedenfalls einer eigenen Argumentation.

Die hier gebrauchte Terminologie unterscheidet sich jedenfalls von dem, was in rechtsphilosophischer Literatur allgemein als »Rechtsbewußtsein« bezeichnet wird, wo sie als »rechtliche Gesinnung oder Rechtstreue, (als) Gefühl für die sittliche Verpflichtung zur Rechtsbefolgung und zum Eintreten für das Recht im allgemeinen«[4] verstanden oder dadurch bestimmt wird, daß »der Normadressat nicht nur Kenntnis vom Rechtsinhalt, sondern überdies das Bewußtsein davon hat, daß es Recht ist, d. h. daß die

Norm Anspruch auf Richtigkeit erhebt, und daß er diesen Anspruch akzeptiert und bereit ist, auch entsprechend zu handeln«.[5]

Deutlich wird bei dem letzteren »Rechtsbewußtsein« in erster Linie auf Verhaltensnormen bezogen, denen wir *unterworfen* werden, nicht auf Ansprüche, die wir stellen könnten. Anspruchsnormen sind nicht auf gleiche Weise verpflichtend wie Verhaltensnormen: während die letzteren Einhaltung fordern, ist das Geltendmachen von Ansprüchen ins Belieben der Berechtigten gestellt: man/frau kann sie erheben, aber darf auch darauf verzichten. Die These vom »negativen Rechtsbewußtsein« von Frauen sagt über die Akzeptanz von Verhaltensnormen nichts aus. Sie bezieht sich allein auf das Bewußtsein von Rechtsansprüchen und die Bereitschaft, hierfür Instanzen zu mobilisieren.

Beide Dimensionen: die der Anspruchsnormen und die der konformitätsverlangenden Normen gehören zum Recht und damit zum »Rechtsbewußtsein«. Der Deutlichkeit halber will ich sie als »Rechtsanspruchsbewußtsein« und als »Rechtstreue« bezeichnen. Bei beiden ist innere Akzeptanz von Handlungsbereitschaft zu unterscheiden: wir können Rechtsansprüche stellen, ohne sie mit Hilfe von Rechtsanwalt und Gericht zu verfolgen, und wir können Verhaltensnormen akzeptieren, aber sie dennoch nicht befolgen. Als Voraussetzungen für Akzeptanz gilt die bewußte Kenntnis von Rechtsnormen, nicht jedoch für die Befolgung oder Inanspruchnahme; oft verhalten wir uns normgetreu oder nehmen Rechte in Anspruch, ohne uns ihres Rechtscharakters bewußt zu sein. Um jedoch Rechtsnormen zu befolgen oder Rechtsansprüche zu stellen, müssen wir sie nicht innerlich akzeptieren: unsere Konformität kann rituell oder aus Berechnung erfolgen, unsere Rechtsansprüche können erfolgreich sein, auch wenn wir sie nicht für gerechtfertigt halten. Wenn einige Rechtsphilosophen[6] eine Kongruenz von Kenntnis, Akzeptanz und Verhaltensbereitschaft zum Definitionsmerkmal von »Rechtsbewußtsein« machen, so verliert sich der Begriff im Moralisieren. Im folgenden soll gezeigt werden, daß diese drei Dimensionen ebenso wie die Art der relevanten Rechtsnorm sehr verschiedene Korrelationen aufweisen und daß daher ohne ihre Unterscheidung keine gültigen Aussagen zum »Rechtsbewußtsein« zu machen sind.

2. Rechtsbewußtsein als Anspruchsbewußtsein

Die These vom »negativen Rechtsbewußtsein« von Frauen bezieht sich auf mangelnde Kenntnis und fehlende Verhaltensbereitschaft, nicht jedoch auf fehlende Akzeptanz geltender Rechtsnormen. Lautmann spricht von einem »demonstrativen Ignoramus« in bezug auf eigene Rechte«

»Wo ein Interview mit dem Stimulus ›Frauen verstehen angeblich wenig von Recht‹ eröffnet wird, kommt mehr oder weniger wortreiche Zustimmung, was trotz eines gewissen Suggestivcharakters beachtlich bleibt. – Das demonstrative Ignoramus wird mehrfach ausdrücklich auf die eigenen Rechte bezogen. ›Ich habe mich da auch nicht so drum gekümmert, über die Frauenrechte.‹ Zur Arbeitsteilung im Haushalt: ›Ich dachte, es wäre immer noch so, daß die Frau verpflichtet ist, das zu machen.‹ Über ihre frühere Ehe: ›Ich habe gedacht, daß ich keine Rechte habe, wenn ich mich scheiden lassen würde, daß ich kein Geld habe.‹ Zum neuen Scheidungsrecht: ›Ich bin da wenig informiert. Rechtlich kenne ich meine Pflichten und Aufgaben viel zuwenig.‹ In einer Gruppendiskussion mit Ehepaaren fragt eine Frau, die im übrigen durchaus informiert und selbstbewußt erscheint: ›Mich würde interessieren, ob es überhaupt Gesetze gibt – ich habe überhaupt keine Ahnung, welche Rechte ich in der Ehe habe, ob das irgendwo gesetzlich festgelegt ist.‹ Daraufhin erläutern mehrere Männer detailliert das Eherecht.[7]

Die Zitate bringen Unkenntnis und Distanz zum *positiven Recht* zum Ausdruck. Dies kann durchaus einhergehen mit einer Betonung von Gerechtigkeitsvorstellungen und hohen Erwartungen an deren Durchsetzung:

»›Die Ehe ist zwar durch das Gesetz geschlossen, aber sonst hat die Ehe mit Gesetz gar nichts zu tun. Das Gesetz, das im Buch steht, bringt irgendwann Trockenes und Nüchternes rein. Die Gesetze, die man sich selber schafft, sind von einem selber und vom Gefühl aus geschaffen.‹ Über ein Verfahren, das sie zur Anfechtung eines früher erklärten Erbverzichts anstrengen wollte: ›Ich war nicht in der Lage, diesen Prozeß gegen meine Brüder zu führen; da hatte ich Hindernisse.‹ Über einen Rechtsstreit mit dem Vermieter: ›Ich war wütend. Es ging mir wahnsinnig an die Nerven, ich war direkt krank, sehr nervös, innerlich so aufgeregt, richtig aufgebracht – weil ich mich wahnsinnig darüber geärgert habe. Da habe ich beinahe noch mehr mich gefuchst, als mein Mann. Wenn mir einer zu nahe tritt, also auf die Füße tritt, und ich habe wirklich das Gefühl, das ist ungerecht oder nicht richtig, dann werde ich böse.‹«[8]

Stellen wir den Zusammenhang her zwischen Erwartungen an

Gerechtigkeit und Erfahrungen mit Rechtsinstanzen, dann erhalten wir aus Befragungsunterlagen durchgehend einen *negativen* Zusammenhang: je mehr die Befragten mit Rechtsanwälten oder Gerichten in Kontakt gekommen sind, desto weniger erwarten sie von diesen.[9]

Wir können ihre Haltung als »Rechtsskeptizismus« bezeichnen. Umgekehrt: je weniger Erfahrungen Befragte mit Rechtsinstanzen haben, desto »rechtsgläubiger« sind sie.

Bei gleich hohem Rechtsanspruchsbewußtsein (etwa bei Männern und Frauen) unterscheiden sich diejenigen mit mehr Erfahrungen mit Rechtsinstanzen durch ihre niedrigen Erwartungen. Die Erfahrenen sind realistischerweise eher skeptisch; danach ist ihre Bereitschaft, Instanzen zu mobilisieren, höher als die der Rechtsgläubigen, die sich ihre Gläubigkeit mangels Erfahrungen bewahren konnten.

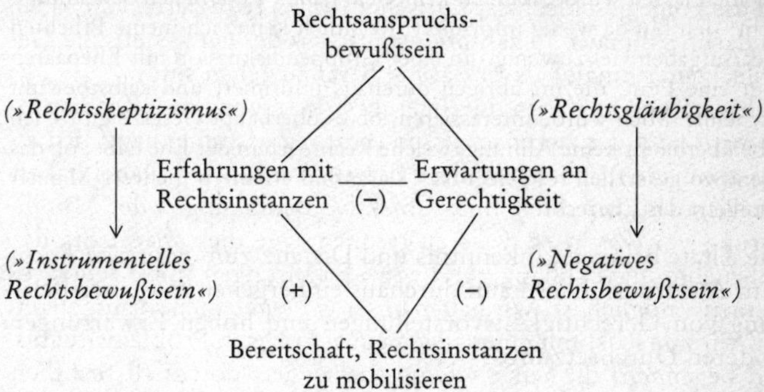

Frauen, so lautet die These vom »negativen Rechtsbewußtsein«, hegen hohe Gerechtigkeitserwartungen, aber sie sind weniger bereit, diese auch mit Hilfe von Rechtsinstanzen durchzusetzen. Männer dagegen sollen Rechtsinstanzen eher instrumentell einsetzen, wenn sie auch – aufgrund größerer Erfahrungen – skeptisch bleiben, daß ihnen dort immer »Gerechtigkeit« in bezug auf ihre Ansprüche widerfahren wird.

Es versteht sich von selbst, daß eine solche These nicht unabhängig von der jeweils konkreten Art von Rechtsansprüchen getestet werden kann. Das Rechtsbewußtsein der oben zitierten Männer war aus Erfahrungen in beruflichen ebenso wie familiären Bezügen gewonnen, das der zitierten Frauen in erster Linie aus

Ansprüchen im familiären Bereich. Beide gehen also von unterschiedlichen Gelegenheitsmustern aus: im familiären Bereich gilt deutlicher als im Berufsleben eine allgemeine Regel der Rechtssoziologie, daß persönliche Sozialbeziehungen gefährdet werden, wenn man/frau sie in der Terminologie gegenseitiger Rechtsansprüche zu regeln versucht, oder gar, wenn man/frau Dritte als Instanz in Konflikten anruft. Die Mobilisierung von Rechtsinstanzen erfolgt typisch erst, wenn persönliche Sozialbeziehungen abgebrochen werden, um die Folgen von Scheidung (oder Kündigung), nicht um die fortlaufende Beziehung zu regeln. In beruflichen Bezügen sind anonyme oder distanzierte Sozialbeziehungen häufiger, hier ist der Preis der Einbeziehung von Dritten daher geringer. Wir müssen deshalb die Gelegenheitsstrukturen konstant halten, um zu testen, ob das eher »negative Rechtsbewußtsein« der Frauen und das eher »instrumentelle« der Männer sich auf die Folge geschlechtsspezifischer Rollen reduzieren läßt, oder ob darüber hinaus Sozialisationsmuster (oder gar genetische Geschlechtsmerkmale) als Erklärung heranzuziehen sind.

Unsere 1978 in Berlin durchgeführte Befragung zu »Rechtsproblemen« und der Bereitschaft, in diesem Zusammenhang Instanzen anzurufen, gibt über diese Fragen Auskunft.[10] Dabei haben wir versucht, objektive und subjektive Bedingungen der Mobilisierung von Recht so weit zu trennen, wie dies angesichts der Wahrnehmungs-Abhängigkeit von »Erfahrungen mit Rechtsproblemen« möglich ist. Wir haben unseren Fragebogen so aufgebaut, daß wir zunächst mit einer allgemeinen Frage zu Problemsituationen begannen, die wir als Untersucher als »potentiell rechtlich relevant« qualifiziert hatten; erst dann folgten weitere Fragen, wie weit die Befragten diese Situation als ein »rechtlich relevantes Problem« wahrgenommen und was sie in dieser Situation unternommen haben; und erst zum Schluß jeweils die Frage, wie weit sie einen Rechtsanwalt, eine andere Beratungsstelle oder sogar das Gericht bemüht haben. Soweit möglich, sind wir mit diesem Frageaufbau der üblichen Reihenfolge von Lösungsversuchen für problematische Situationen nachgegangen: zunächst versuchen die meisten Menschen, Lösungen für ihre Probleme im sozialen Nahbereich zu finden, dann suchen sie Rat bei der Stelle, von der sie am ehesten eine nicht nur effektive, sondern auch sozial akzeptable Lösung erwarten, und bei einer kleinen Minderheit solcher Problemsituationen ergreifen sie tatsächlich formelle und auch rechtliche Schritte. Die Mobilisierung von Rechtsinstanzen ist bei allen Befragten ein letztes Mittel, es ist bei alltäglichen (und vor allem bei privaten) Problemen eher die Ausnahme. In der rechtssoziologischen Literatur hat man es sich angewöhnt, die Selektion von alltäglichen, meist mit sozialen Mitteln aufzulösenden Problemsituationen zu den außerordentlichen, bei denen rechtliche Mittel zu Hilfe genommen werden, als einen *Trichter* darzustellen.[11]

Ob man sich die Quantitäten der Verfahren bei Schuldeneintreibung, bei Kündigungen im Arbeits- oder Mietverhältnis oder ob man sich die Hartnäckigkeit von Auseinandersetzungen bei Ehescheidungen ansieht: immer entdecken wir einen solchen Trichter des Aussortierens der einfacher zu lösenden Fälle entweder schon vor dem Gang zu Rechtsanwalt und Gericht oder auch noch im rechtlichen Verfahren bis zu den wenigen hartnäckigen Fällen, die zwar nicht den Alltag des Rechtshandelns, wohl aber die juristische Literatur beherrschen.

Die Eigenschaften des »letzten Mittels« und die Trichterverteilung von Lösungsversuchen bringen es mit sich, daß eine Befragung nach den Wahrnehmungsmustern in rechtlich relevanten Situationen diese vorgeben muß: die Untersucher müssen sich die für ihre Fragestellung wichtigen Situationen aussuchen und müssen sie den Befragten vorgeben, ohne diese dabei auf eine Perzeption als »Rechtsprobleme« suggestiv zu verpflichten. In den ersten Befragungsuntersuchungen dieser Art in England und den USA wurden diese vorgegebenen Probleme noch naiv als »Rechtsbedürfnisse« bezeichnet; wir sind eher der Meinung, daß wir von einem rechtlichen »Lösungs*angebot*« sprechen sollten, das (wie auch bei Konsumgütern) durch eine *Nachfrage* zum *»Bedarf«* gemacht werden kann oder auch nicht. Wo die Voraussetzungen zur Nachfrage fehlen (wie bei den Zugangsschwellen des Rechtssystems leicht möglich), können wir nur aus einer externen normativen Position von einem (»eigentlichen«) Bedürfnis (entgegen faktischer Nicht-Nachfrage) sprechen – dies setzt normative Maßstäbe über die Wünschbarkeit des Gebrauchs von Recht voraus.

Die Ergebnisse unserer Befragung weisen deutlich Unterschiede zwischen Männern und Frauen aus, die sich jedoch durchweg auf unterschiedliche Gelegenheitsmuster zurückführen lassen.[12]
– Im Konsumbereich etwa nennen Frauen ebenso häufig Pro-

blemerfahrung wie Männer; die meisten der Betroffenen versuchen, sie durch Beschwerde bei dem Verkäufer oder Produzenten zu regeln (Männer etwas häufiger als Frauen) und geben auf, wenn eine informelle Regelung nicht gelingt; unter der kleinen Minderheit von Hartnäckigen, die einen Rechtsanwalt oder das Gericht bemühen, sind Frauen sogar ein wenig häufiger vertreten.

– Bei Mietproblemen ist kein konsistenter Unterschied zwischen Männern und Frauen zu finden; die Häufigkeit von Problemerfahrungen hängt allein davon ab, wie oft die Befragten ihre Wohnung haben wechseln müssen; entstehen hierbei hartnäckige Auseinandersetzungen, dann bemühen Frauen ebenso häufig (richtiger: ebenso selten) Rechtsinstanzen wie Männer.

– Am Arbeitsplatz ist für die Mobilisierung von Recht entscheidend, ob die Befragten je von Kündigungen bedroht waren; dies ist am ehesten bei Anlernberufen der Fall, insbesondere wenn sie durch Saisonarbeit gekennzeichnet sind; in unserer Befragung betraf dies eher Männer; Frauen dagegen berichteten häufiger von Arbeitsplatzverlust wegen Krankheit, gegen den sie sich (insignifikant) häufiger mit Hilfe von Rechtsberatung oder Gericht zur Wehr setzten; andere Untersuchungen berichten von signifikant höheren Kündigungshäufigkeiten bei Frauen, dagegen gleichzeitig geringer Bereitschaft vor Gericht zu gehen[13]; die geschlechtsspezifischen Unterschiede lassen sich jedoch wiederum völlig zurückführen auf die spezifischen Merkmale der Branchen, in denen viele Frauen arbeiten[14]; hält man diese konstant, dann bleibt kein geschlechtsspezifischer Unterschied übrig.

– Im Familienbereich berichten Frauen signifikant häufiger von Problemen im Partnerverhältnis ebenso wie bezüglich Erziehungsrechten und Unterhalt; sie befinden sich eher in der sozial schwächeren Position, in der ihre Forderung nur noch mit dem letzten Mittel des Rechtszwanges durchsetzbar ist; daher sind sie es auch, die am ehesten Rechtsanwälte und Gerichte mobilisieren.

Generell ist die Zahl der Befragten sehr klein, die bei privaten Problemen Rechtsinstanzen bemüht. Wenn dies jedoch der Fall ist, dann lassen Erklärungen aus der jeweiligen Gelegenheitsstruktur keine konsistente Varianz mehr übrig, die geschlechtsspezifisch zu erklären wäre. Situationen, in denen die Mobilisierung von Rechtsinstanzen wahrscheinlich wird, entstehen vor allem in außerfamiliären Sozialbezügen. Da ein Drittel der von uns befragten Frauen nicht berufstätig war (dies sind vor allem die älteren Befragten), ist »negatives Rechtsbewußtsein« bei ihnen wahrscheinlicher als bei Männern. Unter den Jüngeren, die sich überwiegend in Ausbildung befinden, ist ein geschlechtsspezifischer Unterschied nicht mehr zu finden. Wir schließen daraus: es gibt unter Frauen mehr »negatives Rechtsbewußtsein«, so weit sie weniger berufstätig und weniger an öffentlichen Sozialaktivitäten insgesamt beteiligt sind. Rollenspezifische Merkmale vor allem bei Hausfrauen und verstärkt in älteren Generationen erklären auch, warum viel weniger Frauen Erfahrungen mit Rechtsinstanzen haben als Männer (vgl. KOL 1970). Darüber hinaus jedoch unterscheidet sich das Rechtsanspruchsbewußtsein und die Bereitschaft, Instanzen zu mobilisieren, zwischen Männern und Frauen nicht. Rechtsansprüche sind sozialspezifisch verteilt; es mag nicht verwundern, daß damit auch die Unterschiede im Rechtsverhalten schon erklärt sind.

3. Rechtsbewußtsein als Normtreue

Kommen wir zum Rechtsbewußtsein als Normtreue. Auch hier wollen wir wieder Einstellungsmuster und Verhalten aufeinander beziehen. Zunächst allgemein: traditionell bedeutet »Rechtsbewußtsein« eher »Rechtstreue« als »Anspruchsbewußtsein«. Arbeiter und Angestellte der unteren Mittelschicht vertreten solch traditionelles Rechtsbewußtsein eher als höhere Schichten: sie äußern sich durchweg rigider in bezug auf die Verwerflichkeit von Normbrüchen und punitiver hinsichtlich der verlangten Härte der Strafen. Entsprechend positiver ist denn auch ihre Einschätzung der Polizei und die Gläubigkeit gegenüber den strafrechtlichen Instanzen. Wiederum aber kann man/frau hieraus nicht auf die Verhaltensbereitschaft schließen: die Anzeigeneigung ist gerade bei den in ihrer Einstellung eher skeptischen Mittelschichten höher, bei den eher rechtsgläubigen unteren Schichten niedriger. Die Analyse von Zusammenhängen des Rechtsbewußtseins mit Verhaltensbereitschaften führt also wieder zu einem Paradox: gerade diejenigen, deren Einstellung Punitivismus und Instanzengläubigkeit betont, machen am wenigsten von der Möglichkeit dieser Instanzen durch eine Anzeige Gebrauch:

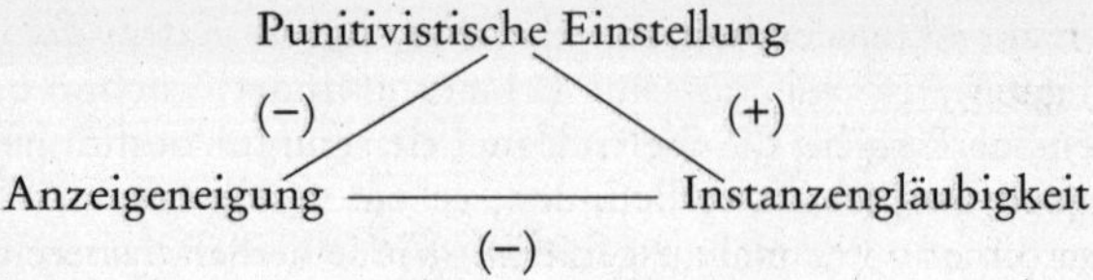

Ähnliche Kombinationen von Rechtstreue und geringer Anzeigebereitschaft finden wir auch bei Frauen im Vergleich zu Männern. Zwar sind Punitivismusskalen im Zusammenhang der Faschismus- und Vorurteilsforschung entwickelt worden; ihre geschlechtsspezifische hingegen nicht. Manches Stereotyp über die unterschiedlichen Sozialisationsmuster würde bei Mädchen wohl größeres soziales Gerechtigkeitsbewußtsein vermuten lassen. Einstellungsbefragungen (die keinen Zusammenhang zur Verhaltensbereitschaft herstellen) bei Frauen weisen jedoch im Gegenteil weniger(!) Betonung »sozialer Gerechtigkeitsvorstellungen« und eher rigide(!) Sanktionsorientierung gegenüber Rechtsbrechern aus.[15] Allerdings bleiben diese Einstellungsunterschiede gering und lassen sich auf schlechtere Ausbildungschancen von Mädchen in früheren Generationen (vor allem in der unteren Mittelschicht) zurückführen; bei Mädchen mit höherer Schulbildung sind weniger autoritäre Einstellungsmuster anzutreffen, bei niedriger Schulbildung kommt »Rechtsbewußtsein« eher als strikte Sanktionsorientierung und weniger als kompensatorische Herstellung sozialer Gerechtigkeit zum Ausdruck. Mit dem Abbau von Bildungsdefiziten in jüngeren Generationen dürften die Einstellungsunterschiede verschwinden, zusammen mit einer Verschiebung des Inhalts dessen, was als »Rechtsbewußtsein« verstanden wird.

Doch wo die Einstellungsmuster von Frauen sich von denen der Männer unterscheiden, sind sie eher traditionalistisch. Frauen finden sich etwas(!) häufiger am punitiven und instanzengläubigen Ende der Skala.[17] Entsprechend neigen sie auch weniger zur Anzeige, wenn sie Opfer einer Straftat geworden sind (wobei hier nicht von sexueller Belästigung oder Vergewaltigung die Rede ist, sondern von geschlechtsunspezifischen Eigentumsdelikten, Körperverletzungen und [meist versuchtem] Raub).[18] Entgegen stereotypen Erwartungen sind sie allerdings signifikant seltener Opfer solcher Straftaten[19], was wiederum im Rahmen der allgemeinen Abhängigkeit des Opferrisikos von Verhaltensmerkmalen wie risikovermeidendem Verhalten, geringerer Extraversion und geringerer Aggressivität seine Erklärung findet.[20] Schon bei Verhaltensmerkmalen, die die Gelegenheitsstruktur bestimmen, um Verbrechensopfer zu werden, unterscheiden sich Frauen; sind sie dieser Situation einmal ausgesetzt, ist ihre Verhaltensbereitschaft ebenso hoch (bzw. besser gesagt: genauso niedrig) wie die von Männern, die Opfer einer Straftat geworden sind.

Alle Daten zusammen betrachtet, erklärt sich die geringere Handlungsbereitschaft von Frauen, Instanzen für die Rechtsdurchsetzung in Anspruch zu nehmen, aus einer rollenspezifisch geringeren öffentlichen Sozialbeteiligung. Da in unserer Gesellschaft die meisten Formen öffentlicher Sozialbeteiligung durch Erwerbstätigkeit vermittelt sind (andere Formen sozialer Beteiligung werden als »privat« definiert), sind viele Frauen seltener *Gelegenheiten* ausgesetzt, in denen sie Rechtsinstanzen anrufen müßten; soweit sie erwerbstätig sind, bringt ihre Berufsstellung durchschnittlich weniger solche Gelegenheiten mit sich.

Betrachten wir die andere Seite des Verhaltens gegenüber Rechtsnormen und fragen wir nach der Bereitschaft, Rechtsnormen selber einzuhalten oder zu übertreten (also nach der »Rechtstreue«), dann erhalten wir sehr deutliche und starke Unterschiede zwischen Männern und Frauen. Ein Teil hiervon ist auch wieder auf rollenspezifische Gelegenheitsmuster zurückzuführen: so wenn Frauen selten als Einbrecherinnen oder beim Autodiebstahl gefaßt werden. Aber daß Frauen sogar beim Ladendiebstahl nur knapp die Hälfte der bekannten Täter/innen ausmachen, gibt zu denken, obwohl der Tatort doch meist der Lebensmittel- oder Kleiderhandel ist, an dem die überwiegende Mehrheit der Kundschaft Frauen sind: angesichts der Gelegenheiten zum Ladendiebstahl, denen Frauen häufiger ausgesetzt sind als Männer, sind sie unter den gefaßten Täter/innen unterrepräsentiert.

Einige Untersuchungen führen dies auf differentielle Kriminalisierung zurück, nach der Warenhauspersonal und -detektive sich gegenüber Frauen ein wenig nachsichtiger zeigen sollen – die »Kavalierthese« behauptet, daß dies in den ersten Stadien des Kriminalisierungsprozesses der Fall sein soll: dort wo Verdacht geschöpft wird oder nicht, wo Anzeige erstattet wird oder von ihr abgesehen wird, sollen Frauen (mehr noch Kinder oder ältere Leute) einen kleinen Bonus haben – später aber, wenn es um die Strafzumessung geht, soll die kleine Selektion angezeigter Frauen eher härter bestraft werden als Männer bei vergleichbaren Delikten (so die Stigmatisierungsthese). Die gängige Erklärung hierfür ist wiederum an die Theorie der Rollennormen geknüpft: die stereotype Erwartung schützt Frauen in den Anfangsstadien ein wenig vor Verdacht und Anzeige; ist das Stereotyp aber einmal durchbrochen, neigen Sanktionierende vielfach dazu, ihre Erwartungsenttäuschung mit härterer Strafe Ausdruck zu geben als gegenüber Tätern mit »erwartbaren« Sozialmerkmalen. Quantitative Untersuchungen zum Ladendiebstahl bestätigen diese Hypothesen in aller Regel nicht.[21] Auch insgesamt reagieren Polizei und Justiz auf Frauen nicht viel anders denn auf vergleichbare Männerkriminalität – die oft behaupteten Kavaliers- oder Stigmatisierungsthesen beruhen in aller Regel auf unzureichender Differenzierung nach deliktsspezifischen Merkmalen der Straf- bzw. Einstellungspraxis der Behörden.[22]

Insgesamt also sind nur etwa 15% aller Angeklagten, die vor den Strafgerichten stehen, Frauen. Die kleinen Unterschiede in Befragungen zum Rechtstreuebewußtsein können dies nicht erklären, eher schon die Theorien der Gelegenheitsmuster und der selektiven Kriminalisierung. Aber sie lassen deutliche geschlechtsspezifische Unterschiede im Konformitätsverhalten übrig: so etwa wenn Erklärungen für die größere Vorschriftentreue von Autofahrerinnen gegenüber Autofahrern[23] oder die mindere Aggressivität (und damit verbundene Kriminalitätsformen) von Schulmädchen gegenüber Schulknaben gesucht werden. Wir werden dies wohl in erster Linie auf frühkindliche Sozialisation zurückführen, aber brauchen selbst genetische Unterschiede des Aggressionspotentials in der Erklärungskette nicht auszuschließen. Gleich welche Erklärung wir finden, das Faktum verliert nichts an Deutlichkeit: Frauen verhalten sich durchwegs normtreuer als Männer, zumindest in unserer Gesellschaft und bei den Delikten, die wir kriminalisieren. Verknüpfen wir dies mit unserem Ergebnis, daß sich Männer und Frauen in ihrem Rechtsbewußtsein nur wenig unterscheiden, zumindest wenn wir Gelegenheitsmuster von Berufstätigkeit und Sozialkontakten konstant halten, dann kommen wir zu der allgemeinen Schlußfolgerung: ihr sogenanntes »Rechtsbewußtsein« sagt wenig darüber voraus, wie sich Menschen verhalten werden. Im Rechts*verhalten* unterscheiden sich Männer sehr viel deutlicher von Frauen als es ihre Gleichartigkeiten im Rechts*bewußtsein* vermuten ließen.

1 R. Lautmann, *Negatives Rechtsbewußtsein*, in: *Zeitschrift für Rechtssoziologie* 1, 2/1980, S. 198.
2 Ebd., S. 200.
3 Vgl. etwa U. Gerhard, *Warum Rechtsmeinungen und Unrechtserfahrungen von Frauen nicht zur Sprache kommen?* in: *Zeitschrift für Rechtssoziologie* 5, 2/1984, S. 220-234.
4 M. Rehbinder, *Rechtsbewußtsein und Rechtsethos als Problem der Rechtspolitik*, in: *Jahrbuch für Rechtssoziologie und Rechtstheorie* 3, 1972, S. 31.
5 M. Ryffel, *Rechtssoziologie. Eine systematische Orientierung*, Neuwied 1974, S. 284.
6 Ebd.
7 Lautmann, *Rechtsbewußtsein*, a. a. O., S. 182.
8 Ebd., S. 190
9 Vgl. A. Sarat, *Studies American Legal Culture: An Assessment of Survey Evidents*, in: *Law and Society Review* 11/1970, S. 427–488.
10 E. Blankenburg/U. Reifner, *Rechtsberatung – Die soziale Definition von Rechtsproblemen durch Rechtshilfeangebote*, Neuwied 1982.
11 Vgl. E. Blankenburg, *Mobilisierung von Recht*, in: *Zeitschrift für Rechtssoziologie* 1, 1/1980, S. 33–64.
12 Quelle: Blankenburg/Reifner, *Rechtsberatung*, a. a. O., S. 20–132, sowie unveröffentlichte Tabellen.
13 Vgl. J. Falke/A. Höland/B. Rhode/G. Zimmermann, *Kündigungspraxis und Kündigungsschutz in der BRD* (Forschungsberichte Bundesminister für Sozialordnung Nr. 47), Bonn 1981.
14 A. Höland, *Das Verhalten von Betriebsräten bei Kündigungen*, Frankfurt 1985.
15 Vgl. Ch. Hommerich, *Einstellung der Bevölkerung zu Recht und Justiz*, (Materialien Arbeitskreis für Rechtssoziologie) Diss. Hannover 1974.
16 G. Smaus, *Einstellungen von Frauen zum Strafrecht*, in: *Zeitschrift für Rechtssoziologie* 5, 2/1984, S. 296–311.
17 KOL: W. Kaupen/H. Volks/R. Werle, *Knowledge and Opinion about Law. Representative Survey among the German Population* (hg. v. Arbeitskreis für Rechtssoziologie), Köln 1970.
18 E. Stephan, *Die Stuttgarter Opferbefragung*, Wiesbaden 1976
19 H. D. Schwind u. a., *Dunkelfeldforschung in Göttingen*, Wiesbaden 1975, S. 187ff.
20 Stephan, *Stuttgarter Opferbefragung*, a. a. O.
21 C. N. Peijster, *De onbekende misdaad*, Den Haag 1958; E. Blankenburg, *Die Selektivität rechtlicher Sanktion*, in: *Kölner Zeitschrift für Soziologie und Sozialpsychologie*, 21/1969, S. 805–829.

22 Vgl. Übersicht bei W. Steffen, *Reaktion von Polizei und Justiz auf Frauen*, in: D. Gipser/D. M. Stein-Hilbers (Hg.), *Wenn Frauen aus der Rolle fallen*, Weinheim 1980, S. 201 ff.

23 Vgl. D. Ellinghaus/M. Welbers, *Vorschrift und Verhalten*, (Ifaplan) Köln 1979.

IV. Objektivitätsideal und sexistisches Denken in der Rechtswissenschaft

[illegible]

[illegible] Mythos der feministischen Rechtsanwältin

Sie [illegible] die [illegible] – zwar mit den emphatischen Forderungen der [illegible], den Erfahrungen, die sie in Frauenhäusern [illegible], den Gefahren von [illegible] und [illegible] Reduktionen des [illegible], die die [illegible]stellung von Frauen in Recht und [illegible] – und ihren [illegible] Wünschen und Wohin.

Sie wird eine [illegible] des [illegible] Werten. [illegible] nicht [illegible] zu [illegible].

Auch wird sie sich nicht [illegible] mit der [illegible] Situation von Rechtsanwältinnen [illegible].

[illegible] seit 20 Jahren in den [illegible] feministische [illegible] schulen und [illegible], so wird ihr Blick jetzt am [illegible] auf die [illegible] Frage, was denn eine [illegible] feministische Rechtsanwältin sein oder [illegible] nur [illegible] zu lassen.

Was hat sie davon, nur noch Mandate [illegible] und von [illegible] zu [illegible] Männer mehr zu vertreten?

Warum [illegible] sich auf Bereiche wie [illegible]: Ehebruch und Frauenmißhandlung und [illegible] in Prozessen die [illegible] Gewalt auf?

Was hat sie davon, sich nicht mit der [illegible] Rechtsanwältin zu begnügen? Warum will sie auch noch Sozialarbeiterin, [illegible], Wohnung [illegible] Mutter ihrer Mandantin sein?

Was hat sie davon, das Machtverhältnis zwischen sich und der Mandantin aufzulösen zugunsten von Frauensolidarität?

Warum [illegible] sie nach [illegible] auf die Vorstellungen der verschiedenen Frauenbewegungsprojekte, [illegible] Praxis-

Claudia Burgsmüller

Vom Mythos einer feministischen Rechtsanwältin

Sie sucht die Balance: zwischen den emphatischen Forderungen der ersten feministischen Stunde, den Erfahrungen, die gar in Frauenfeindlichkeit umzuschlagen drohten, den Gefahren vor thematischen Verengungen und dogmatischen Reduktionen, den Programmen der juristischen Klageweiber, die die larmoyante Stellung von Frauen in Recht und Justiz anprangern – und ihrem heutigen Wünschen und Wollen.

Sie wird eine griffige Definition des sinnbeschwerten Attributes »feministisch« meiden, um nicht neue Leitbilder entstehen zu lassen.

Auch wird sie sich nicht auseinandersetzen mit der defizitären Situation von Rechtsanwältinnen in deren Berufsbereich sexistischer Justiz.

Im Zeitraum der fast zehn Jahre, in denen sie und andere feministische Imperative schufen und prägten, schwenkt ihr Blick jetzt im Perspektivwechsel auf die allein spannungsreiche Frage, was denn eine Frau davon haben könne, feministische Rechtsanwältin zu sein oder sich auch nur derart definieren zu lassen.

Was hat sie davon, nur noch Mandate für und von Frauen zu übernehmen, sich für diese zu engagieren und keine Männer mehr zu vertreten?

Warum stürzt sie sich auf Bereiche wie Vergewaltigung, Frauenlohndiskriminierung, Eherecht und Frauenmißhandlung und klagt in Prozessen die unverändert »normale« männliche Gewalt an?

Was hat sie davon, sich nicht mit der Rolle der Rechtsanwältin zu begnügen? Warum will sie auch noch Sozialarbeiterin, Fortbildungsexpertin, Therapeutin, Wohnungsmaklerin oder gar Mutter ihrer Mandantin sein?

Was hat sie davon, das Machtverhältnis zwischen sich und der Mandantin aufzulösen zugunsten von Frauensolidarität?

Warum jagt sie nach Kanzleischluß auf die Veranstaltungen der verschiedenen Frauenbewegungsprojekte, zeigt sich auf Pressekonferenzen und Tribunalen und beklagt in Interviews die katastrophale Situation von Frauen in Recht und Justiz über den Äther?

Was hat sie davon, ausschließlich mit Frauen in der Kanzlei zusammenzuarbeiten?

Sie gestattet sich einen historischen Rückblick:

In den Jahren nach 1975 war sie von »unserer Gleichheit« besessen. Von der Analyse der strukturellen Herrschaftsverhältnisse von Männern über Frauen gelangte sie schnell zu der kurzschlüssigen Annahme, daß alle Frauen nur graduell unterschieden Betroffene männlicher Gewalt seien und sich auf dieser Erkenntnis Gleichheit, Gemeinsamkeit und Solidarität aufbauen ließen.

Die strukturelle Analyse, die bis heute mangels einschneidender Veränderungen noch nichts an Aktualität verloren hat, führte sie dazu, ihre Arbeitskraft, Qualifikation und Stärken für die am meisten Unterdrückten einzusetzen: nur noch Frauen zu vertreten, ihr Wissen und Können nicht mehr in den Dienst von Männern zu stellen.[1]

Auch wollte sie den Kollegen als potentiellen Herrschaftsträgern nicht die Vertretung der Mandantinnen überlassen, zumal diese den Frauen nur die gängigen, männlich orientierten Identifikationsmuster (Beschützer, Vater, edler Verfechter von Fraueninteressen) bieten und oft in wenig latenter Identifikation mit dem gegnerischen Geschlechtsgenossen – z. B. in Ehesachen – die Interessen der Frau zu kurz kommen lassen.

Ihren Wunsch, die eigenen Energien nur noch für andere Frauen zur Verfügung zu stellen, wollte sie auch im engsten Arbeitsbereich der Kanzlei in die Wirklichkeit umsetzen: viele Kolleginnen vertraten die Forderung nach sogenannten »reinen Frauenbüros«. Entweder waren sie nach jahrelanger Kritik an Arbeitsstil, Mandantschaft, Kleinkariertheit oder politischen Prioritäten (Frage nach der Vertretung von Vergewaltigern durch die Sozietät) an einen Endpunkt der Auseinandersetzung mit den männlichen Kollegen gekommen oder hatten aktiv in der Frauenbewegung gearbeitet und wollten nun auch in den zu schaffenden Berufszusammenhängen ihre Autonomiebestrebungen fortsetzen.

Bis heute hat sich für sie an diesen grundlegenden frauenfreundlichen Entscheidungen kaum etwas geändert. Kritisch betrachtet sie nur, daß über diesen Entscheidungen die Fiktion »unserer Gleichheit« schwebte und diese sie in ihren alltäglichen Erfahrungen unter Druck setzte. Die Fiktion – nur noch nicht als solche erkannt – ließ sie gewagte Postulate aufstellen wie etwa dieses, das Machtverhältnis zwischen der Rechtsanwältin und ihrer Mandantin sei aufzulösen.

Ein Text von unbekannt bleiben wollenden Verfasserinnen, der im Jahre 1983 auf dem »Bremer Jurafrauentreffen« kursierte[2], spiegelt wider, daß sich das Postulat erhalten hat und – wie sie vermutet – Theoretikerinnen sich zu seiner ideologischen Absicherung berufen fühlen.

Diese behaupten, »die Solidarität von feministischen Rechtsanwältinnen und ihre soziale Identifikation mit den Mandantinnen« strebe »die Aufhebung der Machtdifferenz an«. Ihre Interessen solle die Mandantin selbst definieren und wahrnehmen, während sich die Rechtsanwältin auf solidarische Beratung und Unterstützung beschränken und ihr juristisches Fachwissen den Interessen der Mandantin unterordnen solle.

Feministische Rechtsanwältinnen sollten die Interessenvertretung in eine solidarische gemeinsame Interessenwahrnehmung wandeln. So werde das Vertretungsprinzip tendenziell aufgehoben, wenn die Rechtsanwältinnen auf ihre Spezialistinnenrolle verzichteten und Personen und Interessen der Mandantin höher bewerteten als ihr juristisches Fachwissen.

Von einer gemeinsamen Interessenwahrnehmung sprechen die Verfasserinnen aus folgendem Grund:

»Als Frauen sind Anwältinnen zugleich selbst Betroffene in der ständigen Konfrontation mit patriarchalen Strukturen, insbesondere denen von Recht und Justiz... Indem sie sich gegen die Instrumentalisierung und Entpersönlichung von Mandantinnen wehren, widersetzen sie sich zugleich der eigenen Funktionalisierung. Die auch persönliche (als Frau) Solidarität mit Mandantinnen wird zur notwendigen Bedingung zur Erhaltung der eigenen weiblichen Identität – und dies ist wohl der relevanteste Unterschied zu kritischen männlichen Kollegen.«

Die Schreiberin *dieses* Textes scheut sich nach achtjähriger Erfahrung nicht zu betonen: Es ist eine Illusion zu meinen, die Machtbeziehung zwischen Mandantin und Rechtsanwältin sei aufzulösen. Nach dem Konzept der Textverfasserinnen hätte sie eine völlig von Mandantinneninteressen funktionalisierte Rechtsanwältin vorzustellen, die sich in potenzierter weiblicher Tradition die Wünsche und Vorstellungen anderer – seien sie auch noch so unsinnig oder verfahren – zu eigen macht und in mütterlicher Überidentifikation ihre eigenen Umrisse verliert.

Als Rechtsanwältin wird sie zunächst objektiv als eine Frau definiert, die in einem besonderen Vertretungsverhältnis ihre juristische Qualifikation zur Verfügung stellt. Nicht nur ihre Kenntnisse von Recht und Durchsetzungsmöglichkeiten machen diesen Qualifikationsvorsprung vor einer Mandantin aus, die sie gerade wegen der gewünschten Stellvertretung in einer bestimmten Angelegenheit aufsucht. Vor allem die Erfahrungen im juristischen Dschungel, im tagtäglichen, verbalen Umgang mit den Institutionen der Justiz unterscheiden sie.

Daß sie dabei der Mandantin alle Lernmöglichkeiten offen lassen wird, eigene Erfahrungen bei der Definition und Durchsetzung ihrer rechtlichen Interessen zu machen, ist selbstverständlich. Mit dieser Haltung unterscheidet sie sich von den Helferinnen, die Betroffene im Beratungsprozeß und bei der Lösung des Konflikts in ihrer Objektrolle festhalten. Unterstützend tätig sein zu wollen, fordert von ihr immer auch einen subjektiven Einstieg in das Geschehen der Beratung und Interesse an der einzelnen Frau. Auch sie erlebt dieses Interesse, erinnert jedoch nur wenige Situationen, in denen Ähnlichkeiten in Sprache, Denk- und Lebensweise eine intensive Verständigung ermöglichten.

Die alltägliche Arbeit einer Rechtsanwältin ist es vielmehr, mit jeder Mandantin deren Interessen herauszuarbeiten und die rechtlichen Durchsetzungsmöglichkeiten zu besprechen. Es ist zu kurz gegriffen, von einer Unterordnung des juristischen Fachwissens unter die Interessen der Mandantin zu sprechen: Letztere will eine Beratung, in der sie von einer distanzierten, einer nicht im konkreten Konflikt involvierten Fachfrau deren Kenntnisse und die Erfahrungen anderer Mandantinnen in ähnlichen Situationen mit der Justiz erfährt.

Konfrontiert mit widersprüchlichen Haltungen, Einstellungen und Wünschen von Frauen (die eigenen nicht ausgeschlossen) gehört es auch zu ihrer Arbeit, Mandantinnen von der Durchsetzung bestimmter Ziele abzuraten, wenn diese sich in unsinnigen Kämpfen mit der Justiz und dem Gegner psychisch und finanziell verstricken würden. Die Kenntnis einer Fülle von ähnlich gelagerten Erfahrungen z. B. mißhandelter oder vergewaltigter Frauen, die der Rechtsanwältin eine Deutung und Analyse ermöglichen, trennen sie von der Mandantin, die einen Konflikt erlebt und lösen will.

Sicherlich will sie sich immer offenhalten für eine Korrektur ihrer Einschätzungen, für die Verständigung mit den Lebenszielen und

-hintergründen der Mandantin; doch scheut sie sich nicht, deren Verhalten und angebotene Interpretationen zu kritisieren. Sie wird z.B. die vergewaltigte Frau offensiv und solidarisch gegenüber dem Vergewaltiger und den Institutionen vertreten, sich jedoch nicht mit Empathie und Einfühlung zur Unterordnung der eigenen Erkenntnisse unter die Betroffenheit der Mandantin zwingen, wenn sie ein Verhalten nicht mehr nachvollziehen kann. Die Frau, die sich selbst Unerfahrenheit in der Interaktion mit einem Mann vorwirft, erfährt durch offene Kritik mehr Unterstützung und lernt, andere Handlungsmöglichkeiten zu erwägen.

Doch auch in dieser Haltung, mit der sie Distanz und das Selbstbewußtsein eigener Einschätzungen fordert, schlummern Gefahren: Als Hüterin feministischer Moral, die der Mandantin die eigenen Postulate anbietet, ist sie eine schlechte Beraterin. Sie hütet sich, die Rigidität, die sie vielleicht nicht einmal sich selbst gegenüber hat, auf Frauen in anderen Lebenszusammenhängen auszudehnen.

Ihre Moral und die verlockende Freiheit ihres Berufsstandes, die Übernahme von Mandanten auch abzulehnen, werden sie auch in Grenzsituationen führen, in denen sie eine Frau nicht mehr parteilich vertreten will.

Die Grenzen ihrer alltäglich geübten Parteilichkeit treten zutage, wenn sie erfährt, daß ihre Mandantin den Sohn oder die Tochter mißhandelt. Sie ist zwar geübt, dieses Verhalten aus der Lebenssituation der Frau zu erklären, weiß jedoch auch, wie sehr machtlose Kinder auf Unterstützung von Dritten angewiesen sind. Sie hat die Mädchen und Jungen erlebt, die sich im Frauenhaus physisch und psychisch gegen eine Rückkehr der Mutter zum mißhandelnden Vater gewehrt haben.

Sie wird sich nicht blindlings für eine Übertragung des Sorgerechts auf die Mutter einsetzen, sondern die Bestrebungen ihrer Mandantin unterstützen, ihre Beziehung zu den Kindern zu ändern oder sich von ihnen zu trennen.

Wieviel leichter kann sie sich entscheiden, wenn sie die Übernahme von Mandaten für Männer ablehnt, die sie in den meisten Fällen nicht im Sinne ihrer Berufs- und Standespflicht parteilich vertreten kann. Auch hier sind zwischen den emphatischen Forderungen, keinen einzigen Angehörigen des anderen Geschlechts zu vertreten, und der individuellen Entscheidung, dies trotz des feministischen Postulats zu tun, interessante Spannweiten zu beobachten. Auch bei Kolleginnen, die das Postulat mit besonderem Nachdruck vertreten, haben sich bei einem Blick hinter die Kulissen zwei oder drei Männer eingeschlichen, um auch vom feministischen Altruismus zu profitieren.

Die Schreiberin vertritt Männer auf keinen Fall in Rechtsstreitigkeiten gegen Frauen (z. B. Ehescheidungsverfahren), weil sie sie nicht parteilich beraten könnte. Hier legen sie und ihre Kolleginnen ehrlich ihre Voreingenommenheit offen, beanspruchen sie moralische Eindeutigkeit auch dem Gegner gegenüber. Eine derartige Haltung suchen sie vergeblich bei ihren männlichen Kollegen, die ihre offene oder latente Identifikation mit männlichen Interessen der Gegenseite verschleiern, und trotzdem ihre Tätigkeit als eine parteiliche bezeichnen.

Den Mann hingegen, der sich zu ihr verirrt hat und ihr ein Mandat anträgt, der selbst Objekt in einem Machtverhältnis zu einem anderen Mann oder einer Institution geworden ist (z. B. von Polizisten verletzter Demonstrant), wird sie sich vorbehalten, zu vertreten, wenn es ihre Kapazitäten erlauben.

Von der Verleugnung ihrer eigenen Interessen und ihres Selbstverständnisses hat sie jedenfalls nichts.

Ihre persönlichen Vorstellungen von einer emanzipatorischen Tätigkeit werden auch nicht durch die zermürbende Überzeugungsarbeit befriedigt, die sie gegenüber den Rechtsanwendern leistet: Sie wiederholt Ausführungen über das Phänomen Vergewaltigung, die ihr selbst seit langem klar geworden und die wissenschaftlich erforscht worden sind.

Reaktionäre justizpolitische Entwicklungen (§ 218 StGB z. B., Einschränkung des nachehelichen Unterhaltes) ermutigen sie ebenfalls nicht.

Zwiespältiger gestalten sich dann Erlebnisse für sie wie die folgenden:

So wird sie neben ihrem Entsetzen auch von Sarkasmus und Heiterkeit der Verzweifelten überfallen, wenn in einer Hauptverhandlung wegen Vergewaltigung, in der sich soeben noch Verteidiger und Nebenklagevertreterin bekämpft haben, die Justizwachtmeister genüßlich sechs kalte Wiener Würstchen während der Beratungspause des Gerichts verspeisen oder in einem anderen Verfahren der Verteidiger des Vergewaltigers ihr Plädoyer aus seiner dreißigjährigen Erfahrung als Strafverteidiger als Fernsehdiskussionsbeitrag von Alice Schwarzer charakterisiert.

Daß sie allein von der feministischen Moral nicht leben kann, mag der Leserin klar geworden sein.

Vielleicht auch deshalb fühlen sich ihre Kolleginnen – und auch sie selbst kennt das verlockende Gefühl – erst richtig wohl, wenn sie nach zwei Gerichtsterminen, einer Akteneinsicht, einer Auseinandersetzung mit einem Staatsanwalt, einem Gespräch mit einer Kollegin auf dem Gerichtsflur zu den Telefonaten in die Kanzlei eilt und zwischen Diktiergerät, Telefon, Aktenstapeln und Besprechungen spürt, daß nicht nur ihr Logos, ihre Sachlichkeit, ihr Beharrungsvermögen und ihre juristische Fachkompetenz gefragt sind, sondern alle ihre versteckten Machtgelüste und ihr Voyeurismus herausgefordert werden.

Sie leugnet nicht, daß vom Erleben von Frauen anderer Klassen, Lebensweisen und Erfahrungsbereiche (z. B. Prostitution oder Kriminalität), die in existentiellen Situationen ihren Rat suchen, eine Faszination ausgeht.

Ihr ist auch aufgefallen, daß sie und Kolleginnen »zum Teil mit verborgener Lust von der Überlastung sprechen, mit Koketterie und mit Hingabe vom Leiden und sich Baden im Chaos«; »die Arbeit ist erotisiert«.[3]

Die Gefahr, sich überzuidentifizieren, im Altruismus und der Aufopferung wegzuschwimmen, liegt besonders nahe, da sie den Beruf der Rechtsanwältin als einen der widersprüchlichsten für Frauen einschätzt. Da das von herkömmlichen Vorstellungen geprägte Berufsbild vor allem ihre Sachlichkeit und Fachkompetenz herausfordert, ist der Beruf zwar nicht von vornherein darauf angelegt, Weiblichkeit zu potenzieren (wie es z. B. der der Sozialarbeiterin ist). Letzteres gelingt der Rechtsanwältin jedoch dann, wenn sie die allumfassende Unterstützung ihrer Mandantinnen zum Schwerpunkt ihrer Tätigkeit ausbaut; dort kommen nicht nur ihre sozialen Fähigkeiten zur Geltung, sondern ebenso deren Kehrseite: das Gefallen an der Versorgungsmacht für andere.

Vor dem Hintergrund ihrer feministischen Moral, die sie die »Richtigen« vertreten läßt, ist ihr die eine Sicherheit garantiert: Sie ist nicht »durch die schmutzige Macht des Erfolges verführbar«, wohl aber durch die »Idealisierungen« von seiten »ihrer abhängigen« Mandantinnen.

Vor der Korrumption durch den finanziellen Erfolg ist sie besonders geschützt, gehören ihre Mandantinnen doch zu denen in diesem Land, die am wenigsten verdienen und sich um die kleinsten Summen streiten. Unkorrumpiert geht sie stolz von dannen, wenn sie erfährt, daß der Verteidiger des Vergewaltigers das zehnfache Honorar für »dieselbe« Tätigkeit erhalten hat.

Auch ist sie ständig beschäftigt, sich selbst zu überzeugen, daß von ihr geleistete Gespräche, Schreiben, Klagen und Telefonate auch dann Geld wert sind, wenn sie für die Mandantin erfolglos waren oder diese sich nicht zufrieden zeigt. Sie lernte, daß auch für ihre mehrfach qualifizierten Beratungen, selbst wenn daraus keine Klageverfahren resultieren, die Rechtsanwaltsgebührenordnung gilt.

Erst dann konnte sie den stillschweigenden oder offen vorgetragenen Erwartungen vor allem frauenbewegter Mandantinnen, sie müsse kostenlos oder billig arbeiten, entgegentreten. Seit das Persönliche politisch war, war auch das Gespräch mit der Rechtsanwältin zu deren vergnügungsreichem politischen Betätigungsfeld avanciert.

Verabschiedet hat sie sich inzwischen auch von der Gleichheitsfiktion, soweit diese alle feministischen »Jurafrauen« betrifft. Daß Rechtsanwältinnen, Referendarinnen, Studentinnen, Renogehilfinnen, Büroarbeiterinnen und Stenotypistinnen im Zuge feministischer Gleichschaltung zu »Jurafrauen und Bürofrauen« wurden, hat sie von jeher mit Trauer erfüllt: Die Wortschöpfung legt doch sehr nahe, daß sie alle Geschlechtswesen mit primär juristischer Identität seien.

Sie hält die Qualifikationsunterschiede nicht für hohle Benennungen, sondern für Unterschiede in den Ausbildungsinhalten, der gesellschaftlichen Bewertung und Besetzung mit Prestige.

Die sprachliche Einebnung steht der angestrebten Auflösung von Machtunterschieden eher entgegen: Wenn die objektiven Bewertungsunterschiede nicht benannt werden, müssen auch die Versuche scheitern, ihre Zuschreibungen individuell zu überwinden.

Die gesellschaftliche Dimension, die öffentliche Seite des Tuns einer Rechtsanwältin, ist nicht aufzulösen: Anerkennung und Bestätigung erhält *sie*, die Gerichtstermine wahrnimmt und von einem Rundfunksender für ein Interview angesprochen wird. Viele Mandantinnen bestehen darauf, *von* ihr eine Auskunft zu erhalten.

Da hält sie es für Augenwischerei, wenn die Verfasserinnen des Bremer Textes[4] es als ausreichend ansehen, weibliche Interessen und die eigenen sozialen Bedürfnisse ernstzunehmen und zu respektieren, die sogenannten produktiven = männlichen Leistungen und die minderbewerteten = weiblichen reproduktiven Leistungen gleichzusetzen, die Aktenablage und das Kaffeekochen dem Mandantengespräch und der gerichtlichen Vertretung gleichzustellen.

Auch bei größter Anstrengung, in der eigenen Werteskala diese Anerkennung zu erreichen, werden sich die individuellen Präferenzen und die gesellschaftlichen Bewertungen niederschlagen: Staubsaugen ist ihr nun einmal zuwider! Es ist ihr wichtiger, in der Zusammenarbeit mit anderen Frauen die unterschiedlichen Wünsche und Neigungen offenzulegen, auch wenn daraus »Arbeitsteilung« resultiert, als im Dickicht des Gleichmachungsstrebens zu versanden.

Auflösen kann sie die bestehenden Machtdifferenzen nur, wenn ähnlich qualifizierte Frauen zusammenarbeiten und jede von ihnen alle anfallenden Aufgaben übernimmt. Vielleicht ist ein gemeinsamer Anfang der Kanzlei unter denselben finanziellen Bedingungen möglich zwischen Renogehilfinnen und Rechtsanwältinnen: Erstere verfügen über Kenntnisse und Fähigkeiten in der Zwangsvollstreckung und im Kostenrecht – existentielle Bereiche eines funktionierenden Büros, die der Beratungsarbeit gleichzustellen sind –, über die die Rechtsanwältinnen nicht verfügen: Sie sind darin nicht ausgebildet worden und haben sich oft zu sehr auf die sozialarbeiterischen Tätigkeiten gestürzt.

Die Zusammenarbeit mit Frauen ist für sie heute kein Postulat mehr, das sie zu Gleichmachungsbestrebungen verpflichtet, sondern eine aktive individuelle Wahl, eine soziale Vorliebe. Sie zieht die Auseinandersetzung mit Frauen, die sich ernstnehmen, der entspannenden konfliktfreudigen Funktion für ihre männlichen Kollegen vor, auch wenn sie nach den ersten Konflikten in Frauenbüros weiß, daß es dort nicht unbedingt entspannter und angenehmer zugeht.

Anmerkungen

1 Hier ähnelt der »Ansatz« dem linker Rechtsanwälte Ende der sechziger Jahre, das Herrschaftswissen für die gesellschaftlich Schwächsten einsetzen zu wollen, deren Ängste vor der Justiz zu mindern, sie im Kampf für

ihre Interessen handlungsfähig zu machen und die Weitergabe des Wissens so nicht zur Machtausübung werden zu lassen. Vgl. K. Eschen, *Vor den Schranken. Erfahrungen eines linken Anwalts,* in: *Kursbuch* 40, 1975, S. 103ff.

2 Unveröffentlichter Text, Autorinnen anonym, *Zum Selbstverständnis von weiblichen Juristen und feministischen Juristinnen,* auf dem Bremer Jurafrauentreffen, Mai 1983 verteilt. Siehe auch *Streit* 2/1983, S. 45.

3 Sozialarbeiterinnengruppe Frankfurt, aufgeschrieben von S. Schade/U. Schmauch/N. Seelbach, *Gefühlsarbeit,* in: *Sozialmagazin* 3. Jg., 9/1978, S. 22ff., Zitate S. 24, 25.

4 Ebd., S. 8.

Jutta Limbach

Engagement und Distanz als Probleme einer feministischen Rechtswissenschaft

1. Forschung in eigener Sache

Das Arbeitsideal der Frauenforschung belebt gegenwärtig ein in der Sozialwissenschaft vertrautes Thema der Methodologie. Unter den Schlagworten »Engagement und Distanzierung« ist dort die These diskutiert worden, daß jede Sozialforschung unbedingt Partei ergreifen müsse. Die kritische Auseinandersetzung mit diesem Postulat hat eine Einsicht in die Voraussetzung humanwissenschaftlichen Forschens gefördert: daß der Wissenschaftler an den Angelegenheiten seiner ausgewählten Bezugsgruppe teilnehmen und sich einbeziehen lassen muß, wenn er die Probleme verstehen will, die er zu lösen sucht. Jenseits dieser idealen Forderung stellt sich jedoch die eigentliche Frage, nämlich wie das Verhältnis von Engagement und Distanzierung in der wissenschaftlichen Arbeit beschaffen sein muß, um dem Forscher ein verläßlicheres Wissen über seine ausgewählte Bezugsgruppe zu ermöglichen.[1] Vor dieses Problem sehen sich auch die Wissenschaftlerinnen gestellt, die mit feministischem Blick die Lebensverhältnisse von Frauen in der Vergangenheit oder Gegenwart wissenschaftlich ergründen wollen. Das Dilemma offenbart sich bereits in dem Selbstzeugnis einer der ersten Frauenforscherinnen im Bereich des Rechts und der Wirtschaft. Emma Oekinghaus schrieb 1925 in dem Vorwort zu ihrer Studie über *Die gesellschaftliche und rechtliche Stellung der deutschen Frau:*

»Wenn in der vorliegenden Arbeit der Versuch gemacht wird, die gesellschaftliche und rechtliche Stellung der deutschen Frau darzulegen, so kann dieser Versuch nur in dem Maße erfolgreich sein, als es dem Beobachter gelingt, sich von vorgefaßten Meinungen frei zu halten. Ein solcher Standpunkt ist den Menschen der Gegenwart – gleichviel ob Mann oder Frau – nicht leicht; denn er kämpft eben nicht nur um die Deutung des gesellschaftlichen Zustands, sondern um diesen gesellschaftlichen Zustand selber, dessen er sich freut oder unter dem er leidet. Und das Bewußtsein dieser Tatsache ist leicht dazu angetan, den Blick zu trüben. – Doch hat sich die Verfasserin bemüht, eine Beeinträchtigung der objektiven Betrachtungsweise nach Möglichkeit zu vermeiden.«

Diesem Bemühen um ein möglichst leidenschaftsloses Forschen in eigener Sache begegnen Emma Oekinghaus' jüngere Kolleginnen mit offenem Vorbehalt. Ich möchte das exemplarisch an dem Berufsethos und der Arbeitsweise der feministischen Juristinnen darlegen.

2. Die feministischen Juristinnen

Über das Selbst- und Forschungsverständnis dieser aus der neuen Frauenbewegung stammenden Berufsgruppe unterrichtet ihr eigenes Organ der Rechtskritik: die feministische Rechtszeitschrift *Streit.* Autoritative Bekenntnisse darüber, was eine feministische Juristin ist oder sein könnte, sucht man dort allerdings vergeblich.[2] Die Zeitschrift versteht sich eher als ein Forum des Gedanken- und Erfahrungsaustauschs, in dem um eine gemeinsame Sichtweise der Benachteiligung und Unterdrückung der Frau gerungen wird. Durch eine neue Art, Fragen zu stellen, wollen die streitbaren Juristinnen eher die professionelle Sicherheit ihrer vielen Kollegen und wenigen Kolleginnen erschüttern, als eine feministische Lehre verkünden. Aus den Beiträgen in *Streit* erfahren wir immerhin so viel über die Autorinnen: Getreu dem Ziel unserer Ausbildungsordnungen wollen sie im Umgang mit dem Recht sich seines geschichtlichen, gesellschaftlichen und politischen Bezugs vergewissern. Sie wollen nicht nur aufgeschlossene Juristinnen sein, sondern sie beanspruchen nach ihrem Selbstverständnis zugleich Frauenforscherinnen zu sein. Sie teilen mit den Frauenforscherinnen aus dem Bereich der Sozialwissenschaften die Postulate der Parteilichkeit und fächerübergreifenden Zusammenarbeit, die Abneigung gegenüber den quantitativen Methoden der empirischen Sozialforschung und verwirklichen nach ihrem Selbstverständnis die Verbindung von Forschen und Handeln. Ihre Hintergrundannahme ist die Unterdrückung von Frauen in unserer Gesellschaft. Ihr Erkenntnisziel sind die Sexismen in der Rechtspolitik und Rechtspflege. Ihr Arbeitsethos ist es, Frauen auf dem Weg zur Selbständigkeit zu unterstützen.[3]

3. Die Selbstbetroffenheit

Das zentrale Postulat der Frauenforschung, nämlich das der Betroffenheit wird in jüngsten Selbstzeugnissen der frauenorientierten Juristinnen nicht mehr hochgehalten, sondern durch das der Parteilichkeit ersetzt. Die Rechtsanwältinnen unter ihnen haben in ihrer Alltagsarbeit die Erfahrung gemacht, daß das Frausein allein noch kein angemessenes Verständnis von Frauenproblemen oder ein partnerschaftliches Verhältnis zur Mandantin garantiert. Allein schon das Wissen vom Recht verleiht Macht – ganz abgesehen von der vielfach unterschiedlichen gesellschaftlichen und wirtschaftlichen Situation von Rechtsanwältin und Mandantin, die eine Identifikation allenfalls über die Einbildungskraft gestattet.[4]

Wir würden allerdings das fortgeschrittene Stadium der Methodologiediskussion in der Frauenforschung verkennen, wollten wir annehmen, Betroffenheit meine ein volles Übereinstimmen oder Sich-Gemeinmachen der Forscherin mit der Bezugsgruppe der Frauen. Dieses Postulat soll zum Ausdruck bringen, daß die Wissenschaftlerinnen sowohl die Unterdrückung Erforschende als auch von der Unterdrückung Betroffene sind. »... als Frau partizipiert« die Forscherin, so Heide Göttner-Abendroth, »schon an der allgemeinen Unterdrückung ihres Geschlechts, sie braucht nicht erst durch ihre Aktion für die Unterdrückten eine Ahnung davon zu bekommen«. Eine Forscherin, so folgert sie, habe sich zunächst einmal zu vergewissern, was die Unterdrückung von Frauen allgemein bedeute und erst in einem zweiten Schritt zu erkunden, was die spezifische Unterdrückung von Frauen einer bestimmten Schicht heiße. Erst das Ent- und Aufdecken der graduellen und strukturellen Unterschiede in der Betroffenheit auch anderer sozialer Schichten, könnte zur Bildung einer vielschichtigen und differenzierten feministischen Gesellschaftstheorie führen.[5]

4. Die Parteilichkeit

Die Zeitschrift *Streit* gibt ein durchaus stellvertretendes Beispiel, was Parteinahme für Frauen in der Rechtswissenschaft bedeutet: Die Aufmerksamkeit ist ausschließlich auf Themen und Informationen gerichtet, die die Interessen und Bedürfnisse von Frauen berühren. Im Mittelpunkt stehen nicht allein die Belange derjenigen Frauen, die Recht suchen oder – etwa als Angeklagte – erfahren. Erörtert werden auch die Probleme der feministischen Juristinnen im Umgang mit Behörden, Kollegen und Kolleginnen sowie ihr Verhältnis zu ihren Mandantinnen.

Die Überlegungen, die jene Beziehung betreffen, zeigen, daß Parteilichkeit mit einer gehörigen Portion von Skepsis und Feinfühligkeit geübt werden muß, soll diese nicht in Standpunktlosigkeit oder Bevormundung ausarten. Für eine Rechtsanwältin beispielsweise, die aus einer Vielzahl gleichgelagerter Fälle weiß, welche Erfahrungen mißhandelte oder vergewaltigte Frauen im Gerichtssaal machen, ist es fragwürdig, ob sie ihrer jeweiligen Mandantin raten soll, sich auf ein Gerichtsverfahren und dessen unvermeidliche psychische und finanzielle Kosten einzulassen. Die Rechtsanwältin darf sich nicht als »Hüterin feministischer Moral« aufspielen und ungeachtet der Wünsche und Möglichkeiten ihrer Mandantin dieser ihre Ziele aufdrängen.[6]

Die These, daß sich durch Solidarität und soziale Identifikation mit der anderen Frau Machtunterschiede aufheben lassen, hat sich offenbar nicht nur im Verhältnis zu den Mandantinnen als weltfremde Schwärmerei erwiesen. Auch im Verhältnis zu den übrigen Mitarbeiterinnen in der Kanzlei scheinen der Wissensvorsprung und die Unterschiede in der Sprache, der Denk- und Lebensweise als verständnishemmend zu wirken. Die Berichte in *Streit* über die Treffen der Jurafrauen, die Studentinnen, Referendarinnen und Bürofrauen einschließen, deuten an, daß frauenorientiertes Denken allein Positionsunterschiede nicht einebnet.[7] Es wäre gewiß falsch, hier überholtes Standesdenken von »arrivierten« Akademikerinnen zu vermuten. Unterschiedliche Verantwortlichkeiten bedingen unterschiedliche Erkenntnisanforderungen und Einstellungen darüber, was machbar ist und getan werden sollte. Nur im Gefilde der Theorie läßt es sich leicht unbedingt sein.

Parteilichkeit als eine bewußte und überdachte Haltung scheint eher eine der Objektivität förderliche Redlichkeit herauszufordern als die unbedachte Vertretung jedweden Interesses. Feministische Rechtsanwältinnen weigern sich deshalb, Männer in Rechtsstreitigkeiten gegenüber Frauen zu vertreten, weil sie diese wegen ihrer Voreingenommenheit für die Belange der Frau nicht parteilich beraten könnten. Sie »beanspruchen moralische Eindeutigkeit auch dem Gegner gegenüber«. Einer ihrer Vorwürfe an die Adresse ihrer männlichen Kollegen ist gerade der, daß diese – beispielsweise in Ehesachen – verkennen, in welchem Maße sie sich kraft gemeinsamer männlicher Denkmuster mehr oder minder unbewußt mit den Interessen des Mannes auf der Gegenseite identifizieren und die Belange ihrer Mandantin vernachlässigen.[8]

5. Das Objektivitätsideal

Feministische Juristinnen wollen nicht nur parteilichen Rechtsbeistand für Frauen leisten, sondern auch parteilich im Gefilde der Rechtswissenschaft argumentieren und forschen. Da sind, das wissen sie allemal selbst, die Prämissen juristischen Urteilens und wissenschaftlichen Arbeitens berührt. – Trägt Justitia nicht zumeist eine Binde vor den Augen, um zu verdeutlichen, daß Unparteilichkeit das Kriterium von Gerechtigkeit ist? – Doch die prätendierte Objektivität und Neutralität juristischen und rechtspolitischen Argumentierens ist gerade der Angriffspunkt der feministischen Juristinnen. Sie kritisieren den Mangel an Bewußtheit, an persönlicher Glaubwürdigkeit – wie Alvin W. Gouldner[9] es ausdrücken würde. Gemeint ist die mangelnde Bereitschaft der von Männern beherrschten Rechtswissenschaft und -politik zu überdenken, in welchem Verhältnis ihre persönlichen Wünsche und Werte zu ihren Annahmen über die *wohlverstandenen* Bedürfnisse von Frauen stehen.

Ein Beispiel bieten die patriarchalischen Rechtswohltaten für Frauen. Sie verdanken sich nach Männersicht der Rücksichtnahme auf biologische Unterschiede der Geschlechter. Sowohl das alte Familienrecht als auch das gegenwärtig geltende Arbeitsschutzrecht wollen – so die feministische Kritik – weniger die Frauen schützen als die Erledigung der familiären Arbeiten durch die Frauen garantieren. Auch das Unternehmertum habe frühzeitig erkannt, so heißt es in der *Basler Frauenuntersuchung*, daß den Frauen eine besondere Stellung im Arbeitsprozeß eingeräumt werden mußte, um ihre Gebärfreudigkeit und ihre Bereitschaft zu schützen und zu fördern, das Arbeitsvermögen der Familienmitglieder physisch und vor allem jetzt psychisch zu regenerieren. Die angestrebte Sonderstellung der weiblichen Arbeitskraft in der

Arbeitsgesetzgebung habe »vor allem familien- und sozialpolitische Gründe« gehabt, »und nicht, wie die Überlieferung irrtümlicherweise« argumentiere, »Gründe, die in der Auffassung der biologisch schwächeren Natur der Frau« lägen.[10] Die Aufmerksamkeit, die den arbeitsrechtlichen Schutzvorschriften in frauenorientierten Arbeiten immer wieder gezollt wird, erklärt sich nicht – oder nicht vorzugsweise – aus dem Wunsch, den Hintersinn patriarchalischer Rechtswohltaten bloßzulegen. Die Nachdenklichkeit herausgefordert hat stets auch ihr ambivalenter Charakter; denn Normen, die die Frauen als eine schutzbedürftige Gruppe von Rechtsgenossen herausheben, pflegen diese nicht nur zu schützen, sondern zumeist auch ihre Verhandlungsmacht auf dem Arbeitsmarkt zu schwächen. Diese Schutzbestimmungen bergen die Gefahr in sich, daß Frauen mit ihrer Hilfe aus arbeitsmarkt- und beschäftigungspolitischen Gründen vom Arbeitsmarkt ferngehalten werden. Bei dem Mutterschaftsurlaub, so eine These in *Streit,* handelt es sich »weniger um Schutz von Kind und Mutter, als um ein flexibles Instrument der Arbeitsmarktpolitik«.[11]

6. Der konventionelle Denkstil der Jurisprudenz

Ein weiterer, auch in der Zeitschrift *Streit* attackierter Kritikpunkt der feministischen Juristinnen ist die herkömmliche Denk- und Argumentationsweise der Jurisprudenz.

– Wenn von Jurisprudenz die Rede ist, geht es nicht um die Rechtswissenschaft im engeren Sinne, also um Rechtsphilosophie, Rechtstheorie, Rechtsgeschichte oder Rechtssoziologie. Dem Arbeitsbereich der Jurisprudenz werden alle Bemühungen zugerechnet, die die methodische Anwendung des geltenden Rechts zum Gegenstand haben. Diese juristische Handlungs- und Entscheidungslehre mag man als Rechtswissenschaft begreifen. Aber weder die juristische Methodik noch die juristische Dogmatik haben für sich betrachtet etwas mit Forschung zu tun.[12] Frauenorientierte Rechtskritik, wie sie überwiegend in der Zeitschrift *Streit* betrieben wird, läßt sich darum eher als eine feministische Jurisprudenz bezeichnen denn als Frauenforschung.

Im Hinblick auf die Jurisprudenz geht der Vorwurf der feministischen Juristinnen dahin, daß sich die behauptete Objektivität in selbstgenügsamen, auf formale Techniken verkürzten Standards der herkömmlichen Methodenlehre erschöpfe. Der unreflektierte Gebrauch jener Techniken verschleiert nach ihrer Meinung nur die Einsicht, daß formale Rechtsgleichheit nicht ausreicht, um soziale Gleichheit unter den Geschlechtern zu bewirken. Allzu leicht wird so verkannt, daß Frauen und Männer von formal geschlechtsunspezifischen Vorschriften unterschiedlich betroffen werden. Ein aktuelles Beispiel bietet in diesem Zusammenhang das 1982 novellierte Arbeitsförderungsgesetz: Durch die Einschränkung der Leistungsvoraussetzungen dieses Gesetzes auf Personen, die innerhalb der letzten drei Jahre wenigstens zwölf Monate beitragspflichtig beschäftigt gewesen sind, werden vornehmlich Frauen von den Maßnahmen zur Wiedereingliederung in den Arbeitsmarkt ausgeschlossen; denn gerade Familienfrauen pflegen häufiger aushilfsweise, weniger kontinuierlich und zumeist sozialversicherungsrechtlich ungeschützt tätig zu sein. Nicht nur in der Zeitschrift *Streit,* sondern auch im Frauenbericht des Bundesministers für Jugend, Familie und Gesundheit werden weitere Beispiele aus dem Bereich des Arbeitsrechts dargelegt, die zeigen, daß egalitär formulierte Vorschriften Frauen wegen ihrer andersgearteten Lebensverhältnisse im Vergleich zu Männern überproportional benachteiligen.[13]

Eine Eigenart des juristischen Denkens kommt hinzu, die dieses für den sozialen Sachverhalt, insbesondere für die wirtschaftliche und soziale Ungleichheit von Rechtsuchenden wenig empfänglich macht. Insbesondere im Zivilprozeß nehmen Richter die sich vor Gericht streitenden Personen nur als einzelne, nicht aber als Angehörige bestimmter gesellschaftlicher Gruppen wahr. Der Blick des Juristen richtet sich auf die einzelnen Ansprüche und Einwände der Partei, als ob nur die individuelle Situation und nicht zugleich der soziale Hintergrund des Konflikts zu bedenken wäre.[14] Ausgehend von der rechtlichen Gleichheit der Partner vernachlässigen die Richter die unterschiedlichen Bedingungen, unter denen Frauen und Männer in der Gesellschaft, Familie und dem Beruf leben und wirken.

Zwei Beispiele mögen das veranschaulichen.

Für die Strafbarkeit der Vergewaltigung wird zumeist ein erheblicher körperlicher Widerstand der betroffenen Frau vorausgesetzt. Ein deutliches Nein einer Frau oder leichter körperlicher Widerstand wird häufig nicht als ausreichende Gegenwehr gewertet, weil der Mann dieses Verhalten als ein Sich-Zieren mißdeutet haben könnte. Eine solche Rechtsprechung wird nicht zuletzt deshalb als parteiisch gescholten, weil sie die normale Sozialisation von Frauen außer acht läßt, die nicht zu lernen pflegen, sich mit Hilfe erheblicher physischer Kraftentfaltung durchzusetzen.[15]

Ein weiteres Beispiel bietet die Rechtsprechung zum Unterhaltsrecht während und nach der Scheidung. Die Gerichte haben wiederholt unter Hinweis auf die Härteklausel bedürftigen Ehefrauen den Unterhalt versagt, wenn diese mit einem anderen Partner in einer außerehelichen Verbindung lebten. Mit dem Hinweis auf scheidungssoziologische und entwicklungspsychologische Erkenntnisse ist dem richterlichen Kurzschluß zu begegnen versucht worden, daß der Partnerwechsel für sich betrachtet ein schwerwiegendes eheliches Fehlverhalten sei, das die Unterhaltszahlung durch den verlassenen Ehegatten unzumutbar erscheinen lasse. Denn die Zuwendung zu einem anderen Partner erscheint scheidungswilligen Familienfrauen vielfach als einzige Alternative, wenn sie sich aus einer zerrütteten Ehe lösen wollen. Viele Frauen stellen sich nicht auf die eigenen Füße, sondern gesellen sich einem anderen Mann zu, weil sie sich nur in ihren Rollen als Ehefrau, Hausfrau und Mutter als vollwertige Subjekte begreifen. Die Soziologie der Scheidung lehrt, daß die Frauen, die während der Ehe nicht berufstätig waren oder eine geringe berufliche Qualifikation besaßen, die Scheidung zumeist als Katastrophe erlebt haben und sich alsbald wieder zu verheiraten strebten.[16] – Uwe Diederichsen, einer unserer Familienrechtswissenschaftler, wollte dieses Argument von der sozialen Situation der scheidungswilligen Familienfrau nicht übergehen und die Zuflucht zu dem neuen Partner nicht per se als schwerwiegendes Fehlverhalten werten. Sondern, so führt er aus, »es ist durchaus auf die Ursachen der jeweiligen Zerrüttung einzugehen – jedenfalls soweit sie sich dem Familiengericht mit der erforderlichen Evidenz erschließen«.[17] Auf diese Weise aber wird die gesellschaftliche Tatsache der wirtschaftlichen und psychischen Abhängigkeit der Frau zu einem Element der individuellen Verschuldensanalyse verkürzt und verliert seinen allgemeinen Aussagegehalt. Wie soll die einzelne Familienfrau im Prozeß den Nachweis führen, daß ihre »Fluchtbewegung nach ihrem vorgeprägten Rollenverhalten nur auf dem Umweg über einen anderen Beschützer psychisch bewältigt werden« konnte?[18] Das empirische Argument von der gesellschaftlich bedingten Abhängigkeit der Frau wird schwerlich in individualistischer Weise zum Beweisgegenstand gemacht werden können, zumal Richtern schon das psychologische Rüstzeug fehlen dürfte, um eine solche vielfach unterbewußte Motivation zu erkunden. Die soziale Tatsache sollte allgemein die Unangemessenheit des richterlichen Obersatzes dartun, daß ein Partnerwechsel für sich betrachtet ein schwerwiegendes, den Unterhaltsausschluß rechtfertigendes Fehlverhalten sei.[19]

Man mag eine Rechtskritik parteilich nennen, die unermüdlich denunziert, daß formal geschlechtsunspezifische Vorschriften und Richtersprüche Frauen benachteiligen, wenn deren gesellschaftliche Lage nicht reflektiert wird. Aber im Grunde schafft jenes einseitige Bemühen, verzerrt wahrgenommene Sachverhalte mit feministischem Blickwinkel zurechtzurücken, erst ein ausbilanziertes Bild der gesellschaftlichen Situation und stellt damit Neutralität erst her.[20]

7. Neue Erfahrungs- und Sinnbedürfnisse von Männern

Ginge es in der Rechtswissenschaft nur um das systematische Gewinnen von Wissen, so könnte man sich mit der Taktik begnügen, durch das Ansammeln von »einseitigen«, »parteilichen« Studien nach und nach ein ausbilanziertes Bild von dem Geschlechterverhältnis hervorzubringen. Da in der Jurisprudenz Interessenkonflikte zu lösen sind, muß ein Ausgleich gefunden werden. Vielfach – insbesondere, aber nicht nur im Familienrecht – bedingen die Begünstigungen des einen Geschlechts entsprechende Nachteile des anderen, so daß vermittelt werden muß. Angesichts des Interessenkonflikts zweier sozialer Gruppen gilt es als taugliche Methode der Klarsicht, den Standpunkt eines Außenstehenden einzunehmen.[21] Da es jedoch sowohl Frau als auch Mann schwerfallen dürfte, sich in die Lage eines am Geschlechterverhältnis unbeteiligten Neutrums zu versetzen, bleibt nur der andere Weg, die Warte des Gegenparts einzunehmen, um den eigenen Standpunkt zu überprüfen. Eine Probe auf das Gelingen eines solchen Perspektivenwechsels könnte die Frage bieten, wie feministische Juristinnen Versuchen von Männern begegnen, in bisher den Frauen vorbehaltene Bereiche einzudringen.

Nach dem neuen Hebammengesetz sollen künftig auch Männer Entbindungshelfer werden dürfen. Wie wird das Eindringen der

Männer in dieses traditionell weibliche Betätigungsfeld in der Zeitschrift *Streit* von einer Autorin kommentiert? Diese Öffnung des Berufs wird als Nachteil begriffen. Denn zum einen werde »die Tendenz gefördert, Frauen aus angestammten Berufen zu verdrängen, um in Zeiten hoher Arbeitslosigkeit den Männern auf Kosten der Frauen weitere Berufsfelder zu eröffnen«. Zum anderen würden »die Interessen der Schwangeren an der Betreuung durch eine Frau nicht berücksichtigt«.[22] Die Frage mag dahingestellt bleiben, woher die Verfasserin weiß, daß jede Schwangere lieber von einer Frau als von einem Mann betreut werden möchte. Richtig ist gewiß, daß Frauen künftig auch in diesem Berufsstand mit Männern um die wenigen Ausbildungs- und Arbeitsplätze werden kämpfen müssen und möglicherweise auch hier alsbald ihre geringere Verhandlungsmacht zu spüren bekommen werden. Nur: beeinträchtigt eine Abwehrhaltung nicht die Glaubwürdigkeit der feministischen Juristinnen und schwächt die Überzeugungskraft ihrer Kritik an der patriarchalischen Weiblichkeitsideologie?

Ein Beispiel aus dem Familienrecht bietet der Kampf ums Kind, d. h. um das Sorgerecht nach der Scheidung. Eine beiden Eltern die Verantwortlichkeit belassende Entscheidung wäre die für das von dem Bundesverfassungsgericht für zulässig erachtete gemeinsame Sorgerecht. Aber auch diese Möglichkeit wird als ein neues Zeugnis patriarchalischen Hintersinns gewertet. Bedenke man, so argumentiert eine Rechtsanwältin in der Zeitschrift *Streit*, den gegenwärtigen Trend zur Mehrfachscheidung und Wiederheirat, so werde der Mann mittels des gemeinsamen Sorgerechts gleichsam zum »Mehrfachherrscher über mehrere Familien«.[23] Gewiß ist diese These nach der Devise aufgestellt worden, daß frau vieles einfach weglassen und übertreiben müsse, wenn es gelte, einen Standpunkt klar zu machen. Auch repräsentiert jene Diagnose nicht die offiziöse Meinung der Zeitschrift *Streit* oder der feministischen Juristinnen. Sinn dieses Organs ist es gerade, durch Gedankenaustausch und Diskussion herauszufinden, wie die gesellschaftliche, wirtschaftliche und rechtliche Situation von Frauen allgemein verbessert werden kann. Dennoch stellt sich beim Lesen radikal feministischer Texte unwillkürlich die Frage, ob nicht auch bewußte Parteilichkeit einen Prüfstein hat, der vermeiden hilft, daß die subjektive Wirklichkeitssicht des Privatgeschöpfs ununterscheidbar mit dem Standpunkt der Wissenschaftlerin verschmilzt.

8. Die Frauenbewegung als »scientific community«

Bei der erstmaligen Vergabe von öffentlichen Mitteln für Frauenforschung haben sich Angehörige der Frauenbewegung zusammengefunden, um gemeinsam Kriterien für die Förderungswürdigkeit von Projekten zu erarbeiten. Die Frage, welchen Bezug das Projekt zur Frauenbewegung hat, wurde der besonderen Aufmerksamkeit der Gutachterinnen empfohlen. Außerdem sollten die Antragstellerinnen praktische Erfahrungen in der Frauenbewegung haben. – Das nicht nur in diesem Kriterienkatalog wiederholt angesprochene Verhältnis der Wissenschaftlerin und ihres Projekts zur Frauenbewegung macht deutlich, daß diese eine gewisse Definitionsmacht für Frauenforschung für sich in Anspruch nimmt. Auch Göttner-Abendroth deutet das Postulat in der Weise: »Aus dieser Verflechtung der Frauenforschung mit den Aktionen und Zielen der Bewegung ergibt sich, daß die Wahl des Forschungsgegenstandes nicht in die Beliebigkeit der einzelnen Forscherin gestellt ist, sondern von den strategischen Erfordernissen der Bewegung abhängt.«[24] Sie fungiert also insoweit als eine Art wissenschaftlicher Gemeinschaft. Auch ihr Denken und Handeln bestimmt bekanntlich die Einsicht, daß Frauen in unserer Gesellschaft wegen ihres Geschlechts unterdrückt werden. Doch dürfte diese Diagnose für sich allein kaum als Paradigma taugen, aufgrund dessen sich entscheiden ließe, was als zulässiges Problem und Weise seiner Lösung gelten solle. Die neue Frauenbewegung hat sich nicht um eine anerkannte wissenschaftliche Leistung geschart.[25] Ihr Ausgangspunkt war die Aktion § 218 StGB, ihre vornehmliche Aufmerksamkeit galt alsbald und gilt der Gewalt gegen Frauen. Die Suche nach einer Arbeitsdefinition für Frauenforschung hat sich an diesem gesellschaftlichen Phänomen entzündet und von diesem leiten lassen. Eingeweihte erkennen ohne weiteres, daß Maria Mies bei der Formulierung ihrer methodologischen Postulate der Frauenforschung ein Frauenhausprojekt vor dem geistigen Auge gestanden hat.[26] Taugt eine solche vornehmlich durch ihre politischen Ziele geprägte Bewegung als eine offizielle Instanz, die Themen, Vorgehensweisen und Bedürfnisse von Frauen eindeutig zu formulieren vermöchte? Die Antwort fällt schon deshalb schwer, weil sich weder *die* Frauenbewegung noch ihre Gefolgsfrauen so ohne weiteres dingfest machen lassen. Zudem zeichnet sich auch die Frauenbewegung durch

Meinungsvielfalt, unterschiedliche Wirklichkeitskonstruktionen, Richtungskämpfe und mitunter dogmatische Exklusivitätsansprüche aus. Welches ist ihr Organ? *Emma, Courage, Der Feminist* oder aber *Die feministischen Studien*?

Auch in der von der Frauenbewegung initiierten Frauenforschung werden unterschiedliche wissenschaftstheoretische Positionen und rechtspolitische Konzepte vertreten. So war es lange Zeit unter den frauenbewegten Forscherinnen umstritten, ob man überhaupt auf rechtliche Institutionen bauen soll. Immer wieder wird die Frage gestellt, ob kompensatorisches Recht, das die Benachteiligung von Frauen ausgleichen soll, ihrer Gleichberechtigung und Emanzipation überhaupt dient. Angesichts dieser Situation ist es in der Tat gefährlich, von *der* Frauenbewegung zu sprechen, weil ein solches Denken im Sinne eines kollektiven Frauenbewußtseins unvermeidlich zu trügerischer und – im Ernstfall – dogmabesessener Sicherheit führt.[27] In Anbetracht dieser Sachlage kann die Frauenbewegung dem Zweifel enthobene, verbindliche Maximen und Definitionen von Frauenforschung nicht bieten. Doch spielt sie – oder genauer: spielen die sich im Umkreis der Frauenbewegung mehr oder minder spontan bildenden Berufsgemeinschaften von Wissenschaftlerinnen eine anregende Rolle als Diskussionsforum, heben aber die Eigenverantwortlichkeit der Forscherin bei der Themenwahl und ihrem Erklärungsansatz nicht auf.

9. Die Vernünftigkeit der Berufsausübung

Soweit feministische Juristinnen im Feld der Jurisprudenz arbeiten, werden ihre Lösungsvorschläge auch durch die Erkenntnisanforderungen der juristischen Ordnungsaufgabe beeinflußt. Sie werden sich kaum der »zielstrebigen Eingleisigkeit des Denkens« verschreiben können, »mit der man am besten sein Interesse durchsetzt«.[28] Diese Geisteshaltung kann sich mit Erfolg nur der leisten, der Macht besitzt. Ideologische Gegenbilder, die das Verhältnis von Mann und Frau als ein schlechthin antagonistisches deuten, mögen eine einsichtsfördernde Provokation bedeuten. Das Beharren in einer solchen Sicht behindert jedoch die Verständigung und damit den Interessenausgleich, auf den ein juristisches Entscheidungsverfahren zielt. Entwürfe für eine Verbesserung der

Situation von Frauen müssen bedenken, daß die Lebensverhältnisse von Mann und Frau sozial und rechtlich in einem unauflöslichen Zusammenhang stehen.[29] Das fordert dazu heraus, den männlichen Mitgliedern der Gesellschaft den Weg offenzuhalten, Frauen bei der Übernahme von gleichen Rechten und Pflichten entgegenzukommen. Feministischer Analyse und Aufklärungsarbeit, die die fremdbestimmte Rolle der Frau bloßlegt, kommt bei diesem Ziel eine bedeutsame politische und wissenschaftliche Funktion zu. Denn erst auf der Grundlage parteilich bestimmter Standpunkte läßt sich Abstand nehmen und darüber nachdenken, wie sich Lebensbedingungen schaffen lassen, die einseitige Verzichte vermeiden helfen.

Anmerkungen

1 N. Elias, *Engagement und Distanzierung,* Frankfurt 1983, S. 30.
2 S. Pötz-Neuburger, *Wie wir wurden, was wir sind. Zur Geschichte der Jurafrauen-Treffen,* Teil II, in: *Streit* 2/1983, 42, 45; und C. Burgsmüller, *Vom Mythos einer feministischen Rechtsanwältin,* in: *Streit* 1/1984, 3 ff., s. in diesem Band S. 159 ff.
3 C. Burgsmüller, *Zur Wahrnehmung von Sexismen in der Rechtswirklichkeit und Entwicklung von antisexistischen Forderungen sowie Durchsetzungsmöglichkeiten im Bereich von Recht und Justiz,* in: *Methoden in der Frauenforschung,* hg. von der Zentraleinrichtung von Frauenstudien und Frauenforschung an der Freien Universität Berlin, Frankfurt 1984, S. 100 ff.; und U. Müller, *Gibt es eine »spezielle« Methode in der Frauenforschung?,* in: ebd., S. 29, 32.
4 Burgsmüller, *Wahrnehmung,* a. a. O., S. 102.
5 H. Göttner-Abendroth, *Wissenschaftstheoretische Positionen in der Frauenforschung,* in: *Methoden in der Frauenforschung,* a. a. O., S. 250, 263.
6 Burgsmüller, *Mythos,* a. a. O., S. 4.
7 Ebd. und in: *Streit* 1/1983, S. 36; 2/1983, S. 42; 1/1984, S. 29 und 2/1984, S. 67.
8 Burgsmüller, *Mythos,* a. a. O., S. 5.
9 A. W. Gouldner, *The Sociologist als Partisan: Sociology and the Welfare State, in: The American Sociologist* 1968, S. 103, 113 f.
10 L. Guyer/E. Hunziker/R. Hungerbühler, *Basler Frauenuntersuchung,* Basel 1982, S. 87 f.

11 J. Bahr-Jendges/I. Bubenick-Bauer, *Im Kleid der Mütterlichkeit. Familie und Familienpolitik in der BRD*, in: *Streit* 2/1983, S. 7, und U. Gerhard, *Verhältnisse und Verhinderungen. Frauenarbeit, Familie und Rechte der Frauen im 19. Jahrundert*, Frankfurt 1978, S. 64ff.

12 Zu der hier verwendeten Terminologie vgl. O. Ballweg, *Rechtswissenschaft und Jurisprudenz*, Basel 1970, S. 91ff. Vgl. auch K. Larenz, *Methodenlehre der Rechtswissenschaft*, Berlin u. a. 1983[5], S. 5.

13 Vgl. Bahr-Jendges/Bubenick-Bauer, *Kleid*, a. a. O., S. 5f. und Bundesminister für Jugend, Familie und Gesundheit, *Frauen in der Bundesrepublik Deutschland*, Bonn 1984, S. 26.

14 Vgl. die Kritik dieser Sichtweise durch E. Schmidt, *Schuldrecht* Bd. I Allg. Teil, Heidelberg, Karlsruhe, S. 3.

15 K. Engel, *Warum eine Reform der §§ 177, 178 StGB ...?*, in: *Streit* 2/1984, S. 50, 53.

16 J. Limbach, *Unterhaltsverlust wegen grober Unbilligkeit bei Getrenntleben*, in: NJW 1980, S. 871, 873f.

17 U. Diederichsen, *Unterhaltsrechtliche Folgen des Partnerwechsels: Rückkehr zum Verschuldensprinzip im Scheidungsfolgenrecht*, in: NJW 1980, S. 1672f.

18 Ebd.

19 Vgl. hierzu das subtil begründete Urteil des FamG Melsungen, in: *Streit* 2/1984, S. 54–56.

20 So für das durchaus vergleichbare Machtungleichgewicht zwischen den verschiedenen Marktteilnehmern, Schmidt, *Schuldrecht*, a. a. O., S. 7.

21 Vgl. Gouldner, *Sociologist*, a. a. O., S. 113.

22 A. Homeyer-Schücking, *Das neue Hebammengesetz*, in: *Streit* 2/1983, S. 13, 17.

23 J. Bahr-Jendges, *Gemeinsames Sorgerecht nach der Trennung*, in: *Streit* 1/1983, S. 15, 19.

24 Göttner-Abendroth, *Wissenschaftstheoretische Positionen*, a. a. O., S. 261.

25 Vgl. T. Kuhn, *Die Struktur wissenschaftlicher Revolutionen*, Frankfurt 1973, S. 28.

26 M. Mies, *Methodologische Postulate zur Frauenforschung – dargestellt am Bespiel der Gewalt gegen Frauen*, in: *Beiträge zur Feministischen Theorie und Praxis* 1/1978, S. 41, 47ff.

27 Göttner-Abendroth, *Wissenschaftstheoretische Positionen*, a. a. O, S. 261.

28 Insoweit vermag die Juristin C. Benard/E. Schlaffer, *Die Grenzen des Geschlechts – Anleitungen zum Sturz des Internationalen Patriarchats*, Reinbek 1984, S. 286, nicht zu folgen.

29 So treffend G. Zenz/L. Salgo, *Zur Diskriminierung der Frau im Recht der Eltern-Kind-Beziehung*, Stuttgart u. a. 1983, S. 9.

Marlis Dürkop

Theorien über weibliche Kriminalität aus feministischer Sicht

»Geschlechtsunterschiede im Recht« treten auf dem Sektor von Strafrecht und Kriminologie besonders krass in Erscheinung. Das Phänomen der niedrigen Kriminalitätsrate von Frauen provozierte theoretische Ansätze, deren Merkwürdigkeiten bis zum Beginn der siebziger Jahre offensichtlich niemandem aufgefallen waren.

Als Wissenschaftlerinnen sich verstärkt der Frage »Frauenkriminalität« zuwandten, war die erste Reaktion auf das Frauenbild der traditionellen Kriminologie emotionale Betroffenheit. Emotionalität ist dem herkömmlichen wissenschaftlichen Selbstverständnis fremd, so daß nicht unmittelbar an wissenschaftliche Diskussionen angeknüpft werden konnte, in denen diese Ebene sorgsam ausgespart blieb. Auf Fragen, was denn eigentlich das Neue an feministischer Wissenschaft ausmacht, konnte zunächst wenig erwidert werden.

Inzwischen ist eine andere, gelassenere Ausgangslage geschaffen, von der aus so etwas wie eine Standortbestimmung möglich wird. Im folgenden sollen einige Fragen formuliert werden, die sich aus feministischer Sicht für die wissenschaftliche Arbeit über Theorien weiblicher Kriminalität stellen.

Ich spreche lieber von feministischer »Rezeption« anstatt von feministischer Wissenschaft. Warum muß es denn (fragte Gisela Bock 1976[1], als sich die erste Dozentinnengruppe in Berlin gebildet hatte) »in unseren neuen Ansätzen gleich so deutsch-gründlich, so metaphysisch korrekt, so wissenschaftlich-bedeutungsschwer zugehen, daß wir uns gleich so ein Ungetüm, eine F-Wissenschaft, schaffen zu müssen glauben? Ein Instrument, das vielleicht für die Anpassung taugt, aber als Waffe zu schwer ist?« Wenn Frauen über das Thema Frau arbeiten, wollen sie oft gleichzeitig alle Widersprüchlichkeiten bewältigen, die eigenen, die aller Frauen, schließlich die vom männlichen Wissenschaftsbetrieb produzierten.[2] Das möchte ich vermeiden, der Preis dafür ist, daß vieles nur angedeutet werden kann.

1. Entdeckung des Verschweigens und der Diskriminierung krimineller Frauen

Am Anfang der feministischen Rezeption traditioneller kriminologischer Literatur stand Verwunderung darüber, daß straffällige Frauen in allgemeinen Darstellungen von Kriminalität kaum oder als Spezialfall männlichen Verhaltens abgehandelt wurden: War z. B. von Jugendkriminalität die Rede, wurden mit großer Selbstverständlichkeit ausschließlich Studien über männliche Jugendliche zitiert. Was war von Behauptungen zu halten, die kriminelle Frau sei eigentlich ein Mann (Lombroso), Kriminalität sei der vom Mann begangene Rechtsbruch (v. Hentig)[3], kriminelle Frauen litten darunter, kein Mann zu sein und versuchten, diesen »Mangel« durch Kriminalität zu kompensieren?[4]

Ferner wurden sexistische Interpretationen weiblichen Verhaltens entdeckt, theoretische Abbilder bis dahin kaum wahrgenommener, alltäglicher Frauendiskriminierung. Die Kriminalitätserklärungen kreisten um Menstruation, Schwangerschaft, Klimakterium und erschienen wie Relikte typisch männlicher, aus der Gedankenwelt des vorigen Jahrhunderts herübergerettete Ideen. Außer der biologischen Einseitigkeit ist an diesen Vorstellungen zu kritisieren, daß sie manchmal merkwürdig unlogisch sind: Wenn diesen alle Frauen betreffenden Faktoren so große Bedeutung zukommen soll, warum werden dann so wenig Frauen kriminell!

Es geht um mehr als nicht zu Ende gedachte Gedanken. Das Starren auf den kriminogenen Charakter sogenannter Frauenschwächen und weiblicher Labilität lenkt ab von weiblicher Aggressivität und Stärke. Ständige Betonung physischer Ungleichheit überdeckt die politische Ungleichheit von Frau und Mann. Außerdem wird die Frau in den Status eines Objekts gedrängt, weibliche Sexualität dämonisiert.[5] Das hört sich dann so an:

Die Asozialität der Frau entstamme dem verschlingenden Todesaspekt ihres Muttertums, schreibt der Psychiater Wolff im Jahre 1982.[6] Wo sie vergifte, stehle, betrüge, wolle sie sich das Getötete, Entwendete, Ertrogene zu eigen machen, sich einverleiben, zu sich in ihren eigenen Abgrund herabziehen. Selbst noch mit seiner Asozialität diene das Weib dem Leben. Die Frau sei in ihren tiefsten Schichten nicht gesetzesbrecherisch, sie sei gesetzlos, denn ihre Lebensordnung sei nicht wie die des Mannes, gesetzlich oder ethisch, sie sei erotisch.

Daß sexistische Diskriminierung dazu beiträgt, gesellschaftskritische Bewegungen zu entpolitisieren, ist am Beispiel weiblicher Kriminalität in einer kürzlich geführten Debatte besonders deutlich geworden. Das gleichzeitige Auftreten von Frauenbewegungen und eine ansteigende Rate weiblicher Kriminalität wurde in einen kausalen Zusammenhang gestellt; das führte zu der von der UNO weltweit verbreiteten Behauptung, Emanzipation der Frau habe eine höhere Rate weiblicher Kriminalität zur Folge. Daß überhaupt ein Zusammenhang besteht, wurde inzwischen empirisch widerlegt.[7] Trotzdem scheint, ob beabsichtigt oder nicht, der »gefährliche« Charakter der Frauenbewegung damit bewiesen.

Interessant ist das einseitige Verständnis von Kriminalität, das sich in dieser These ausdrückt. Kriminalität ist in der Tat eine nach außen gewendete Form, Protest auszudrücken – wie Aktionen der Frauenbewegung auch. Aber als Konfliktlösungsmittel, als Instrument gesellschaftlicher Veränderung, ist Kriminalität ungeeignet. Sie bedeutet vielmehr eine sichere Möglichkeit, noch mehr Probleme zu schaffen. Übrig bleibt vom »Glanz« des Normverstoßes schließlich der einzelne, isolierte Mensch, der aufgrund von Rückfallvorschriften wegen Diebstahls von drei Scheiben Wurst sieben Monate Haft absitzen muß.

Die These »Emanzipation führt zu mehr Kriminalität« enthält immerhin das Zugeständnis, daß Frauen »richtig« kriminell sein können (was von einigen männlichen Autoren bezweifelt wird). Doch auf solche Anerkennung von weiblicher Stärke verzichten wir vielleicht doch lieber. Ich kann mich des Eindrucks nicht erwehren, daß mit dieser Behauptung Frauenbewegung und Kriminalität gleichzeitig als politisch irrelevant abgestempelt werden. Die Koppelung Frauenbewegung/Kriminalität schafft ein Argumentationsmuster, nach dem sich diese sozialen Phänomene scheinbar bedingen, sich somit wechselseitig neutralisieren.

2. Produktion von Gegenwissen über weibliches Verhalten

Nachdem in allen wissenschaftlichen Disziplinen Lücken in bezug auf den »Forschungsgegenstand Frau« aufgedeckt waren, bestanden Bemühungen feministischer Wissenschaftlerinnen vor allem darin, Frauen als *soziale* Wesen darzustellen, ihr Verhalten im weiblichen Lebenszusammenhang zu interpretieren. Drei Stufen sind zu beobachten: Zunächst wurde der Anteil von Frauen an der Erwerbsarbeit und deren mangelhafte Wahrnehmung im Rahmen ökonomischer Theorien in Erinnerung gerufen. Im nächsten Schritt wurden die Bedeutsamkeit und Unterbewertung der unbezahlten Hausarbeit in Praxis und Theorie deutlich gemacht. Schließlich werden weibliche Produktionsformen wiederentdeckt, die in der Geschichtsschreibung verlorengingen.[8]

Sozialstrukturelles Denken herrschte allerdings nicht vor, Sozialisations- und Rollentheorie hatten Priorität. Mädchensozialisation wurde für spezifisch weiblich erachtete Verhaltensweisen ursächlich verantwortlich gemacht.[9] Die Begrenztheit der (bis zum Überdruß angewandten) Sozialisationsansätze wurde allmählich deutlich. Der Begriff »Sozialisation« bezeichnet schließlich nicht mehr als Vermittlungs- und Umsetzungsprozesse gesellschaftlicher Bedingungen in individuelle Persönlichkeitsmerkmale. Gleichwohl war die Herausarbeitung dieser Prozesse notwendig, um eingeschliffene Vorstellungen über angeblich Angeborenes aufzuweichen.

Die Ergebnisse dieser allgemeinen feministischen Diskussionen schlugen sich in neuen Erklärungen weiblicher Kriminalität nieder. Es gibt Ansätze, Frauenkriminalität sowohl im Hinblick auf ökonomische als auch patriarchalische Bedingungen zu interpretieren, als Folge doppelter Unterdrückung.[10] Allerdings sind es nur »Ansätze«, andere feministische Autorinnen beklagen zu Recht die Vernachlässigung ökonomischer Faktoren bei der Erforschung von Kriminalitätsursachen.[11] Wir sollten bei der Selbstkritik nicht vergessen, daß feministische Ansätze immerhin noch über das hinausgehen, was in der allgemeinen Kriminologie an kriminalsoziologischen Ursachenerklärungen üblich ist. Auch andere kriminelle Phänomene werden nur selten aus makrosoziologischer Perspektive betrachtet.

Die Resultate der Arbeiten »von Frauen über Frauen« führten in der Kriminologie zur Uminterpretation traditionell zentraler Themen:

Eine Neubewertung erfährt weibliche Passivität, das oft verwandte Erklärungsmuster für die geringe kriminelle Auffälligkeit von Frauen. Passivität wurde früher häufig auf biologische Anlagen zurückgeführt (etwa der angeblichen Unbeweglichkeit weiblicher Eizellen im Gegensatz zum beweglichen männlichen Sperma) oder abgeleitet aus angeblich angeborenem weiblichen

Altruismus. Die Unterstellung angeborener und gelebter Passivität wird nun mit Erstaunen wahrgenommen angesichts der von Frauen erbrachten Leistung in Haushalt, Kindererziehung und Beruf. Außerdem wird weiblicher Altruismus heute ein bißchen anders bewertet, sich in scheinbar selbstlosem Verhalten ausdrükkendes weibliches Machtstreben nicht länger verschwiegen.[12]

Uminterpretationen hat weibliche Prostitution erfahren. Diese Form weiblicher Devianz wird nicht mehr allein Haltlosigkeit oder trauriger Kindheit von Frauen zugeschrieben, sondern als Möglichkeit untersucht, in einem Beruf schnell Geld verdienen zu können.[13] Frauen weisen hin auf angeblich emanzipative Elemente von Prostitution[14], doch scheint dies allenfalls auf eine kleine Gruppe Privilegierter zuzutreffen. Andere Fragen werden gestellt: Warum richtet sich das mißbilligende gesellschaftliche Interesse ausschließlich auf die sich prostituierenden Frauen? Weshalb gelten Freier nicht als Abweichler? Inwieweit unterscheidet sich üblicherweise als Prostitution bezeichnetes Verhalten von dem, was Ehefrauen tun, wenn sie ihren Körper und ihre Arbeitskraft zur Verfügung stellen?

Inhaltlich stand und steht die Gewaltfrage im Zentrum weiblichen Interesses. Als die Frauenbewegung das Thema »Frauenkriminalität« aufgriff, bestand eine (mir) zunächst unbegreifliche Tendenz, Gewalt *an* Frauen (Vergewaltigung, Mißhandlung) mit Gewalt *von* Frauen gleichzusetzen. Dieses Phänomen war in der deutsch- und englischsprachigen Literatur, bei der Beschriftung von Regalen in Frauenbuchläden und auf öffentlichen Veranstaltungen zu beobachten. Heute erkläre ich mir diese Vermischung einmal psychologisch durch undeutliche Wünsche nach Gegenwehr gegen erfahrene Gewalt. Vielleicht liegt darin auch die Vorstellung von Wirkungen struktureller Gewalt, bei der es letztlich manchmal zufällig erscheint, ob eine Frau in Form von Kriminalität aufbegehrt oder passiv als Opfer leidet. Der innere Zusammenhang zwischen beiden Gebieten sei so groß, daß die Erörterungen nicht auseinandergerissen werden könnten, schrieb Camilla Jellinek schon 1928.[15]

Die Produktion neuer Daten von Frauen über Frauen, über weibliches Verhalten und weibliche Lebenslagen ist begleitet von Unzufriedenheit über von Männern vorgegebene Fragestellungen. Ist es tatsächlich notwendig, empirisch zu beweisen, daß Frauenkriminalität *nicht* Folge von Frauenemanzipation ist?[16]

Hatten sich weibliche Studien zunächst darauf beschränkt, den »Frauenaspekt« zu behandeln, wollen sich Frauen nun nicht mehr länger durch und für den Mann bestimmen lassen, wollen sich aus ihrer spiegelnden Funktion[17] lösen.

3. Weiblicher Biologismus in der Kriminologie?

Eine wesentliche Eigenschaft weiblicher wissenschaftlicher Tätigkeit scheint darin zu bestehen, Bemühungen um Neues, Ungewohntes zuzulassen, sich gegen intellektuelle Tabuisierungen zu wenden.[18] Die Kreativität weiblichen Denkens zeigt sich z. B. an den »Balanceakten ästhetischen Begreifens«[19] oder der Kritik an scholastisch-dualistischen Denkmethoden, die streng zwischen Körper und Geist trennen.[20]

Auffallend ist überhaupt die Wiederentdeckung des Körpers. Weibliche Bemühungen, aus dem Bewußtsein verbannte leibliche Strukturen wieder einzubeziehen, haben sich in feministischer Praxis und Theorie von Fuß bis Kopf durchgesetzt, von der Fußreflexzonen-Massage bis in die Philosophie, wo von weiblicher Sexualität und weiblichem Fühlen ausgehend neue Denk- und Sprachstrukturen entstehen.

Hier stellt sich für Kriminologinnen die schwierige Frage, wie die neue – auch in der Frauenbewegung kritisierte[21] – Rückbesinnung auf weibliche physische Funktionen mit Ablehnung des kriminologischen Biologismus verträglich ist? Über dessen Unangemessenheit wurde inzwischen oft gelacht, z. B. über von Hentigs absonderliches Menstruationsbeispiel: Er berechnete, wie viele Frauen innerhalb eines Jahres menstruieren und leitete daraus millionenfache kriminelle Gefahrenpunkte für die Nation ab.[22]

Inzwischen gibt es den Versuch, männliche Wirtschaftsstraftäter aus ihrer Persönlichkeit heraus zu »entlarven«. Mergen behauptet, viele seiner Probanden seien in ihrer sexuellen Potenz gestört. Bedeutsam seien die »impotentia coeundi« und »impotentia amoris«.[23] Auffallend viele männliche Kollegen haben sofort gegen diese unangemessene Art der Untersuchung von Wirtschaftskriminalität interveniert.

Vor dieser Denktradition muß sich geradezu dem Verdacht eines neuen Biologismus aussetzen, wer überhaupt Fragen nach physiologischen Bedingungen von Verhalten stellt. Gerade die Kriminologie trägt eine große Bürde in Form der erbbiologischen Lehren des Nationalsozialismus, deren schreckliche praktische Konsequenz die Aussonderung und Ermordung »minderwertiger krimineller Existenzen« gewesen ist. Mißtrauen ist also angebracht.

Aber zwischen der Bejahung des eigenen Körpers und kriminalbiologischen Erklärungen weiblicher Kriminalität bestehen große Unterschiede, die zu sehen vielleicht gerade der nationalsozialistische Sozialdarwinismus bis heute unmöglich gemacht hat. Physische Selbstentfremdung und Denktabus müssen überwunden werden, um die einfache Tatsache zu erkennen: jedes menschliche Verhalten – also auch kriminelles Verhalten – kann nur in und mit einem Körper stattfinden. Wir sind unsere Körper. Jedes Fühlen, Denken, Bewegen ist gebunden an und begleitet von physiologischen Vorgängen.

Aber Verhalten kann nicht kriminell an sich sein. Ebensowenig wie »das Wesen der Frau« gibt es »das Wesen der Kriminalität«. Beides sind soziale Phänomene, die sozial erklärt werden müssen. Der Griff in eine Handtasche, der Fußtritt, das Sich-gegen-eine-Tür-werfen werden erst durch strafrechtliche Würdigung und Aburteilung zu »Diebstahl«, »Körperverletzung« und »Hausfriedensbruch«. Der rechtliche Status einer Frau und die Form der Entlohnung bestimmen, ob Geschlechtsverkehr als Prostitution oder eheliche Pflicht bewertet wird.

Gut, könnte man sagen, aber was ist mit den Ursachen für das jeweilige Verhalten, warum greift eine Frau in eine Handtasche, stiehlt ein Kleid? Die Wahrscheinlichkeit ist groß, daß biologische Faktoren sich auf soziales Verhalten und soziale Faktoren sich auf Körperfunktionen auswirken, doch das gilt für jede Form von Verhalten.

Verfolgten wir allein die Frage möglicher Faktoren, die bei als kriminell definiertem Verhalten eine Rolle spielen könnten, blieben wir auf die Abweichung, auf die »Anormalität« fixiert, ohne daß klar wäre, welche Verhaltensweise als normal gilt. Ein großes Defizit in der allgemeinen Kriminologie besteht darin, daß kaum daran gearbeitet wurde, eine Theorie der »Normalität« zu entwikkeln. Einen großen Gewinn feministischer Erklärungsansätze sehe ich darin, daß sie Kriminalität, Prostitution und psychische Erkrankung auf der Folie weiblicher Lebenszusammenhänge interpretieren[24] und so aus der Marginalität herausholen. Weibliche Abweichung wird immer gesehen in Zusammenhang mit weiblicher »Normalität«, die zu bestimmen sich Psychologinnen und Soziologinnen zur Aufgabe gemacht haben.

Feministische Kriminologie sollte nicht nur deshalb auf spezielle Untersuchungen weiblicher Abweichung verzichten. Schließlich ist Kriminalisierung ein rationales gesellschaftliches Instrument (wenn auch ein schlechtes) zur Regelung von Konflikten, das nur auf der Ebene von Rationalität verändert werden kann. Ich plädiere dafür, sich in der Kriminologie auf die für den Status »Kriminelle« entscheidende strafrechtliche Seite und das von Frauen so ungeliebte Machtinstrument Recht zu konzentrieren.

4. Konzentration auf die theoretische Analyse des Strafrechts

Sich mit dem Recht zu befassen, kommt weiblichen Neigungen und Bestrebungen nicht gerade entgegen. Untersuchungen geben über das ambivalente bis ablehnende Verhältnis von Frauen zum Strafrecht deutlichen Aufschluß. Nicht über diese Distanz ist zu klagen, sondern die bisher gestellte Forschungsfrage »Wie stellen sich Frauen zum Recht?« ist umzukehren: »Wie steht das Recht zu den Frauen?«[25]

Erstrebenswert wäre die theoretische Bestimmung des Verhältnisses von kapitalistisch-patriarchalischer Gesellschaft und Strafrecht. Das kann wegen mangelhafter allgemeiner theoretischer Grundlagen nicht gelingen, vorstellbar wäre ein solcher Versuch schon:

Einer der wenigen Denkansätze, in denen Recht als historischer Ausdruck bestimmter gesellschaftlicher Verhältnisse begriffen wird, sowohl die Rechtsform als die Rechtsinhalte betreffend, ist die marxistische Rechtstheorie.[26] Diese scheint mir bislang unübertroffen, um den Zusammenhang von ökonomischen Grundtatsachen und daraus abgeleiteten rechtlichen und ideologischen Vorstellungen zu verstehen. Einige Jahre lang erschien es uns unmöglich, Marxismus und Feminismus zum gemeinsamen Gerüst der Analyse patriarchalisch-kapitalistischer Gesellschaftsstrukturen zu verbinden. Diese Einschätzung scheint sich zu ändern. Aber noch immer fehlt eine umfassende feministische Theorie, die den Bogen zu schlagen vermöchte von der historisch fortbestehenden Unterbewertung weiblicher Praxis bei ihrer gleichzeitigen patriarchalischen wie kapitalistischen Verwertung zu diversen Formen staatlicher Kontrolle und Steuerung des weiblichen Lebenszusammenhangs.[27]

So kann es zunächst darum gehen, »der theoretischen Maschinerie Einhalt zu gebieten, ihren Anspruch auf Produktion einer viel zu eindeutigen Wahrheit und eines viel zu eindeutigen Sinnes...«.[28]

Unser Recht erhebt den Anspruch, allen Menschen die gleichen Rechte zuzubilligen. Darin liegt die große Chance, dort, wo offensichtliche Ungleichheiten bestehen, mit Hinweis auf diese Garantie deren Aufhebung zu fordern. In unseren Rechtsverhältnissen verborgen liegt aber gleichzeitig die Vorspiegelung, es handele sich um Verhältnisse unter Gleichen, tatsächliche klassen- oder geschlechtsbedingte Unterschiede bleiben hinter diesem Schein des Rechts unsichtbar. Formal haben Fabrikbesitzer, Arbeiter, Männer, Frauen die gleichen Rechte. Jeder weiß aber, daß in unserer Gesellschaft Eigentümer und Produzenten von Waren mehr Einfluß haben als Nichteigentümerinnen und Produzentinnen von Menschen. Obwohl gut ein Drittel aller Erwerbstätigen weiblich ist, werden Frauen als Tauschobjekt, als Ware betrachtet, nicht als Produzentinnen. Allenfalls als Konsumentinnen genießen Frauen Aufmerksamkeit. Die Eigentumslosigkeit der Frau an ihrem Körper als Produktivkraft für menschliche Arbeit, an ihrer eigenen körperlichen und geistigen Arbeitskraft sowie an den Produktionsmitteln hat ihre Rechtlosigkeit, ihre Rechtsstellung als Ungleiche unter Gleichen zur Folge.[29]

Wäre es nicht konsequent, den falschen Schein von Gleichheit zu durchbrechen und jenen Anschauungen zu folgen, die Frauen im Strafrecht anders behandelt sehen wollen als Männer?

Es sei eine große Ungerechtigkeit, beide Geschlechter mit gleichem Maß zu messen, schrieb 1904 der berüchtigte Nervenarzt Paul Möbius.[30] Er machte sich stark für den besonderen Schutz des Weibes. Dieser Schutz sollte darin bestehen, Frauen generell nicht die volle strafrechtliche Verantwortlichkeit zuzubilligen. 1924 schrieb der Jurist Hans Konrad Sonderegger[31], die ethischen Erkenntnisse seien solche des Mannes und es könne daher gefragt werden, ob denn die Frau überhaupt in dem Sinne Verbrecherin sein könne, wie der Mann Verbrecher sei. Schließlich seien die Werte der Kultur, der Ethik und somit das Recht ausschließlich Schöpfungen des Mannes. Reste dieses Denkens sind heute vorhanden. Am deutlichsten wurden sie bei der Vorbereitung des Strafvollzugsgesetzes, wo ernsthaft erwogen wurde, alle Frauenhaftanstalten zu sozialtherapeutischen Einrichtungen zu machen. Die Begründung lautete, straffällige Frauen seien stärker psychisch gestört als Männer.

Wie sich verhalten? Die zweifelhafte Wohltat verminderter Zurechnungsfähigkeit energisch zurückweisen, sich gegen weitere rechtliche Festschreibungen weiblicher Inferiorität wenden? Oder die Ideologie des Schuldstrafrechts durchschauen, die auf breitester Basis mit Scheinvoraussetzungen arbeitet[32] und sich gleichzeitig der Zurechnung verminderter Schuldfähigkeit als Ausdruck gesellschaftlicher Verhältnisse unterwerfen? Wie kann das Recht zur Durchsetzung von Teilzielen instrumentell eingesetzt und gleichzeitig nach überwundenen Insuffienzgefühlen als ideologisches Verschleierungsinstrument entlarvt werden?[33]

Recht hat nicht nur die Aufgabe, gesellschaftlich Ungleiche als Gleiche zu behandeln, Recht verdeckt darüber hinaus, daß in einzelne strafrechtliche Normen jeweils ganz konkrete gesellschaftliche Interessen eingeflossen sind. Diese zeigen sich an der Oberfläche des Rechts nur selten. Manche erschließen sich durch die Lektüre von Protokollen anläßlich der Entstehung von Gesetzen. Das allgemeine kriminologische Interesse an dieser Genese von Normen ist jedoch sehr gering, und so existieren nur wenig entsprechende Analysen. Der Charakter des Rechts als Durchsetzungsinstrument konkreter Interessen bleibt hinter Verweisen auf den anonymen Gesetzgeber und dem Anspruch auf Allgemeingültigkeit von Gesetzen verborgen.

Eine Bestimmung typisch weiblicher oder männlicher Interessenlagen wäre zu leisten. Aus feministischer Sicht wäre z. B. notwendig, wie Carol Smart[34] ausgeführt hat, Rechtsnormen im Hinblick darauf zu untersuchen, inwieweit sie der Kontrolle von weiblicher Sexualität und Fortpflanzung dienen. Verbergen sich im Strafrecht Absichten, natürliche Funktionen der Frau unter männliche Herrschaft zu zwingen, männlichen Gebärneid zu kompensieren? Erklärungsbedürftig ist in diesem Zusammenhang die große Diskrepanz zwischen Bestrebungen, den § 218 StGB wieder schärfer zu fassen und der Sorglosigkeit bezüglich der Folgen neuer biotechnischer Verfahren. Moralische Äußerungen über den Wert und die Unantastbarkeit menschlichen Lebens unter Vernachlässigung sozialer und ökologischer Bedingungen auf der einen und unbekümmerte Planung künstlicher Menschenproduktion mit weitreichenden Eingriffen in die Erbsubstanz auf der anderen Seite.

Grundsätzlich stellt sich die schwierige Frage, wie Frauen ihre Ausbeutung analysieren können und gleichzeitig ihre Forderungen durchsetzen in einer vom Männlichen vorgeschriebenen Ordnung, ohne auf die Gleichheit gesellschaftlicher Rechte zu verzichten.[35]

5. Rechtspolitische Ziele: Kriminalisierung oder Entkriminalisierung?

Die Frage, ob mehr oder weniger Strafrecht angebracht ist, stellt uns vor ein scheinbar unlösliches Dilemma: Wir stimmen entkriminalisierenden Bestrebungen vielleicht sogar uneingeschränkt zu, entwickeln Vorstellungen über alternative Konfliktregelungsformen, solange wir nicht selber direkt betroffen sind. Geht es um eigene Interessen, z.B. den Diebstahl unseres Autos oder um Gewaltverbrechen gegen Frauen, fordern wir Bestrafung der Täter.

In Auseinandersetzungen um die Bestrafung von Vergewaltigern wird jenen Frauen, die ausdrückliche Kriminalisierung ehelicher Vergewaltigung oder hohe Strafe fordern, häufig entgegengehalten, sie blockierten damit Tendenzen zur Entkriminalisierung von Recht. Frauen sehen wiederum nicht ein, weshalb sie gerade dort gesellschaftliche Vorreiterfunktionen übernehmen sollten, wo es um den Schutz ihrer eigenen physischen und psychischen Integrität geht.

Eine kriminalpolitische Linie der Frauenbewegung fehlt bislang. Festhalten läßt sich, daß im Mittelpunkt von Kritik am Strafrecht der als »privat« bezeichnete Lebensbereich steht. Zum einen handelt es sich um nach Ansicht von Frauen zu weitgehende Eingriffe des Staates (§ 218), zum anderen geht es um als mangelhaft erachteten Schutz dieses Bereiches, der als privater dem öffentlichen als scheinbarer Gegensatz gegenübergestellt wird.[36] Kriminologinnen fragen, wie sich informelle Zwänge[37], strafrechtliche Kontrolle und die Nichtintervention staatlicher Strafgewalt in der Familie darin ergänzen, den falschen Schein dieses angeblichen Gegensatzes zu bekräftigen.[38] Eigentlich ist unverständlich, weshalb die gesellschaftlich so bedeutsame Reproduktionsarbeit, die Herstellung, Pflege und Wiederherstellung menschlicher Arbeitskraft strafrechtlich (mit Ausnahme des § 218) weitgehend ungeschützt bleibt? Wem nützt die Nichtintervention im Privaten?

Untersuchungen über das Verhältnis von Frauen zum Recht bezeugen deren distanzierte Einstellungen, Präferenz personenorientierter Konfliktregelungen, Hilfsbereitschaft gegenüber Rechtsbrechern.[39] In dieser Haltung liegt Utopisches: Sind Frauen nicht gerade deswegen eher als Männer geeignet, die allgemeine Entkriminalisierung voranzutreiben? Vielleicht auch deswegen, weil sie nicht an der Schaffung des StGB beteiligt waren und sich unbefangener dessen Abschaffung vorstellen können!

Ohne eindeutig sagen zu können, wie die Strafrechtsforderungen der ersten (bürgerlichen) Frauenbewegung heute einzuschätzen sind, möchte ich abschließend darüber berichten. Vielleicht lassen sich Anregungen für parteiliche feministische Strafrechtspolitik gewinnen?

Das geltende Strafrecht trage vollständig das Gepräge eines Männerrechts, formulierte Julie Eichholz im Auftrage der Rechtskommission des Bundes Deutscher Frauenvereine (BDF) im Jahre 1908.[40] Frauen müßten nachdrücklich den Schutz derjenigen Rechtsgüter verlangen, an deren unangetasteter Erhaltung die Gesamtheit und der einzelne in hohem Maße interessiert seien. Frauen könnten sich nicht damit einverstanden erklären, daß der Staat vor allem auf den nachdrücklichen Schutz des *Vermögens* Wert lege, während er die nicht in Geld schätzbare Ehre und Gesundheit vielfach unberücksichtigt ließe.

Trotz genereller Kritik an strafrechtlichen Inhalten beschränkte sich der BDF darauf, »zu denjenigen Bestimmungen des geltenden Strafrechts Stellung zu nehmen, die bis jetzt die Interessen des weiblichen Geschlechts nicht genügend wahrgenommen haben«.[41] Die Vorschläge des BDF sollten in erster Linie dem weiblichen Interesse dienen und enthielten Forderungen nach Schaffung neuer und Abschaffung alter Straftatsbestände.

Zum besseren Schutz der Frauen verlangte der BDF die Streichung des Wortes »außerehelich« in dem Vergewaltigung betreffenden Paragraphen; die Ausweitung des Tatbestandes »Körperverletzung« auch auf psychische Mißhandlungen (Quälsucht); die Abschaffung von »selbstverschuldeter Trunkenheit« als Strafmilderungsgrund; die Bestrafung wissentlicher Ansteckung mit Geschlechtskrankheiten sowie des Menschenhandels und des Zweikampfes. Weitgehende Forderungen zur Kriminalisierung in der Familie wurden erhoben. Die Frauen wollten außer den Adoptiv- und Pflegeeltern auch Eltern, Stiefeltern und Großeltern mit Zuchthaus bestraft wissen, falls sich diese an ihren Kindern oder Enkeln mit beischlafähnlichen Handlungen vergangen hatten.

Entkriminalisierungsforderungen der ersten Frauenbewegung entsprangen ebenfalls weiblichen Interessen. Einigkeit bestand darin, jene Rechtsvorschriften abzuschaffen, welche die gesellschaftliche sexuelle Doppelmoral zugunsten des Mannes stützten. Dies betraf vor allem die Reglementierung von Prostitution und Kuppelei. Die Tötung eines Neugeborenen durch seine uneheliche Mutter sollte nicht länger als Mord gelten, die Zuchthausstrafe sollte in Gefängnis umgewandelt und der Vater ebenfalls zur Verantwortung gezogen werden. Die Strafbarkeit des Diebstahls unter Ehegatten und des Ehebruchs sollten wegen ihrer meist schädlichen Folgen für die Beteiligten abgeschafft werden. Eine Rechtsvorschrift, die Ehemännern das Recht gab, wegen Beleidigung ihrer Ehefrau eine Strafe zu beantragen, wurde als frauendiskriminierend und überflüssig bezeichnet.

Bereits um die Jahrhundertwende gab es eine abolitionistische Föderation von Frauen, die sich mit radikalen kriminalpolitischen Forderungen dem Vorwurf aussetzte, sie wolle »nur einreißen, nicht aufbauen, nur zertrümmern, nichts Neues schaffen«. Mögen Inhalte und Pathos damaliger Auffassungen heute überholt sein, festzuhalten ist, daß diese Frauen in ihren Grundsätzen mit heutigen abolitionistischen Vorstellungen in vielen Punkten übereinstimmen. Auch die Ziele der gegenwärtigen aus Skandinavien kommenden kriminalpolitischen Bewegung sind auf sogenannte »negative« Reformen ausgerichtet. Gewollt ist die Abschaffung von Strafrecht, Mauern sollen überwunden werden.[42] Ähnliche Ziele verfolgten die weiblichen Reformer der ersten Frauenbewegung: Damit Licht und Luft einströmen und verderbliche Einflüsse getötet werden können, wäre es genug der Arbeit und des Schweißes der Edlen wert, sagten Anna Pappritz und Katharina Scheven[43], veraltete Mauern einzureißen.

1 G. Bock, *Gedanken und Notizen zum Konzept Feministische Wissenschaft. Zur politischen Diskussion der Dozentinnengruppe,* Manuskript, Berlin, o. J.
2 I. Eisenbach-Stangl, *Weiblicher Körper und männliche Vernunft, Abweichung und Kontrolle von Frauen,* in: *Kriminalsoziologische Bibliografie* 1979, 6. Jg., H. 23–24, S. 4f.
3 Vgl. dazu M. Dürkop/G. Hardtmann, Hg., *Frauen im Gefängnis,* Frankfurt 1978.
4 H. Dietrich, *Atalanta Komplex und Kleptomanie,* in: *Monatsschrift Kriminologie* 1976, S. 141f.
5 M. Rotter, *Die Frau in der Kriminologie,* in: *Kriminalsoz. Bibliografie* 1979, Jg. 6, H. 23–24, S. 83f.
6 K. Wolff, *Die männliche und die weibliche Psyche,* in: *Schweizerisches National Komitee für geistige Gesundheit,* AG für Kriminologie, W. T. Hassler, Hg., *Weibliche und männliche Kriminalität,* Diessenhof 1982, S. 7f.
7 J. A. G. Gora, *The New Female Criminal. Empirical Reality or Social Myth,* New York 1982.
8 G. Treusch-Dieter, *Die Spindel der Notwendigkeit,* in: *Weibliche Produktivität, Ästhetik und Kommunikation,* April 1982, H. 47, S. 57f.
9 Vgl. Rotter, *Frau,* a. a. O.
10 Dürkop/Hardtmann, *Frauen,* a. a. O.; E. Brökling, *Frauenkriminalität, Darstellung und Kritik kriminologischer und devianzsoziologischer Theorien. Versuch einer Neubestimmung,* Stuttgart 1980.
11 D. Klein/J. Kress, *Any Women's Blues. A Critical Overview of Women, Crime and the Criminal Justice System,* in: *Crime and Social Justice,* Spring/Summer 1976, S. 34f.; A. Campbell, *Girl Delinquents,* Oxford 1981.
12 S. Schade/U. Schmauch/N. Seelbach (Sozialarbeiterinnengruppe Frankfurt), *Gefühlsarbeit,* in: *Sozialmagazin,* Sept. 1978, S. 22f.
13 R. Kohoutek, *Die Prostitution und ihr Preis,* in: *Kriminalsoz. Bibliografie* 1979, Jg. 6, H. 23–24, S. 112f.; N. J. Davis, *Feminism, Deviance and Social Change,* in: *Deviance and Social Change,* hg. v. E. Sagarin, in: *Sage Annual Rev.,* Bd. 1, Beverly Hills/London 1978, S. 247f.
14 R. M. Giesen/G. Schumann, *An der Front des Patriarchats,* Bensheim 1980.
15 C. Jellinek, Hg., *Frauen unter deutschem Recht.* Im Auftrage des Bundes Deutscher Frauenvereine, Mannheim/Berlin/Leipzig 1928.
16 J. G. Weis, *Liberation and Crime: The Invention of the New Female Criminal,* in: *Crime and Social Justice,* Bd. 6, Fall 1976.

17 L. Irigaray, *Speculum. Spiegel des anderen Geschlechts,* Frankfurt 1980.

18 B. Wartmann, *Wenn der Geduldsfaden reißt,* in: *Die Tageszeitung* v. 18. 1. 1984.

19 M. Winter, Hg., *Zitronenblau, Balanceakte ästhetischen Begreifens,* München 1983.

20 H. Schröder, *Einige Probleme und Ziele einer feministischen Sozialphilosophie,* in: H. Bendkowski/B. Weisshaupt (Hg.), *Was Philosophinnen denken,* Zürich 1983, S. 127f.

21 H. Göttner-Abendroth, *Wissenschaftstheoretische Positionen in der Frauenforschung (Amerika, Frankreich, Deutschland),* in: Bendkowski/Weisshaupt, *Was Philosophinnen denken,* a.a.O., S. 253f.

22 H.v. Hentig, *Das Verbrechen,* Bd. III. Berlin 1963.

23 A. Mergen, *»Wirtschaftsverbrechen und Wirtschaftsverbrecher«,* in: *Beiträge über Wirtschaftskriminalität* (Schimmelpfeng Schriftenreihe Bd. 11), Frankfurt 1974, S. 151f.

24 D. Gipser/M. Stein-Hilbers, Hg., *Wenn Frauen aus der Rolle fallen. Alltägliches Leiden und abweichendes Verhalten von Frauen,* Weinheim/Basel 1980.

25 Vgl. Rotter, *Frau,* a.a.O. und G. Smaus, *Frauen als Subjekt und Objekt des Rechts,* in: *Frauenforum, Saarbrückener Wissenschaftlerinnen zu Frauenthemen,* Dokumentation, ASTA Frauenreferat, Saarbrücken 1983, S. 119f.

26 E. Paschukanis, *Allgemeine Rechtslehre und Marxismus, Archiv sozialistischer Literatur* 3, Frankfurt 1969 (1929).

27 R. Becker-Schmidt, *Anmerkungen zum Artikel von Ursula Beer: »Marxismus in Theorien der Frauenarbeit. Plädoyer für eine feministische Erweiterung der Reproduktionsanalyse«,* in: *Feministische Studien* 3. Jg., 1984, Nr. 1, S. 178f.

28 L. Irigaray, *Das Geschlecht, das nicht eins ist,* Berlin 1977.

29 H. Schröder, *Die Eigentumslosigkeit und Rechtlosigkeit der Frau in der patriarchal-bürgerlichen politischen Theorie, dargestellt am Beispiel von Johann Gottlieb Fichtes Grundlage des Naturrechts,* Göttingen o.J. (Kritische Frauen-Studien).

30 P.J. Möbius, *Über den physiologischen Schwachsinn des Weibes,* Nachdruck München 1977 (1905).

31 H.K. Sonderegger, *Die strafrechtliche Behandlung der Frau. Ein Beitrag zur Verwertung der Psychologie der Geschlechter,* Chur 1924 (Diss. Universität Bern).

32 Rotter, *Frau,* a.a.O.

33 S. Klein-Schonnefeld, *Frauen und Recht, Zur Konstitution des Rechtsbewußtseins von Frauen,* in: *Krim. Journal* 4/1978, S. 248f.

34 C. Smart, *Law and the Control of Women's Sexuality: The Case of the 1950s,* in: B. Hutter/G. Williams (Hg.), *Controlling Women, The Nor-*

mal and the Deviant (The Oxford Women's Series), London 1981, S. 40.

35 Vgl. Irigaray, *Geschlecht*, a. a. O.

36 B. Greven-Aschoff, *Die bürgerliche Frauenbewegung in Deutschland 1894–1933*, in: *Krit. Studien zur Geschichtswissenschaft*, Göttingen 1981.

37 V. Werner, *Zur Bedeutung der informellen sozialen Kontrolle für »abweichendes Verhalten« von Frauen*, in: Gipser/Stein-Hilbers, *Frauen*, a. a. O., S. 217f.

38 T. S. Dahl/A. Snare, *The Coercion of Privacy: A Feminist Perspective*, Paper to be delivered at the 4th Conference of the European Group for Study of Deviance and Social Control, Vienna, Sept. 1976, Manuskript.

39 Smaus, *Frauen als Subjekt*, a. a. O.

40 J. Eichholz, *Frauenforderungen zur Strafrechtsreform. Kritik und Reformvorschläge, nach den Beschlüssen der Rechtskommission des Bundes Deutscher Frauenvereine*, Mannheim o. J. (1908).

41 Ebd.

42 T. Mathiesen, *Überwindet die Mauern. Die skandinavische Gefangenenbewegung als Modell politischer Randgruppenarbeit*, Neuwied 1979.

43 A. Pappritz/K. Scheven, *Die positiven Aufgaben und strafrechtlichen Forderungen der Föderation*, in: *Abolitionistische Flugschriften*, H. 5, Berlin 1909^{2}.

Franziska Pabst / Vera Slupik

Das Frauenbild im zivilrechtlichen Schulfall*

Um die Annahme zu belegen, daß die Sachverhalte juristischer Schulfälle gesellschaftliche Realität in stereotyp verzerrter Weise wiedergeben, haben wir in Lehrbüchern, Arbeitspapieren und Repetitorien verwandte Fälle exemplarisch im Hinblick auf das in ihnen vermittelte Frauenbild inhaltsanalytisch untersucht.

Da sich in der Literatur zur Didaktik der Rechtswissenschaft eher grundsätzliche Überlegungen im Zusammenhang mit Fragen der Studienreform als empirische Detailanalysen der gegenwärtigen Ausbildungsbedingungen finden lassen und insbesondere Untersuchungen über fallorientiertes Vorgehen fehlen[1], sollen zunächst die Überlegungen, die wir zur Klärung des eigenen Untersuchungsinteresses angestellt haben, entsprechend ausführlicher dargestellt werden (Kap. 1). Sie betreffen einerseits mögliche Funktionen, die der Fallgestaltung im Lernprozeß zukommen, sowie andererseits Mutmaßungen über Auswirkungen solcher Lernbedingungen auf die spätere Entscheidungstätigkeit des Juristen.

Anschließend werden die Untersuchungsvorbereitungen geschildert: Hypothesenbildung und ihre weitere Operationalisierung (Kap. 2).

Im letzten Teil der Arbeit (Kap. 3) werden die ermittelten Werte in einer tabellarischen Übersicht wiedergegeben und im Hinblick auf ihre Aussagekraft für die zur Überprüfung gestellten Hypothesen interpretiert.

1. Untersuchungsinteresse
Einige Annahmen über Bedingungen und Auswirkungen einer fallorientierten Ausbildungspraxis

In der überkommenen wie gegenwärtigen juristischen Ausbildung geht es kaum um die Vermittlung eines methodischen Instrumentariums, das die Studenten systematische Zusammenhänge inner-

* Dieser Beitrag erschien in einer ausführlicheren Fassung bereits 1977 in der *Kritischen Justiz* (Heft 3).

halb rechtlicher Regelungen verstehen ließe. Was im Studium, erkennbar an der einschlägigen Ausrichtung der Prüfungsmodalitäten, tatsächlich in erster Linie gelernt werden soll, ist Rechtsanwendung am konkreten Fall und damit durchaus auf die spätere Praxis bezogen.

Dennoch läßt sich mit nicht geminderter Berechtigung von Praxisferne des juristischen Studiums sprechen: Es pflegen ja nicht authentische, sozial relevante Konfliktfälle zu sein, an denen der Student sich in der Rechtsanwendung übt, auch nicht in der bereits aufbereiteten Form, wie sie sich in der Sachverhaltswiedergabe von höchstrichterlichen Entscheidungen findet. Gelernt und geprüft wird vielmehr meist an sogenannten »Schulfällen«, an Sachverhalten, teils immer wieder frisch der Phantasie von Originalitätsdrang beflügelter Hochschullehrer und Repetitoren entsprungen, teils der besonderen Anschaulichkeit halber ehrfürchtig über Jahrzehnte tradiert. Es sind Sachverhalte, deren gesellschaftliche Irrelevanz bisweilen geeignet ist, peinlich zu berühren, weil Realitätsbezogenheit häufig nur in einer Weise gezeigt wird, »der die Regression geradezu gespenstisch ins Gesicht geschrieben ist«.[2]

Stellvertretend wohl für alle, die eine solche Form der Vermittlung juristischer Kenntnisse betreiben, begründet dies Westermann[3] mit der »leidvoll bewußt gewordenen« Überzeugung, »daß ein durchschnittlicher Anfänger keinen abstrakten Rechtssatz begreifen, geschweige denn in Erinnerung behalten kann. Am Fall entzündet sich sein Interesse und ihn kann er sich später in Erinnerung rufen«.

Damit sind offenbar zwei Probleme innerhalb der Lernsituation angesprochen: Zum einen gilt es, schwierige abstrakte Zusammenhänge exemplarisch zu veranschaulichen, damit sie begriffen und erlernt werden können. Für den Lernprozeß ist dann die Frage des Transfers, der Überprüfung spezieller Problemlösungen (Fälle) auf allgemeine Lösungsstrategien (Gesetze) aufgeworfen.

Zum anderen muß für das zu Lernende überhaupt Interesse und Aufmerksamkeit geweckt werden. Es handelt sich also auch um eine Frage der Motivation.

1.1. Sachverhaltsmerkmale als Assoziationshilfe

Das Begreifen komplizierter abstrakter Zusammenhänge mag durch anschauliche Beispiele häufig wesentlich erleichtert werden und bisweilen sogar unabdingbare Verständnishilfe sein.

Allein, mit exemplarischer Illustration ist es nicht getan, wenn nicht auch das Problem der Rückführung so gewonnener Erkenntnisse auf die abstraktere Ebene einbezogen wird. Genau diese Frage aber scheint uns bei der gegenwärtigen fallorientierten Vermittlungspraxis völlig vernachlässigt zu werden: Wenn etwa Westermann wiederholt appelliert[4], den Fall nicht ohne Gesetzestext zu lösen und ihn als exemplarisch zu begreifen, so ist das allein wenig hilfreich.

Der unzureichend gewährleistete Transfer und eine einseitige Ausrichtung der Evaluation juristischer Kenntnisse wiederum nur an Fällen dürften zur Konsequenz haben, daß nicht die abstrakte rechtliche Regelung in ihrem systematischen Bezug zum Normengefüge erfaßt und erinnert werden kann, sondern – und insoweit kann Westermann nur zugestimmt werden – der Fall selbst. Diese Annahme gewinnt noch an Plausibilität, wenn man sich das für die Konstruktion eines juristischen Schulfalles charakteristische Schema vergegenwärtigt: Dem erklärten Anspruch nach soll sein Sachverhalt nur solche Informationen enthalten, die unmittelbar entscheidungserheblich, also direkt auf die Tatbestandsmerkmale der einschlägigen Normen bezogen sind. Dies heißt insbesondere, daß soziale Daten über die Fallpersonen fehlen. Hierdurch kann der Eindruck einer prinzipiell individuenunabhängigen, objektiven Fallösung entstehen.

Er wird noch verstärkt durch die übliche Benennung der Fallpersonen mit G und S, X und Y, A und B. Sie erinnert an die Variablen in aussagelogischen Gesetzen: Wenn diese dort jeweils stellvertretend für eine Vielzahl von Begriffen stehen, über die erst empirischer Bezug hergestellt werden kann, so läßt sich über eine derartige Namensgebung ebenso grundsätzliche Austauschbarkeit der beteiligten Personen assoziieren. (Formelle Gleichheit vor dem Gesetz!)

Neben diesem »entscheidungserheblichen« Gerippe finden sich – eine Art Ersatzrealität vermittelnd – allerdings unversehens doch wieder zusätzliche Informationen, auch in Form einer mehr oder minder originellen Namensgebung, wobei der eben angesprochene objektivierende Effekt dann zurücktritt. Solchen »dekorativen« Sachverhaltsmerkmalen kommt zwar wohl nicht die explizite Funktion, jedenfalls aber die unterschwellige Wirkung zu, zusätzliche Assoziationsbrücken zu schaffen[5], so daß die Erinnerung in erster Linie zum Sachverhalt und zu dessen Lösung führt, dann erst zu den Begründungsstrategien.[6]

Transfer aber kann unter der Prämisse, daß der Fall und nicht die abstrakte rechtliche Regelung gelernt wird, nur über die Suche nach ähnlichen Fällen und gegebenenfalls über die Kombination ihrer Lösungsmuster ablaufen.[7]

1.2. Sachverhaltsmerkmale als Motivationshilfe

Den dekorativen Sachverhaltsmerkmalen kommt aber noch eine zweite Aufgabe zu, nämlich die, für den Lernstoff überhaupt Interesse und Aufmerksamkeit zu wecken: Primäre Motivation zum Erlernen eines abstrakten, den Studenten in seiner ganzen Begrifflichkeit fremden Kategoriensystems, wie es etwa der Allgemeine Teil des *Bürgerlichen Gesetzbuchs* darstellt, dürfte nur bei wenigen in ausreichendem Maße vorhanden sein, so daß eine Reihe sekundärer Motivationshilfen eingesetzt werden muß.[8] Neben Versuchen, durch zunehmenden Prüfungsdruck zwangsweise zum Lernen zu veranlassen, steht dabei das Bemühen, den trockenen Stoff durch einfallsreiche Fallgestaltung attraktiver zu machen, ein Verfahren, das offenbar bei einer beträchtlichen Anzahl von Studenten auch tatsächlich verfängt.

Dagegen wird der Weg, echtes Sachinteresse herzustellen, indem aktuelle soziale Konflikte aufgegriffen werden, die an eigene Erfahrungen der Studenten und damit an vorhandenes Problembewußtsein anknüpfen könnten, kaum gegangen. Die Möglichkeit, Motivation über den Bezug zu vorhandener Erfahrung herzustellen oder zu fördern, wird dennoch – ohne daß dies allerdings den Autoren selbst bewußt zu sein schiene – bei der Fallgestaltung berücksichtigt: Nur ist der Anknüpfungspunkt weniger gesellschaftlich reale, als vielmehr – und dies nachzuweisen ist Aufgabe der empirischen Untersuchung – stereotyp verzerrte Erfahrung.

Als »stereotyp« werden in der Sozialpsychologie solche Einstellungen und Überzeugungen gegenüber sozialen Gruppen bezeichnet, die auf einem sozialisationsvermittelten Vorurteil mit –

wie entsprechende Untersuchungen ergeben haben – in aller Regel diskriminierendem Inhalt beruhen; also zwar nicht auf eigene Wahrnehmung gegründet sind, diese wohl aber über bestimmte Erwartungshaltungen beeinflussen.[9]

Weil solche Wahrnehmung ihren Gegenstand stets vereinfacht und zu inadäquater Verallgemeinerung neigt, wurde dem Stereotyp zunächst ganz grundsätzlich Orientierungsfunktion für das Individuum innerhalb einer sozialen Wirklichkeit mit anders von ihm nicht zu bewältigender Komplexität zugeschrieben.[10]

In späteren Arbeiten ist versucht worden, die Bereitschaft zur Übernahme von sozialen Vorurteilen in einen Zusammenhang mit bestimmten intrapsychischen Prozessen zu stellen. Solche mit Kategorien aus der Psychoanalyse arbeitenden Erklärungsversuche gehen davon aus, daß das Individuum Ich-Schwäche durch überstarke Identifikation mit einer Bezugsgruppe zu kompensieren sucht.

Diesen Erklärungsansatz zugrundelegend, haben Adorno und andere in ihrer Studie über den Ethnozentrismus[11] als einer besonderen Form des sozialen Vorurteils festgestellt, daß es insbesondere die autoritär strukturierte, das heißt gegenüber Stärkeren zu Anpassung und Unterwürfigkeit, gegenüber Schwächeren zu Aggression neigende Persönlichkeit ist, deren Orientierung vorwiegend über Stereotype verläuft.

Daß entsprechend den Bedingungen ihrer primären Sozialisation gerade Jurastudenten in überdurchschnittlichem Maße einer an tradierten, festen moralischen Wertvorstellungen ausgerichteten »Erziehung zur Abhängigkeit« ausgesetzt sind und dementsprechend zur Ausbildung autoritärer Charakterstrukturen neigen dürften, hat die 1969 von Kaupen[12] angestellte Untersuchung ergeben, wenn auch die gegenüber Studenten anderer Fachrichtungen ermittelten Unterschiede mittlerweile wegen der Auswirkungen des Numerus clausus nicht mehr die gleichen Signifikanzen aufweisen mögen.

Beim Lernen an juristischen Schulfällen wird nun diese vorhandene Disposition zu stereotyper Orientierung genutzt, indem Stereotype als Motivations- und Assoziationshilfe dienen und damit Bestandteil der den Lernvorgang stimulierenden und begleitenden affektiven Prozesse werden.

In der gegenwärtigen juristischen Ausbildung wird damit nicht nur versäumt, aufklärerisch gegenüber aus der Primärsozialisation mitgebrachten Realitätsverzerrungen zu wirken; es liegt im Gegenteil die Vermutung nahe, daß sie vorhandene stereotype Einstellungen und Überzeugungen verstärkt und verfestigt, unter Umständen auch neue Vorurteile schafft.

1.3. Auswirkungen auf die spätere Entscheidungstätigkeit

Solche Ausbildungspraktiken können nicht ohne Einfluß auf spätere, nun nicht mehr fiktive, sondern reale Fälle betreffende Entscheidungssituationen bleiben[13]: Neben anderen Faktoren sind es die Ausbildungsbedingungen, die das Vorverständnis des Rechtsanwenders konstituieren, jenen »im weitesten Sinne durch soziale Erfahrung (oder eben deren Surrogate – die Verf.) gewonnenen kategorialen Apparat, mit dessen Hilfe der Richter die ›offensichtlich‹ relevanten Merkmale eines Falles und die ›geeigneten‹ Normen zu dessen Lösung schon unbewußt auswählt, registriert und einordnet«.[14]

Die aufgewiesenen Implikationen eines Lernens an juristischen Schulfällen lassen nun eine genauere Aussage über den Ablauf solcher Selektionsverfahren zu: Die praktische Entscheidungssituation ist von der Lernsituation wesentlich nur dadurch unterschieden, daß der aufs Entscheidungserhebliche reduzierte Sachverhalt nicht von vornherein vorliegt, sondern erst hergestellt werden muß. Dafür werden in der praktischen Ausbildung zusätzlich Verfahren erlernt, über die alle potentiell relevanten Daten erlangt (Prozeßsituation) und irrelevante Informationen ausgeschieden werden können (Aktenaufbereitung). Am Ende eines solchen Prozesses findet sich dann ein dem herkömmlichen Schulfall ähnliches Substrat, so daß der bewährte Transfer über die Erinnerung an Lösungsstrategien ähnlicher Fälle einsetzen kann.

Bei weitem bedenklicher noch aber als eine so programmierte Selektion und Interpretation der entscheidungserheblichen Normen scheint uns, daß Alltagstheorien und Wertvorstellungen, die die Auswahl der entscheidungserheblichen Fakten bestimmen, wesentlich von – durch die juristische Sozialisation vermutlich noch verstärkten – stereotypen Einstellungen und Überzeugungen beeinflußt sein dürften.[15]

2. Die Untersuchung – Vorverständnis, Hypothesenbildung und Operationalisierung

Besonders geeignet, um stereotype Realitätserfassung in juristischen Schulfällen zu demonstrieren, erscheint uns die Art und Weise, in der Frauen dargestellt werden.

Unserem Versuch, dieses Frauenbild nun nicht nur introspektiv zu erfassen, liegt die Annahme zugrunde, daß Frauen zwar mittlerweile formalrechtlich volle Rechtssubjektivität zugestanden wird, ihrer tatsächlichen Anerkennung als selbständig handelnde Rechtssubjekte – neben ökonomisch-politischen Schranken – jedoch nach wie vor auch eine Reihe sozialer Vorurteile entgegenstehen.

Deren Übernahme sollte sich in dem untersuchten Fallmaterial daran aufweisen lassen, daß die Darstellung von Frauen unter Ausklammerung anderer Aspekte gesellschaftlicher Realität durchgängig auf solche Lebenszusammenhänge und Handlungsweisen beschränkt bleibt, die über Abhängigkeiten emotionaler und ökonomischer Art durch stete Bezogenheit auf Männer charakterisiert sind und damit das Vorurteil der selbständig nicht handlungsfähigen Frau permanent reproduzieren.

Im einzelnen wurden auf diesem Hintergrund folgende Hypothesen zur Überprüfung gestellt:

1. Grundsätzlich dürften Frauen als Fallpersonen unterrepräsentiert sein, d. h. rechtlich erhebliches Geschehen wird sich in der Mehrzahl der Fälle allein unter Männern abspielen.
2. Es werden nur wenige Darstellungen von Frauen zu finden sein, die sie als selbständig entscheidungs- und handlungsfähig schildern.
3. Daß Frauen als Rechtssubjekte nicht ernstgenommen werden, wird sich auch am sexuell-assoziativen Gehalt zahlreicher Fälle aufweisen lassen, der den sachlichen Problemgehalt zugunsten zweideutiger Effekte reduziert.
4. Es ist zu vermuten, daß Frauen nur selten als ökonomisch relativ unabhängig von Männern, das heißt als selbst außerhäuslich erwerbstätig dargestellt werden.
5. Frauen werden regelmäßig nicht als eigenständige Individuen in die Fallgeschichte eingeführt, sondern meist von vornherein über eine Beziehung zu Männern definiert.

Für diese Hypothesen waren im folgenden taugliche Erhebungskategorien und präzise Zuordnungsregeln aufzustellen:

Zu 1: Häufigkeit der Fälle mit Frauen/Anzahl der Frauen

Die Kategorie galt als erfüllt, wann immer eine Frau in der Fallgeschichte explizit und individualisiert erwähnt wurde.

Zu 2: Selbständige Entscheidungs- und Handlungsfähigkeit

Zur Überprüfung dieser Hypothese wurden Kategorien gebildet, die auf einer Kombination von formalen und inhaltlichen Kriterien beruhen: Zunächst wurden über die Kategorie Objekt/Motiv/Opfer solche Fälle ausgeschieden, in denen Frauen, wenn sie überhaupt am Handlungsablauf beteiligt waren, lediglich Motiv bzw. Objekt männlichen Handelns oder Opfer plötzlicher, unerwarteter Ereignisse waren.

Beispiele[16]: Vater V kauft bei Juwelier J ein Hochzeitsgeschenk für Tochter T.

Der kleine Pudel Zottel der Hausfrau Martha wird von einem unbekannten Boxerrüden angefallen. Martha schreit um Hilfe.

Unter den verbleibenden Fällen wurde dann in einem zweiten Schritt die Gruppe ermittelt, in denen Frauen bloße Zwischenträgerfunktionen im Rahmen eines männlich bestimmten Handlungsablaufs wahrnehmen.

Beispiele: Der Angestellte A will telefonisch kündigen. Er erreicht jedoch nur die Frau seines Chefs, die verspricht, es ihrem Mann auszurichten.

Krause diktiert seiner Sekretärin einen Brief. Diese verhört sich und schreibt statt »Kunststoffrollen Listen-Nr. 112/21« »Kunststoffrollen Listen-Nr. 112/23«. Krause übersieht den Fehler bei der Unterschrift. Die Bestellung geht so heraus.

Mit Hilfe dieser formalen Kriterien sollten zunächst alle Fälle erfaßt werden, in denen bereits aufgrund der äußerlichen Handlungskonstellation nicht von »eigenständiger Handlungsweise« der Frauen gesprochen werden konnte. Für die nach dieser Selektion verbleibenden Fälle wurden zusätzlich inhaltliche Kriterien, die angesprochenen Handlungsbereiche betreffend, gebildet:

a) Haushaltsführung, Kindererziehung und -versorgung

Beispiele: Frau Vollmer schickt ihre Hausangestellte Berti zum Einkaufen.

Frau Groß leiht sich anläßlich des Besuchs ihres Enkelkindes einen Kinderwagen.

b) Intimbereich

Beispiel: Der verheiratete Clemens Wacker verreist mit seiner Freundin Carola, die sich im Gästebuch des Hotels als seine Ehefrau einträgt.

c) Erwerbsleben

Beispiele: Arbeitgeber Albrecht kündigt seiner Sekretärin Alma Müde. Alma erklärt, sie nehme die Kündigung nicht an, und erscheint weiter zum Dienst.

G als Inhaberin einer kleinen Gaststätte bestellt bei V 450 Beutel Softeispulver.

Die Chinaexpertin Fräulein P verpfändet zur Sicherung einer Kaufpreisforderung für Mingvasen einige weniger wertvolle Stücke an M.

d) Rechtshandlungen zwischen Verlobten und Ehegatten

Unter dieser Kategorie wurden alle Handlungen erfaßt, die, in Abgrenzung zu Kategorie b), den explizit rechtsgeschäftlichen Verkehr von verlobten bzw. verheirateten Frauen mit ihren (Ehe-) männern betrafen. Ausgenommen waren die Rechtshandlungen, die, weil Kinder betreffend, bereits unter Kategorie a) fielen.

Beispiel: Ehefrau F überschreibt die Hälfte des ihr gehörenden Gaststättenanwesens auf ihren Ehemann M.

e) Allgemein persönlicher Bereich

Hierunter fielen alle Handlungen, die – ohne auf Ehe und Familie bezogen zu sein – sich ganz allgemein im persönlichen Bereich abspielten. Dazu zählten die Ausführung von Gefälligkeiten für andere, die Annahme von Geschenken und Erbschaften sowie die Anschaffung von Gegenständen für den höchstpersönlichen Bereich (Kleider, Kosmetika etc.).

Beispiele: Lebedame D verleiht ihrer Freundin einen Brillantring.

Der wegen Trunksucht entmündigte S schenkt seiner Freundin einen Kassettenrecorder.

Ulla kauft sich in der Modeboutique Valentin ein Kleid.

f) Familienleben

Unter diese Auffangkategorie fielen alle Handlungen, die die Familie betrafen, ohne bereits durch die Kategorien a), b) und d) erfaßt zu sein.

Beispiel: Isabell trampt zu ihrer Großmutter nach Lausanne.

Zu 3: Sexuell assoziativer Gehalt

Schwierigkeiten bereitete die Operationalisierung der Hypothese 3: Wir sahen uns außerstande, für die vielfältigen Formen, in denen Schulfallautoren es verstehen, die Fälle mit sexuell assoziativem Gehalt »anzureichern«, abschließend Zuordnungskriterien anzugehen. Daher können die Assoziationsreize hier nur paradigmatisch aufgezeigt werden. Es handelt sich dabei um Anspielungen

a) auf Normen des geltenden und ehemaligen Sexualstrafrechts

Beispiel: Beate Uhse bietet per Postwurfsendung einen interessanten Fotoband an. Staatsanwalt Saubermann erhält einen Prospekt.

b) auf ehewidriges Verhalten, insbesondere Ehebruch

Beispiel: Hausfreund Heinz

c) auf das Halbweltmilieu

Beispiel: Lebedame Lola

d) direkt auf Geschlechtsverkehr[17]

Beispiel: Bundeswehrsoldat Roland S sucht über das Eheanbahnungsinstitut der B »Blondine zwecks Freizeitgestaltung«.

Zu 4: Ökonomische Unabhängigkeit von Männern, außerhäusliche Erwerbstätigkeit von Frauen

Für die Überprüfung dieser Hypothese galt es zunächst schlicht, die Anzahl aller in den Fallgeschichten als außerhäuslich erwerbstätig geschilderten Frauen zu erheben. Die genannten Berufe sollten dann erst bei der Auswertung nach inhaltlichen Kriterien zusammengefaßt werden.

Zu 5: Beziehung zu Männern

Unter diese letzte Kategorie fielen alle Frauen, die über eine verwandtschaftliche, freundschaftliche, eheliche oder sonst intime Beziehung zu Männern definiert wurden.

Als über eine Beziehung zu einem Mann »definiert« galt eine Frau bei folgenden Konstellationen:

a) Die Frau wird mit einem entsprechendem Beziehungsattribut versehen, ohne daß der Mann in der Fallgeschichte überhaupt auftaucht.

Beispiel: Ehefrau A will in die bereits anfahrende Straßenbahn einsteigen, stürzt und wird verletzt.

b) Der Mann wird als Fallperson mit eigenem Individuennamen eingeführt, die Frau anschließend – dann oft ohne noch eigens benannt zu sein – in eine Beziehung zu ihm gestellt.

Beispiel: Generaldirektor Glühwein macht mit seiner Geliebten Urlaub von der Familie.

Untersucht worden sind ausschließlich Fälle aus dem Zivilrecht. Als Untersuchungsmaterial dienten uns zunächst vier Lehrbücher mit in unterschiedlichem Grad fallorientierter Konzeption:

R. Weimar, Das BGB in Fällen, Bd. 1, Fälle zum Allgemeinen Teil, Bonn-Bad Godesberg 1973, verfährt insofern mit besonderem didaktischen »Geschick«, als er, bei § 1 BGB beginnend, fortlaufend zu nahezu jeder Vorschrift des AT Fälle präsentiert.

M. Löwisch, Das Rechtsgeschäft, Fälle und Erläuterungen zum Allgemeinen Teil des BGB für Studienanfänger, München 1971, bringt zwar auch ausschließlich Fälle, stellt diese aber in eine systematische Anordnung.

H. Westermann, Grundbegriffe des BGB, Eine Einführung an Hand von Fällen, Stuttgart u. a. 9. Auflage 1975, arbeitet wesentlich mit Fällen, gibt aber am Ende jedes Kapitels jeweils eine kurze systematische Zusammenfassung.

D. Schwab, Einführung in das Zivilrecht, Frankfurt 1974, ist noch am ehesten dem systematischen Lehrbuch herkömmlichen Typs vergleichbar, verwendet Fälle nur vereinzelt zur Illustration.[18]

Untersucht wurden ferner die Arbeitspapiere, die am rechtswissenschaftlichen Fachbereich der Freien Universität Berlin zur zivilrechtlichen Einführungsvorlesung im Sommersemester 1976 *(Reuter)* und im Wintersemester 1976/77 *(Schlüter)* ausgegeben wurden[19], sowie schließlich – um den außeruniversitären Bereich juristischer Ausbildung nicht unberücksichtigt zu lassen – die Fälle, die das Repetitorium *Alpmann und Schmidt* im Klausurenaufbaukurs (Einführung in das Zivilrecht) 1975 und im Vollkurs Juni 1975 bis November 1976 zum Zivilrecht präsentiert.

Fallvarianten wurden jeweils gesondert erhoben. Das Vorliegen einer Variante und nicht nur einer bloßen zusätzlichen Fallfrage wurde immer dann angenommen, wenn der Ausgangssachverhalt durch Änderungen bei den beteiligten Personen oder sonst im Ablauf der Fallgeschichte modifiziert worden war.

3. Auswertung und Interpretation der Daten

Hypothese 1:

Fallautoren	Gesamtzahl der Fälle	Fälle mit Frauen		Neutra		Eltern/ Ehepaare		Weibl. Kinder	
Alpmann	336	85	25,3%	64	19,0%	5	1,5%	1	0,3%
Löwisch	171	29	17,0%	9	5,3%	16	9,4%	1	0,6%
Reuter	54	10	18,5%	13	24,2%	4	7,4%		–
Schlüter	72	22	30,6%	1	1,1%	5	6,9%	1	1,4%
Schwab	55	5	9,1%	16	24,1%	2	3,6%	1	1,8%
Weimar	132	21	15,9%	6	4,5%	7	3,3%	2	1,5%
Westermann	78	7	9,0%	23	29,5%	1	1,3%		–
Insgesamt	898	179	19,9%	132	14,7%	40	4,4%	6	0,7%
				178		19,8%			

Hypothesen 3, 4 und 5:

Fallautoren	Gesamtzahl der Frauen	sexuell assoziativ*		Berufstätigkeit**		Beziehungen* zu Männern	
Alpmann	112	31	36,5%	33	29,5%	80	71,4%
Löwisch	29	5	17,2%	10	34,5%	16	55,2%
Reuter	11	4	40,0%	4	36,4%	7	63,6%
Schlüter	32	2	9,1%	5	15,6%	13	40,6%
Schwab	6	2	40,0%	3	50,0%	5	83,3%
Weimar	25	10	47,6%	4	16,0%	20	80,0%
Westermann	7	3	42,9%	7	28,6%	5	71,4%
Insgesamt	222	57	31,8%	61	27,5%	146	65,8%

* bezogen auf Fälle in denen Frauen vorkommen
** bezogen auf Frauen

Hypothese 1: Unterrepräsentation von Frauen

Die Anzahl der Fälle, in denen Frauen vorkommen, schwankt zwischen 9% (Westermann) und 30,6% (Schlüter) und liegt durchschnittlich bei 19,9% bzw. 20,6%, wenn man die weiblichen Kinder mitberücksichtigt.

Hypothese 2:

Fallautoren	nicht handelnd Objekt/Motiv Opfer		handelnd als Zwischenträger		handelnd* sonstige	
Alpmann	36	32,1%	8	7,1%	68	60,7%
Löwisch	3	10,3%	17	58,6%	9	31,0%
Reuter	6	54,5%	2	18,2%	3	27,3%
Schlüter	10	31,2%	7	21,8%	15	46,9%
Schwab	4	66,7%	1	16,7%	1	16,7%
Weimar	8	32,0%	1	4,0%	16	64,0%
Westermann	4	57,1%	1	14,3%	2	28,6%
Insgesamt	71	32,0%	37	16,7%	114	51,3%

* In welchen Bereichen gehandelt wird, ist der unteren Tabelle zu entnehmen.

Fallautoren	Haushalt/Kinder	Intimbereich	Erwerb	Rechtshandl. Verl./Ehel.	Familienleben	allg. pers. Bereich
Alpmann	10	12	14	15	2	15
Löwisch	–	1	1	1	1	5
Reuter	–	–	1	1	–	1
Schlüter	2	2	1	–	2	8
Schwab	–	–	1	–	–	–
Weimar	–	6	6	1	2	1
Westermann	–	–	–	–	–	2
Insgesamt	12 10,5%	21 18,4%	24 21,1%	18 15,8%	7 6,1%	32 28,1%

In 14,7% der Fälle kommen geschlechtlich nicht eindeutig identifizierte Neutra, sowie Firmen und Geschäfte vor, in 4,4% Eltern und Ehepaare.

Danach spielt sich in 60,3% aller Fälle das Geschehen allein unter Männern ab. Das Verhältnis der Fälle, in denen – meist neben Männern, nur sieben Fälle, also 0,8% aller Fälle spielen allein unter Frauen – Frauen vorkommen, beträgt damit 1:3. Es verschlechtert sich noch, wenn man berücksichtigt, daß Neutra in allen Fällen vorgenommener geschlechtlicher Identifizierung mit einer Ausnahme männlich bestimmt wurden, so daß, auch wenn dies einmal nicht explizit geschieht, jedenfalls eine entsprechende Vorstellung beim Leser doch naheliegen wird. Als Repräsentanten von Firmen und Geschäften dürften ebenfalls eher Männer assoziiert werden.

Hypothese 3: Sexuell assoziativer Gehalt

Etwa ein Drittel aller Fälle mit Frauen, nämlich 31,8%, fallen unter diese Kategorie.[20] Das Stereotyp der Frau als Sexualobjekt, das sich hier wiederfinden läßt, wird damit nicht nur von der kommerziellen Werbung erfolgreich als Anreiz zum Kauf nicht unmittelbar bedürfnisgetragener Waren eingesetzt, sondern dient offenbar ebenso als Lernanreiz beim Erwerb entfremdeten Wissens.

Hypothese 5: Beziehungen zu Männern

65,8% aller Frauen werden in der oben explizierten Art über eine Beziehung zu Männern definiert. Wenn damit die eigenständige Subjektivität von zwei Drittel aller Frauen durch einen Kontext männlicher Dominanz oder sonstiger Bezogenheit auf Männer relativiert wird, so spiegelt sich darin das gesellschaftliche Vorurteil der ohne Mann nicht vollwertigen Frau. Dieser Eindruck komplettiert sich anschaulich durch die stereotypen Darstellungen der ausdrücklich (noch) als männerlos geschilderten Frau:

Diese ist entweder ungeduldig aufs Heiraten aus –

Beispiel: Nach der Verlobung bestellt Fräulein F das Buch »1000 Eherezepte« in der Erwartung, es handle sich um ein Aufklärungsbuch. Ihr wird ein Kochbuch zugesandt.

oder als endgültig sitzengebliebene alte Jungfer mehr oder minder schrullig geworden.

Beispiel: Das alte Fräulein F möchte wissen, ob es seinen geliebten Dackel testamentarisch zum Alleinerben einsetzen oder durch eine Pensionszusage sicherstellen kann.

Hypothese 2: Eigenständige Entscheidungs- und Handlungsfähigkeit

Bei den Frauen, die in der Fallgeschichte entweder als nicht handelnd und/oder als Motiv/Objekt männlichen[21] Handelns bzw. als Opfer von Unglücksfällen geschildert werden, schwanken die Werte unter den einzelnen Autoren zwischen 10,3% (Löwisch)

und 66,7% (Schwab), liegen mehrheitlich bei 30% und ergeben insgesamt auch einen entsprechenden Durchschnitt: 32,0%. Als Zwischenträger innerhalb eines männlich[22] bestimmten Geschehensablaufs handelten durchschnittlich 16,7% aller Frauen. Soweit in den restlichen Fällen die formale Handlungskonstellation eigenständiges Handeln zuläßt, betrifft dieses mehrheitlich »typisch weibliche« Handlungsbereiche: Insgesamt 32,4% von diesen Fällen fallen unter die Kategorien

- Haushaltsführung/Kindererziehung und -versorgung: 10,5%,
- Rechtshdl. zwischen Verlobten und Eheleuten: 15,8%,
- Familienleben: 6,1%.

Sie werden also sämtlich durch einen im weiteren Sinne familiären Kontext gezeichnet. 18,4% aller hier erfaßten Handlungen beziehen sich auf den intimen, 28,1% auf den allgemein persönlichen Bereich. Dagegen betreffen nur 21,1%, also ein Fünftel aller Handlungen das Erwerbs- und Geschäftsleben. Diese Werte belegen klar die Reproduktion des Stereotyps der auf den häuslich-familiären, persönlichen Bereich fixierten Frau, deren Rolle im Erwerbsleben allenfalls eine randständige ist.

Hypothese 4: Außerhäusliche Erwerbstätigkeit

Auch die hier ermittelten Werte lassen die Übernahme dieses immer noch verbreiteten gesellschaftlichen Stereotyps erkennen: 27,5% aller Frauen werden als außerhäuslich erwerbstätig geschildert. Liegt darin auch noch keine allzu große Diskrepanz zur gesellschaftlichen Realität[23], so ergibt sich ein anderes Bild, wenn man sich die genannten Berufe in der Reihenfolge ihrer Häufigkeit ansieht: dreizehn im Büro Beschäftigte (neun Sekretärinnen, drei Stenotypistinnen, eine Telefonistin), zwölf im Haushalt Beschäftigte (sieben Haushälterinnen, zwei Wirtschafterinnen, eine Putzfrau, eine Raumpflegerin, eine Hausangestellte), fünf Studentinnen (davon drei Jurastudentinnen), vier Verkäuferinnen, drei Bäuerinnen, drei im Backhandel Beschäftigte, zwei Wurstmacherinnen, zwei Geschäftsfrauen, zwei Arbeiterinnen, eine Krankenschwester, ein Fotomodell, eine Prostituierte, eine Kaffeeautomatenaufstellerin, eine Gaststätteninhaberin, eine Wahrsagerin, eine Eheanbahnungsinstitutsbesitzerin, eine Geschäftsführerin, eine Boutiquebesitzerin, eine Hotelangestellte, fünf Berufstätige ohne Berufsbezeichnung (darunter Marika Rökk und Beate Uhse).

Berufstätige im Bereich der entlohnten Hausarbeit und die frauentypischen Büroberufe sind deutlich überrepräsentiert. Der Sektor abhängig industrieller Arbeit bleibt demgegenüber fast völlig ausgespart.

Im übrigen scheint uns die Aufzählung in ihrer Kuriosität für sich zu sprechen, insbesondere was selbständig erwerbstätige Frauen anbetrifft, bei denen noch am ehesten von ökonomischer Unabhängigkeit ausgegangen werden kann.

Zusammenfassung

Frauen sind damit in den untersuchten Schulfällen nicht nur unterrepräsentiert, ihr Vorkommen bleibt auch weitgehend an bestimmte Rollen und Handlungskonstellationen gebunden:

Frauen handeln vorwiegend im privaten Bereich und bleiben im Falle außerhäuslicher Erwerbstätigkeit meist auf »typisch weibliche« Berufe in Haushalt und Büro mit geringem Qualifikationsniveau beschränkt.

Die stete Abhängigkeit von Männern zeigt sich insbesondere daran, daß zwei Drittel aller Frauen nicht als eigenständige Individuen, sondern über ihre Beziehungen zu Männern charakterisiert werden; ferner aber auch an ihrer Funktion als Zwischenträger bzw. Objekt oder Motiv im Rahmen männlich dominierter Geschehensabläufe.

Die Art und Weise, in der Frauen von der Schulfallrealität in einen rechtserheblichen Kontext gestellt werden, entspricht damit im wesentlichen den traditionellen Vorurteilen über die Frauen angemessene soziale Position.

Die tatsächliche, nicht nur formal-rechtliche Anerkennung ihrer vollen Subjektivität steht noch aus.

Schließlich sei – um vorab einem mit Sicherheit geäußerten Einwand zu begegnen – noch darauf hingewiesen, warum wir darauf verzichtet haben, »männliche« Kontrollgruppen zu bilden:

In einer Untersuchung, deren grundsätzliches Anliegen darin besteht, die Übernahme gesellschaftlicher Vorurteile in die Schulfallrealität zu belegen, könnten die dafür zu ermittelnden Werte zwar, sofern sie gleichzeitig ein männliches Komplementärstereotyp erfassen (z. B. selbständige Handlungsfähigkeit), u. U. ergeben, daß bestimmte auf Männer bezogene gesellschaftliche Vorurteile nicht in die Fallrealität eingehen. Die Funktion von Kontrollwerten im Hinblick auf das ermittelte Frauenbild käme ihnen indessen nicht zu: Die Übernahme von frauenspezifischen Vorurteilen läßt sich allein daran aufweisen, daß entsprechende Vorstellungsinhalte sich bei der Darstellung von Frauen durchgängig oder doch mit signifikanter Häufigkeit wiederfinden.

Die Aussagekraft dieser Werte hängt dabei nicht davon ab, ob Männer in einer ähnlichen oder – was nach eingehenden Stichproben der Fall zu sein scheint – in einer anderen, spezifisch »männliche« Stereotypen wiedergebenden Weise dargestellt werden.

Anmerkungen

1 Eine Ausnahme bildet die Untersuchung von T.-M. Seibert, *Zur Fachsprache in der Juristenausbildung*, Heft 57 der Schriften zur Rechtstheorie, Berlin 1977. Lesenswert sind ferner die Glossen von G. Frankenberg, *Das Leben als Klausursachverhalt*, in: *Kritische Justiz* 1975, S. 425 ff. und H. Jäger, *Glosse über Lehrbuchkriminalität*, in: *Monatszeitschrift für Kriminologie und Strafrechtsreform* 1973, S. 300 ff.

2 So R. Eckertz, *Die Aufgaben einer Didaktik der Rechtswissenschaft*, in: *Neue Juristenausbildung*, hg. vom Loccumer Arbeitskreis, Neuwied/Berlin 1970, S. 54. Solche Fallgestaltung dürfte allerdings nicht nur mit den individuellen Eigenheiten der Autoren, sondern auch darin begründet sein, daß etwa der gerade Studienanfängern zu vermittelnde Allgemeine Teil des BGB einen aus dem liberalen Rechtsstaat entlehnten Apparat abstrakter Kategorien beinhaltet, die den veränderten gesellschaftlichen Konfliktlagen nur noch bedingt entsprechen, vergleiche ebd. S. 43 und ferner den Beitrag von Wiethölter, ebd. S. 25 ff.
Fälle, die aktuellere Problemkonstellationen wiedergeben, dürften vielfach diesen kategorialen Rahmen sprengen und damit für den Anfänger als zu komplex von vornherein aus der Darstellung ausscheiden. Kritisch zum Realitätsgehalt juristischer Schulfälle auch H. Ostermeyer, *Die juristische Zeitbombe*, München 1973, S. 12.

3 So H. Westermann im Vorwort zu *Grundbegriffe des BGB*, Stuttgart 1975[9].

4 So mahnt Westermann, *Grundbegriffe*, a.a.O.: »Der Zivilrechtler ohne BGB ist wie ein Zimmermann ohne Axt, ein Reiter ohne Pferd!«

5 Damit läßt sich unseres Erachtens u.a. die besondere Beliebtheit von charakterisierender Namensgebung, häufig verstärkt durch Alliteratio-

nen erklären. Während des WS 1975/76 war in der zivilrechtlichen Einführungsveranstaltung in Berlin beispielweise eine Dame namens Berta Bumske sozusagen semesterbegleitend. Die Studenten scheinen sich demgegenüber allerdings – wenigstens teilweise – eine wohltuende ironische Distanz bewahrt zu haben. So beginnt etwa ein Flugblatt des Sozialistischen Arbeitskollektivs Jura zur Misere der Studienbedingungen am Fachbereich Ende 1976: »Alle Jahre wieder komen Rupp Recht, Fredie Scheitel, Knut Wuchtig und Karl Brutal aus ihrem Exil in den Fachbereich 9, um sich mittels Hausarbeit gerechtfertigt um einen großen Schein zu bereichern.«

6 Diese – bisher nicht systematisch überprüfte – Beobachtung findet u. U. eine Stütze in dem von der empirischen Lernpsychologie zunächst beim Erlernen längerer Bewegungsreihen und später von sprachlichen Reihen ausgemachten »Reihen – Stellen – Effekt«, wonach Anfang und Ende einer Reihe stets leichter behalten werden als deren Mittelglieder, vergleiche dazu R. Bergius, *Psychologie des Lernens*, Stuttgart 1972[2], S. 89, 96.

7 Auf dem Hindergrund diese Annahme läßt sich der Erfolg des Repetitorunwesens dann unter anderem mit der relativen Lückenlosigkeit des präsentierten Fallmaterials, bezogen auf den Einfallsreichtum der späteren Prüfer, erklären.
Dieses Erfolgsrezept wird zunehmend auch von der universitär-akademischen Ausbildung berücksichtigt: Die Vorlesung als systematische Darstellung einzelner Rechtsgebiete tritt gegenüber einer vom ersten Semester an fallbezogenen Darstellungsweise zurück; richtungsweisend dafür U. Diederichsen, *Entlastung des Dozenten durch Intensivierung herkömmlicher Lehrmethoden*, in: *Juristenzeitung, Sonderheft zu Fragen der Studienreform*, November 1968, S. 28 ff.

8 Eckertz, *Aufgaben*, a. a. O., S. 50.

9 Grundlegend W. Lippmann, *Die öffentliche Meinung*, München 1964, deutsche Übersetzung von Public Opinion, New York 1922. Eine Übersicht über weitere Verwendung des Begriffs in der sozialpsychologischen Forschung findet sich bei W. Manz, *Das Stereotyp*, Bd. 8 der *Kölner Beiträge zur Sozialforschung und angewandten Soziologie*, herausgegeben von R. König u. E. K. Scheuch, Meisenheim 1968, S. 1–74 und auch U. Quasthoff, *Soziales Vorurteil und Kommunikation – eine sprachwissenschaftliche Analyse des Stereotyps*, Frankfurt 1973, S. 17–27.

10 Lippmann, *Meinung*, a. a. O., S. 67.

11 T. Adorno et al., *Der autoritäre Charakter*, Bd. 1 und 2, Amsterdam 1968/1969, gekürzte Fassung der Bde. I–III und V der *Studies of Prejudice*, New York 1950.

12 W. Kaupen, *Die Hüter von Recht und Ordnung*, Neuwied 1969, S. 69.

13 Das nehmen auch K.-D. Opp/R. Peuckert, *Ideologie und Fakten in der Rechtsprechung*, München 1971, S. 37f. an, die mit Hilfe fiktiver Fälle die von praktizierenden Strafrichtern angewandten Alltagstheorien und Wertvorstellungen ermittelten.
Dazu ferner auch der Beitrag von J. Wolff, *Zur Diskussion um die Verwendung fiktiver Fälle zur Erforschung von Richterverhalten*, in: *Kriminologisches Journal* Nr. 1, 1970, S. 54ff.

14 J. Esser, *Vorverständnis und Methodenwahl in der Rechtsfindung*, Frankfurt 1970, 1972, S. 10.

15 Vergleiche auch J. Berkemann, *Gesetzesbindung und Fragen einer ideologiekritischen Urteilskritik*, in: *Festschrift für Willi Geiger*, Tübingen 1974, S. 299ff., 312.

16 Alle Beispiele geben Fälle aus dem Untersuchungsmaterial, gegebenenfalls in verkürzter Form, wieder.

17 Die zahlreichen luesinfizierten und verkehrsunfallgeschädigten schwangeren Frauen haben wir bei der Erhebung zu dieser Kategorie nicht berücksichtigt.

18 Während der Erhebung erschien die 2. überarbeitete und ergänzte Auflage, die wir leider nicht mehr berücksichtigen konnten.

19 Während die untersuchten Lehrbücher durchaus repräsentativ für das derzeitige Angebot sind, war die Auswahl unter den universitären Arbeitspapieren eher von der praktischen Schwierigkeit bestimmt, überhaupt breiteres Fallmaterial von je einem Autor zu erhalten. Mag daher auch eine die Regeln repräsentativer Stichprobenauswahl vernachlässigende Beschränkung auf zwei Autoren methodisch angreifbar sein, so scheint doch die Befürchtung dadurch bedingter Verzerrungen angesichts insgesamt recht homogener Ermittlungswerte unbegründet.

20 Ausgesprochene Zurückhaltung im Einfließenlassen solcherart eindeutiger Assoziationsgehalte hat sich nur Schlüter (9,1%) auferlegt. Im übrigen vermittelt ein Blick auf die Tabelle gerade im Hinblick auf die zu vermutende Seriosität von Hochschullehrern verblüffende Eindrücke.

21 Eine Modifikation für die hier ermittelten Werte ergibt sich dadurch, daß wir die Kategorien Objekt/Motiv/Opfer und Zwischenträger im Rahmen eines von anderen Frauen bestimmten Geschehensablaufs nicht gesondert erhoben haben. Da sich – vgl. Auswertung zu Hypothese 1 – insgesamt jedoch nur sieben Fälle allein unter Frauen abspielen, bleibt diese Modifikation geringfügig.

22 1975 waren 38,8% aller Frauen zwischen 15 und 65 Jahren erwerbstätig, Quelle: *Stat. Jahrbuch* 1976.

23 Die Darstellung von Studentinnen verdient besondere Veranschaulichung durch zwei Fälle:
Studentin Flott ist auf einer Party. Als sie erfährt, daß der dort anwesende X Besitzer eines BMW 2002 Tilux ist, widmet sie sich seiner. Als

Flott den X fragt, ob er sie am Ende der Party nach Hause fahren werde (15 km), sagt X: »Okay Sweety!«
Nach Mitternacht wendet sich X indessen einer anderen zu. Als die Party gegen ein Uhr endet, hat X keine Lust mehr, die Flott nach Hause zu bringen, er hat jetzt eine andere Richtung. Flott besteht darauf. Zu Recht?
Der Altmeister der Liebe A, Brasilraucher und Browningbesitzer, möchte sich auf sein Altenteil zurückziehen. In einschlägigen Kreisen bietet er seine Etablissements für 1,5 Millionen DM an, dem mehrfachen des wirklichen Grundstückswertes. Zuhälter Z schlägt zu. Von dem geforderten Kaufpreis kann er allerdings nur 20000 DM anzahlen. Man beschließt, den Restkaufpreis durch Hypotheken an dem Grundstück zu sichern. Die Grundstücke werden sodann auf Z überschrieben und die Hypotheken zugunsten des A eingetragen. Später erfährt Z von einer nebenberuflich bei ihm arbeitenden Jurastudentin von der Rechtslage. Er verweigert weitere Zahlungen an A.

V. Gleichberechtigung als rechtspolitische Aufgabe

Hanna Beate Schöpp-Schilling

Gleicher Lohn für gleichwertige Arbeit: Neuere Entwicklungen in den USA

1. Einleitung

Das Gebot der Gleichberechtigung von Frau und Mann sowie Forderungen hinsichtlich der tatsächlichen Gleichstellung der Geschlechter bzw. der besonderen Förderung von Frauen, um historisch verfestigte Diskriminierungen abzubauen, stehen heute in den meisten Ländern der Welt auf der politischen Tagesordnung. Bei der Diskussion dieser Fragen in der Bundesrepublik Deutschland ist es daher berechtigt, daß Wissenschaft und Politik den Blick auch auf Entwicklungen, Erfahrungen und Ergebnisse in anderen Ländern der westlichen Welt richten. Analysen jener Anstrengungen, die in den USA sowohl vom Staat als auch von der Frauenbewegung in wechselseitiger Beeinflussung in den letzten 20 Jahren unternommen wurden, um die rechtliche, politische und wirtschaftliche Gleichberechtigung und Gleichstellung von Frauen voranzutreiben, haben den Frauen in der Bundesrepublik Deutschland bereits viele Anregungen gegeben: erwähnt seien in diesem Zusammenhang nur die Bemühungen um ein mit »Biß« ausgestattetes Anti-Diskriminierungsgesetz, um Frauenförderpläne und um die Institutionalisierung von Frauenstudien und Frauenforschung.

Der Versuch der Umsetzung frauenpolitischer Entwicklungen aus den USA hat aber auch jedes Mal gezeigt, daß bei einem Transfer derartiger Ideen sowohl der gesellschaftliche Kontext, in dem diese Ideen entstehen und durchgesetzt werden, als auch die eigenen Verhältnisse, in die die Erfahrungen übertragen werden sollen, analysiert werden müssen. Denn trotz der demokratischen Gemeinsamkeiten existieren so viele Verschiedenheiten in den historisch gewachsenen rechtlichen, politischen, wirtschaftlichen, sozialen und kulturellen Bedingungen beider Gesellschaften, daß eine allzu simple Übernahme von Ideen und Strategien sehr schnell zu Mißerfolgen führen kann.

2. Zur wirtschaftlichen Situation amerikanischer Frauen

Während der letzten 20 Jahre haben sich die Lebenszusammenhänge amerikanischer Frauen in vielen Punkten entscheidend verändert. Auffallend ist vor allen Dingen die sehr rasche und hohe Zunahme der Frauenerwerbstätigkeit.[1] Diese war bis Anfang der achtziger Jahre begleitet von eindrucksvollen Erfolgen hinsichtlich der Gleichberechtigung, ja z. T. Gleichstellung von Frauen auf dem amerikanischen Arbeitsmarkt. Einen bedeutenden Beitrag zu diesen Erfolgen leistete die amerikanische Frauenbewegung, die für Bewußtseinsbildung, Information, ideelle und materielle Unterstützung sorgte, so daß sich auf der Grundlage der staatlichen Gleichberechtigungs- und Antidiskriminierungsgesetzgebung und -politik mit Hilfe spektakulärer Prozesse, außergerichtlicher Entscheidungen, aber auch aufgrund freiwilliger Maßnahmen von seiten der Unternehmen die Anzahl von Frauen sowohl in typischen Männerberufen als auch in den generell von Männern besetzten höheren Positionen vergrößerte. Als besonders wirksam erwies sich in diesem Zusammenhang die Einrichtung von Förderplänen, die die staatlichen und privaten Arbeitgeber verpflichteten, im Rahmen von numerischen Zielvorgaben innerhalb festgesetzter Zeiträume und unter Berücksichtigung der Gegebenheiten des Arbeitsmarktes den Anteil von Frauen (und Minoritäten) zu erhöhen.[2]

Seit Beginn der Reagan-Regierung wird allerdings von staatlicher Seite mit Erfolg versucht, die gesetzlichen Regelungen hinsichtlich dieser Förderpläne zu lockern.[3] Inzwischen richtet sich der Kampf der amerikanischen Frauen gegen die wirtschaftliche Diskriminierung jedoch auf zwei andere Phänomene, die nun im Zentrum der theoretischen Diskussion sowie konkreter politischer Anstrengungen stehen: die Analyse der ständig zunehmenden Feminisierung der Armut und – als Strategie zur Bekämpfung dieser Armut – die Forderung nach gleichem Lohn für vergleichbare bzw. gleichwertige Arbeit.[4] Untersuchungen der Feminisierung der Armut – 1980 mußte die amerikanische Regierung registrieren, daß zwei von drei amerikanischen Erwachsenen, die unterhalb der Armutsgrenze leben, Frauen sind – haben in den letzten Jahren erwiesen, daß Armut bei Frauen andere Ursachen hat als bei Männern. Während bei Männern Verarmung im allgemeinen durch Verlust des Arbeitsplatzes eintritt und mit der Wiederaufnahme einer Erwerbstätigkeit aufgehoben wird, liegt das Einkommen vieler Frauen *trotz* Erwerbstätigkeit unterhalb der Armutsgrenze.[5]

Eine wesentliche Ursache ist nach Auffassung vieler Wissenschaftler/innen, Gewerkschafter/innen und Politiker/innen die geschlechtsspezifische Lohndifferenz, deren Wurzeln sie in den diskriminierenden Tatbeständen des geschlechtsspezifisch gespaltenen Arbeitsmarktes sehen.[6] Ihre Erklärungsmuster und – darauf aufbauend – ihre Forderung basieren auf der Annahme, daß die Tatsache, daß vorwiegend Frauen gewisse Tätigkeiten ausführen, eine wichtige Determinante bei der Festsetzung der Löhne und Gehälter ist. In der Durchsetzung der Forderung nach gleichem Lohn für vergleichbare Arbeit sehen sie ein Mittel, die finanziellen Nachteile des weiblichen Arbeitsmarktes zu überwinden. Mit Hilfe eines Vergleichs der Anforderungen typisch weiblicher Arbeitsplätze mit denen typisch männlicher Arbeitsplätze, die in ihren Merkmalen und ihrem äußerlichen Erscheinungsbild unterschiedlich, in der Gesamtheit ihrer Anforderungen und in ihrem ökonomischen Wert[7] für den Arbeitgeber jedoch vergleichbar sind, sollen die weiblichen Tätigkeiten aufgewertet und in der Folge besser bezahlt werden.

Die Strategie, über Lohnanhebungen eine verbesserte wirtschaftliche Gleichstellung erwerbstätiger amerikanischer Frauen im Vergleich mit erwerbstätigen amerikanischen Männern zu erreichen, basiert auf der amerikanischen Gleichberechtigungs- und Antidiskriminierungsgesetzgebung und -politik der letzten 20 Jahre und ist doch gleichzeitig eine Weiterentwicklung derselben. Die Erfüllung der Forderung nach gleichem Lohn für vergleichbare Arbeit wurde schon 1977 von der damaligen Leiterin der Gleichberechtigungskommission auf Bundesebene, der »Equal Employment Opportunity Commission« (EEOC), Eleanor Holmes Norton, zur wichtigsten Aufgabe der wirtschaftlichen Gleichberechtigungspolitik in den achtziger Jahren erklärt. Bereits 1974 hatte eine Analyse des Entgelts für typische Männer- bzw. Frauenarbeitsplätze des öffentlichen Sektors im Bundesstaat Washington, die dieser auf Drängen der Gewerkschaft »American Federation of State, County and Municipal Employees« (AFSCME) in Zusammenarbeit mit der staatlichen »Commission on the Status of Women« durchführte, gezeigt, welches Ausmaß an Lohnungerechtigkeit vorlag und mit welchen Methoden der Arbeitsplatzbewertung sowie mit welchen politischen Strategien die Frauen dagegen angehen konnten. Holmes Auftrag an den »National Research Council« der »National Academy of the Sciences«, die Forderungen bzw. Begründungen der neuen Lohnpolitik wissenschaftlich zu analysieren, setzte ein erstes und wichtiges Zeichen für diese Politik auf Bundesebene und stimulierte in der Folge die Bildung eines nationalen Netzwerks (»National Committee on Play Equity«), in dem sich Gewerkschaften, Frauenverbände, Gleichberechtigungskommissionen sowie Einzelpersonen auf Länder- bzw. Kommunalebene im öffentlichen Sektor, aber auch in einzelnen privaten Firmen für die Durchsetzung der Forderung engagierten. Und unabhängig von der Tatsache, daß seit dem Regierungswechsel der neue Leiter der EEOC sich gegen die Unterstützung der neuen Lohnpolitik durch seine Behörde aussprach, konnten schon 1981 im öffentlichen Sektor einzelner Bundesstaaten über 80 Initiativen gezählt werden.

1986 sind jedoch nicht nur zahlreiche Initiativen *für* die Durchsetzung dieser Lohnpolitik zu vermelden, sondern auch vielfältige Bemühungen, die sich *dagegen* richten. In vielen Publikationen von privatwirtschaftlicher Seite, aber auch in Berichten staatlicher Organisationen, so insbesondere der wichtigen, jetzt konservativ besetzten »United States Commission on Civil Rights«[8] werden Argumente gesammelt, die nicht nur die Fehlerhaftigkeit der Analysen, auf denen die neue Lohnpolitik basiere, behaupten, sondern auch die Gefährdung der freien Marktwirtschaft durch sozialistische Tendenzen und staatliche Eingriffe befürchten. Auf gerichtlicher Ebene gibt es seit 1985 bereits eine Reihe von Entscheidungen, die schon erreichte Erfolge wieder in Frage stellen.

3. Zur Analyse der Entgeltdifferenz

Die Entgeltdifferenz zwischen dem durchschnittlichen, erwerbsmäßig gewonnenen Einkommen amerikanischer Männer und Frauen ist nicht zu leugnen; zu leugnen ist auch nicht die Tatsache, daß sich diese Differenz zwischen 1950 und 1986 sogar noch vergrößerte und zwar auch gerade durch die Zunahme schlechtbezahlter Frauenarbeitsplätze. Die oft zitierte Zahl von 59 cents, die amerikanische Frauen durchschnittlich im Vergleich zu den 100 cents amerikanischer Männer verdienen, ist eher als politischer Slogan denn als Tatsache zu betrachten. Die Zahlen, die hinsichtlich der Entgeltdifferenz genannt werden, müssen nämlich jeweils genau analysiert werden, und zwar im Hinblick auf die Frage, ob es sich z. B. um einen Vergleich des jährlichen, des wöchentlichen oder des stündlichen Entgelts handelt, ob Teilzeitarbeit mit enthalten ist bzw. welche Altersgruppen von Männern und Frauen verglichen werden: für 1982 wurde so festgestellt, daß eine weiße amerikanische Frau mit einer ganzjährigen Vollzeit-Erwerbstätigkeit durchschnittlich nur 64 cents für jeden Dollar verdiente, den der weiße amerikanische Mann erhielt, 1983 waren es sogar nur 63,6 cents. Das Einkommen farbiger Frauen lag noch unter diesem Betrag. Bei einer Berechnung auf der Basis von Stundenlöhnen betrug die Differenz jedoch nur 28 cents, und bei einer Beschränkung auf den Vergleich männlicher und weiblicher Erwerbstätigkeit im Alter von 20 bis 24 Jahren, die ganzjährig einer Vollzeit-Erwerbstätigkeit nachgingen, betrug die Differenz – kalkuliert auf einer stündlichen Entgeltbasis – nur noch 11 cents.[9]

Die Forschung setzt je nach Erkenntnisinteresse unterschiedliche Akzente bei der Ergründung der Ursachen für diese Lohndifferenzen. Der Bericht des »National Research Council« der »National Academy of the Sciences« von 1981 differenziert zwischen Argumenten, die die Charakteristika der Arbeitnehmerinnen (schulische und berufliche Ausbildung, Berufserfahrung und -verlauf, etc.) bzw. die Charakteristika der Arbeitsplätze (wie sie z. B. im *Dictionary of Occupational Titles* des amerikanischen Arbeitsministeriums definiert sind) als Ursachen anführen; die Verfasser des Berichtes kommen jedoch zu dem Schluß, daß die erstgenannten Faktoren im allgemeinen weniger als ein Viertel und niemals mehr als die Hälfte der festgestellten Lohndifferenz bei Männern und Frauen erklären können. Und auch die staatlichen Kategorisierungen der Arbeitsplätze – in die allerdings schon diskriminierende Tatbestände eingebaut sind – geben keinen erschöpfenden Aufschluß. Sie selber führen als dritten, die Lohndifferenz bestimmenden Aspekt den Faktor einer umfassenden Diskriminierung an, d. h. ihrer Meinung nach sind in bestimmten Bereichen des Arbeitsmarktes die Löhne u. a. auch deshalb so niedrig, weil hier vorwiegend Frauen (bzw. rassische oder ethnische Minderheiten) arbeiten. Das Zusammenwirken institutioneller Faktoren des Arbeitsmarktes sowie diskriminierende Praktiken in Vergangenheit und Gegenwart, führen ihrer Meinung nach zu einer *systematischen* Unterbezahlung von typischer Frauenarbeit.[10]

Der Bericht der »U.S. Commission on Civil Rights« vom Juni 1985, der auf einem Expertenhearing basiert, widerspricht den Analysen und Folgerungen des Berichts des »National Research Council« in fast allen Punkten. Nach Auffassung der männlichen Mitglieder der Kommission[11] entsteht die Entgeltdifferenz bei männlichen und weiblichen Arbeitnehmern aus einer Vielzahl von Ursachen, die *nichts* mit einer Diskriminierung durch den Arbeitgeber zu tun haben, sondern vor allem durch die Charakteristika der Arbeitnehmerinnen (Sozialisation, Erwartungen an den Beruf, Wahl der Bildungsgänge, Erwartungen hinsichtlich der Vereinbarkeit von Familie und Beruf, Berufsverlauf etc.) bestimmt werden. Die Verfasser dieses Berichts geben zwar zu, daß es einen durch diese Faktoren *nicht* erklärbaren Rest der Entgeltdifferenz gibt, doch ist die Uneinigkeit der Wissenschaftler untereinander über diesen Punkt für sie Anlaß genug, sich nicht weiter damit auseinanderzusetzen.[12]

4. Gesetzliche Grundlagen und Methodik der neuen Lohnpolitik

Die Forderung nach gleichem Lohn für vergleichbare Arbeit basiert auf der amerikanischen Gleichberechtigungs- und Antidiskriminierungsgesetzgebung der sechziger Jahre. Dennoch gibt es z.Z. außer dem »Civil Service Reform Act« für Beamte keinen Gesetzestext auf Bundesebene, der den Grundsatz des gleichen Lohns für vergleichbare Arbeit ausdrücklich nennt. Die Rechtsprechung des »U.S. Supreme Court« entschied jedoch im Jahre 1981 im Fall »County of Washington v. Gunther«, daß die schon bestehenden Antidiskriminierungsgesetze im Sinne dieser Forderung interpretiert werden dürfen.

1963 hatte das »Equal Pay Act« die ungleiche Bezahlung von Männern und Frauen verboten, wenn diese gleichartige Arbeit verrichten, d.h. Arbeit, die die gleichen Vorkenntnisse, Anstrengungen und Verantwortlichkeiten unter ähnlichen Arbeitsbedingungen verlangt. Aufgrund dieses Gesetzes wurden z.B. folgende Tätigkeiten als genügend ähnlich empfunden, um gleiche Bezahlung erforderlich zu machen: Hausmeister und Reinigungsfrau oder Schwesternhelferin und Krankenhausgehilfe. 1964 wurde ein weiteres Gesetz, »Civil Rights Act«, verabschiedet, das in »Title VII« Diskriminierung aufgrund von Rasse, Farbe, Religion, Geschlecht und nationaler Herkunft in allen Arbeitspraktiken verbietet, nämlich bei Einstellung und Beendigung eines Arbeitsverhältnisses sowie bei Beförderung, Vergütung und anderen Aspekten und Privilegien der Arbeitsbedingungen. Durch einen Zusatz (sog. »Bennett-Amendment«) war das Gesetz von 1963 zumindest in »Title VII« integriert worden. Im Fall »Washington v. Gunther« entschied nun der »U. S. Supreme Court«, daß einerseits auch unter »Title VII« die im »Equal Pay Act« definierten Ausnahmen gelten müssen, andererseits aber »Title VII« angewendet werden kann, um ungleiche Bezahlung von Männern und Frauen zu ahnden, deren Tätigkeiten zwar nicht unbedingt gleichartig, aber gleichwertig sind, bzw. Unterbezahlung von Frauen auch dann zu ändern, wenn es in ihrem Arbeitsbereich gar keine Männer gibt, deren Tätigkeiten zum Vergleich herangezogen werden können. Das Gericht stellte darüber hinaus fest, daß einmal festgesetzte Lohnskalen, die aus der Evaluierung der Arbeitsplätze folgen, nicht willkürlich – je nach Geschlecht der Arbeitnehmer – verändert werden dürfen.[13]

In der Praxis beruht die Durchführung einer Politik des gleichen Lohns für vergleichbare Arbeit auf der Analyse und Bewertung von Arbeitsplätzen. Nach Einschätzung des Berichts des »National Research Council« kann es keinen absoluten Maßstab für Bewertungen geben. So dürfen die Maßstäbe, die den Wert einer Tätigkeit bestimmen, nur teilweise vom Markt diktiert werden; andererseits müssen aber auch die Charakteristika des jeweiligen Unternehmens miteinbezogen werden. Die Vertreter der »U. S. Commission on Civil Rights« betonen ebenfalls die Subjektivität der wissenschaftlichen Methoden von Arbeitsplatzanalysen. Ihrer Auffassung nach können diese höchstens dazu dienen, eine rationale Entgeltpolitik innerhalb eines Unternehmens bzw. einer Behörde zu gewährleisten; sie lehnen es jedoch ab, daß – wie sie befürchten – auf der Grundlage von Arbeitsplatzbewertungen grundsätzliche Entscheidungen für die Entgeltfestsetzung auf dem amerikanischen Arbeitsmarkt generell getroffen werden. Vor allen Dingen können Arbeitsplatzbewertungen ihrer Auffassung nach nicht die Existenz geschlechtsspezifischer Entgeltdiskriminierung beweisen.[14]

Erste Arbeitsplatzevaluierungen wurden bereits vor mehr als 100

Jahren von der »U. S. Civil Service Commission« für den öffentlichen Dienst vorgenommen. Im Zweiten Weltkrieg wurde die Arbeitsplatzbewertung auch im amerikanischen Privatsektor eingeführt; zur gleichen Zeit klassifizierte und bewertete man auch die meisten Tätigkeiten im öffentlichen Sektor neu, so daß heute Tätigkeitsevaluierungen weit verbreitet sind, ohne daß es jedoch z.Z. eine verläßliche Schätzung gibt, *wie viele* Erwerbstätige in *welchen* Sparten bzw. Sektoren davon betroffen sind. Arbeitsplatzbewertungen werden im allgemeinen folgendermaßen durchgeführt:

– eine Inhaltsanalyse der Tätigkeiten (eines Berufes, einer Firma, einer Abteilung, eines Arbeitsfeldes etc.) wird erstellt (dies kann auch durch Unternehmensberater geschehen);
– diese Tätigkeiten werden nach einem Punktesystem bewertet (hierbei können die Gewerkschaften eine Rolle spielen);
– die Höhe von Löhnen und Gehältern wird entsprechend der Punktzahl festgesetzt.

Mit Hilfe einer derartigen Arbeitsplatzanalyse und -bewertung soll einmal für Gerechtigkeit beim Vergleich der Tätigkeiten innerhalb der Firma, zum anderen für Gerechtigkeit beim Vergleich der Bezahlung mit den herrschenden Marktpreisen gesorgt werden. Die Verfechter der neuen Lohnpolitik fügen diesen beiden Zielen noch ein drittes hinzu: Gerechtigkeit für beide Geschlechter.[15] In einem zusätzlichen Schritt muß ihrer Forderung nach verglichen werden, ob für Tätigkeiten mit gleicher Punktzahl, die jeweils vorwiegend von dem einen oder anderen Geschlecht ausgeübt werden, auch das gleiche Entgelt gezahlt wird.[16] Die von der *New York Times* 1984 veröffentlichten Ergebnisse für Arbeitsplätze im öffentlichen Sektor in drei verschiedenen Bundesstaaten zeigen, wie sehr Arbeit trotz gleicher Punktzahl – von Frauen ausgeführt – unterbezahlt wird (vgl. nebenstehende Abbildung).[17]

Auch die wissenschaftlichen Verfechter der neuen Lohnpolitik sehen die Verwendung der *gegenwärtig existierenden Systeme* der Arbeitsplatzanalyse und -bewertung zur Identifizierung von geschlechtsspezifischen Lohndiskriminierungen mit kritischen Augen, da diese Systeme in ihren Methoden und Techniken ebenfalls von geschlechtsspezifischen Vorurteilen und bestehenden diskriminierenden Praktiken beeinflußt sind. Dennoch waren bereits bis 1982 Experten in mehr als 24 Lohnuntersuchungen auf bundesstaatlicher oder kommunaler Ebene, unter Benutzung von

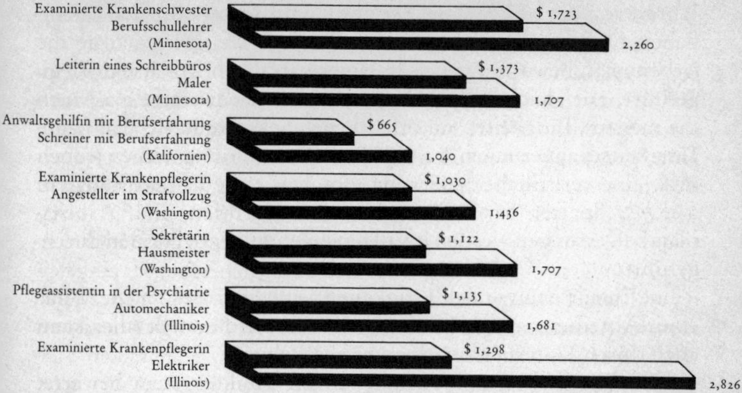

Quelle: Council on the Economic Status of Women, State of Minnesota

mindestens vier unterschiedlichen Systemen und unter Einbeziehung des geschlechtsspezifischen Gerechtigkeitsaspektes zu dem Ergebnis gekommen, daß Tätigkeiten, die vorwiegend von Frauen ausgeübt werden, im Vergleich zu solchen, in denen hauptsächlich Männer arbeiten, bei gleicher Punktzahl zwischen 5 % und 20 % geringer bezahlt werden.

Zur systematischen Einführung und Durchsetzung der Politik des gleichen Lohns für vergleichbare Arbeit muß also ein einheitliches vorurteilsfreies Analyse- und Bewertungssystem innerhalb *eines* Unternehmens eingesetzt werden. Diskriminierung von Frauen herrscht dann vor, wenn es mehrere Systeme mit z. T. sich widersprechenden Wertkategorien gibt, wenn die Wertmaßstäbe nicht durchgängig angewandt, wenn die Tätigkeitsmerkmale unkorrekt oder unvollständig erfaßt und bewertet werden und wenn, wie bereits ausgeführt, bei gleicher Punktzahl unterschiedliche Gehälter gezahlt werden. Ein Beispiel für eine systematisch falsche oder unvollständige Bewertung von typischen Frauenarbeitsplätzen hat eine Untersuchung offengelegt, in der das *Dictionary of Occupational Titles* überprüft wurde: Es zeigte sich, daß das Arbeitsministerium bei sogenannten typisch weiblichen Tätigkeiten – insbesondere, wenn diese sich auf Kinder bezogen – erlerntes Können und Wissen nicht als solches erfaßt und bewertet hatte, sondern als Fähigkeiten definierte, die den Frauen angeboren sind.

5. Die Praxis der neuen Lohnpolitik

Seit 1977 können die Verfechter der neuen Gleichberechtigungspolitik – trotz nicht zu leugnender Rückschläge in den letzten Jahren – einige wesentliche Erfolge verzeichnen. In ihrem Bericht über die Durchsetzung der neuen Lohnpolitik in einzelnen amerikanischen Bundesstaaten unterscheidet die amerikanische Wissenschaftlerin Alice Cook zwischen vier Vorgehensweisen: Gesetzgebung, Initiativen, die von den jeweiligen Personalverwaltungen auf städtischer bzw. bundesstaatlicher Ebene für den öffentlichen Sektor eingeleitet wurden, Tarifverhandlungen und Rechtsprechung.[18] Die Mehrzahl der Anstrengungen im Rahmen dieser vier Strategien beziehen sich bisher allein auf den öffentlichen Sektor. In vielen Fällen wurden – entweder bevor die jeweiligen Interessengruppen (staatliche Gleichberechtigungskommissionen, Gewerkschaften, Gleichberechtigungsstellen in Firmen) einen der genannten Wege einschlugen oder während sie sich bereits in den Verhandlungen befanden –, umfangreiche Arbeitsplatzanalysen und -evaluierungen auf Länder-, Gemeinde- bzw. Firmenebene oder für Berufssparten durchgeführt, um das Ausmaß der Unterbezahlung typischer Frauentätigkeiten festzustellen. So dokumentierten Mitte der achtziger Jahre bereits mehr als 75 derartige Analysen für den öffentlichen Sektor, die z. B. in den Bundesstaaten Michigan, Connecticut, Washington, Illinois, Wisconsin, Maine und Virginia mit staatlichen Geldern finanziert wurden, diese Art der Diskriminierung. In mindestens drei Bundesstaaten sind seit 1977 neue *Gesetze* verabschiedet worden. Kalifornien hat seit 1981 ein Gesetz, das die Bezahlung von Frauen im öffentlichen Sektor nach dem Grundsatz gleicher Lohn für vergleichbare Arbeit fordert; Hawaii verlangt die Anwendung dieses Grundsatzes seit 1981 von *allen* Arbeitgebern, und in Minnesota wurde 1982 gleichzeitig mit dem Gesetz auch ein Verfahren festgelegt, in dessen Rahmen bis 1987 jährlich zusätzliche 4 % des jährlichen Budgets für die Anhebung von Frauenlöhnen im öffentlichen Sektor bereitgestellt werden.

Im Rahmen des öffentlichen Sektors haben bundesstaatliche bzw. städtische Personalverwaltungen ebenfalls auf der Grundlage von Untersuchungen entweder »freiwillig« oder auf Druck der Gewerkschaften ihre Lohnpolitik verändert und die Frauenlöhne erhöht: in Iowa wurden zusätzlich $20 Millionen für 6000 typische Frauenarbeitsplätze im öffentlichen Sektor aufgebracht, um die Entgeltdifferenz aufzuheben; in Wisconsin waren es $ 9,1 Millionen für 10 000 Erwerbstätige; in Connecticut $ 5,6 Millionen für 9000 Erwerbstätige; im Staate N. Y. $ 36 Millionen für 60 000 Erwerbstätige; in Los Angeles $ 12 Millionen für 3900 Erwerbstätige und in Colorado Springs, einer kleinen, von konservativen Republikanern geführten Stadt, wurden für ca. 500 weibliche städtische Angestellte erhebliche Gehaltserhöhungen gewährt, die die Stadt letzten Endes aber nur mit zusätzlich 2 % des $ 90 Millionen Budgets belasteten.

Amerikanische Gewerkschaften haben aber auch im Rahmen von *Tarifverhandlungen* Erfolge erzielt. So erreichte die »New England Health Care Employees' Union« eine Anhebung der Löhne der Krankenschwestern bzw. Angestellten im Gesundheitsdienst in von der öffentlichen Hand finanzierten Krankenhäusern; in San José in Kalifornien erstritt die »American Federation of State, County and Municipal Employees« (AFSCME) in einem Kampf, in dem vor Streik nicht zurückgeschreckt wurde, die Anhebung der Löhne von öffentlichen Angestellten in typischen Frauenarbeitsbereichen um 5 bis 10 % bis zu einem Maximum von $ 1,5 Millionen. In Santa Clara County, Kalifornien, erkämpfte die »Service Employees' International Union« zusätzlich zur allgemeinen Lohnerhöhung von 16,5 % eine 5 bis 10 %ige Anhebung für Büroangestellte auf der Basis des hier diskutierten Grundsatzes.

Mit Hilfe der Rechtsprechung wurde im privaten Sektor im Fall der »International Union of Electrical Workers v. Westinghouse« eine Anhebung der Frauenlöhne am Fließband in diesem Unternehmen erreicht; auch der größte private Unternehmer in den USA, die »American Telephone and Telegraph Company«, hat bereits zusammen mit den entsprechenden Gewerkschaften eine neue Bewertung vorgenommen, deren Umsetzung in die Praxis bisher aus Gründen, die nichts mit dieser Lohnpolitik zu tun haben, verzögert wurde. Der wohl spektakulärste Fall ist die Gerichtsentscheidung im Fall »AFSCME v. State of Washington«, die im Dezember 1983 den Bundesstaat verpflichtete, auf der Grundlage der 1974 festgestellten Lohndiskriminierung $ 800 Millionen bis 1 Milliarde an Nachzahlungen und Lohnanhebungen zu entrichten (die Löhne der vom Bundesstaat Washington bezahlten Arbeitskräfte in typischen Frauenbereichen sollten um ca. 31 % angehoben werden). Zur Umsetzung dieses Urteils ist es bisher allerdings noch nicht gekommen, da der Bundesstaat Washington Berufung eingelegt hat. Eine Entscheidung auf der nächsthöheren Gerichtsebene im September 1985 hat dieses Urteil zurückgewiesen, so daß der Fall jetzt dem Obersten Gerichtshof vorliegt. Neben den Gewerkschaften haben auch Berufsverbände (Sekretärinnen, Bibliothekarinnen) erfolgreich für Lohnanhebungen gekämpft bzw. Lohndiskriminierungen dokumentiert.

Angesichts der Ausdehnung der USA einerseits sowie des privatwirtschaftlichen Sektors andererseits, der zudem viel weniger gewerkschaftlich organisiert ist als in Europa, sind die Erfolge der »Bewegung« für gleichen Lohn für vergleichbare Arbeit letztlich zwar noch vereinzelt, aber in ihren Auswirkungen dennoch nicht zu unterschätzen, da sie – auch ohne direkten Eingriff in die Privatwirtschaft – langfristig auch dort das Entgelt für typische Frauenarbeit beeinflussen werden. Der Soziologe Daniel Bell sieht die neue Entwicklung als ein Merkmal der generell sich verändernden Strukturen des Arbeitsmarktes der Informationsgesellschaft an.[19] Die bisherigen Erfolge sind besonders der Zusammenarbeit von frauenrechtlerisch bzw. feministisch orientierten Wissenschaftlern, Politikern, Gewerkschaftern und Aktivisten zuzuschreiben – und zwar von Frauen *und* Männern.

Widerstand kommt – wie bereits angeführt – natürlich von vielen Seiten, besonders von der Privatwirtschaft[20], der republikanischen Partei und jenen neokonservativen Bewegungen wie die Gruppierung um Phyllis Schlafly, die jene Frauen und Männer um sich sammelt, die gegen die rechtliche Gleichstellung von Frauen kämpfen. Dieser Widerstand wird mit hauptsächlich fünf Argumenten bestritten:
– unterschiedliche Tätigkeiten könnten nicht miteinander verglichen werden,
– eine derartige Lohnpolitik zerstöre das Kräftespiel des freien Marktes,
– die Durchsetzung dieser Lohnpolitik sei einfach nicht zu bezahlen,
– sie führe zur erhöhten Arbeitslosigkeit von Frauen, da sie für den Arbeitsmarkt zu teuer würden,
– das Problem der Unterbezahlung von Frauen löse sich von selbst, wenn sich das Berufsverhalten von Frauen ändere und die Öffnung des amerikanischen Arbeitsmarktes auf den schon bestehenden gesetzlichen Grundlagen weiterhin Fortschritte mache.

Die Privatwirtschaft befürchtet offensichtlich am meisten, daß es zu einer gesetzlichen Regelung auf Bundesebene kommen könnte, die ähnliche Eingriffe und bürokratische Richtlinien zur Folge haben würde, wie sie dies im Zusammenhang mit den Förderplänen erlebte. Dagegen wird in jüngster Zeit bei einigen ihrer Vertreter deutlich, daß sie Entgeltanhebungen für Arbeitnehmerinnen im Rahmen von Tarifverhandlungen eher bereit wären zu akzeptieren, wobei sie sich natürlich weiterhin gegen die Kosten sträuben.

Die Verfechter der neuen Lohnpolitik widerlegen diese Argumente bzw. weisen nach, daß Arbeitgeber vor allem die beiden ersten Prinzipien durchaus nicht immer befolgen, wenn es um ihren eigenen Vorteil geht.[21] Hinsichtlich des Kostenarguments gibt es sehr unterschiedliche Schätzungen. Arbeitgeberverbände rechnen mit Beträgen zwischen $ 2 und $ 150 Milliarden. Demgegenüber hat »AT & T« festgestellt, daß die Kosten im Falle dieses Unternehmens durchaus zu verkraften sind, und im Falle des Bundesstaates Minnesota wurde deutlich, daß ein Gerichtsentscheid teurer gewesen wäre als die Lohnanhebung (die nämlich nur 4 % des jährlichen Gehaltsbudgets betrug). Im übrigen gibt es aber auch eine gesicherte Rechtsprechung, die dieses Argument als Grund für die Nichtbefolgung der Grundsätze der Gleichberechtigung nicht anerkennt.

Steinberg[22] verweist noch auf zwei andere Gründe, die für den Widerstand verantwortlich sind. Die Forderung nach Lohngerechtigkeit für Männer und Frauen ist zum einen eine Bedrohung jener kulturellen Normen, nach denen der Wert von Tätigkeiten in fast allen uns bekannten Kulturen sinkt, wenn sie von Frauen ausgeübt werden, zum anderen aber eine Bedrohung der augenblicklichen Machtverhältnisse zwischen den Geschlechtern. Denn die Durchsetzung dieser Politik würde nicht nur erwerbstätigen Frauen eine andere Stellung auf dem Arbeitsmarkt verleihen, sondern auch ökonomische Ressourcen zwischen Männern und Frauen umverteilen.

6. Zur Situation in der Bundesrepublik Deutschland[23]

Auch in der Bundesrepublik Deutschland werden die ungleichen Machtverhältnisse zwischen den Geschlechtern u. a. über die Unterbewertung weiblicher Arbeitskraft in der Produktion (und

Reproduktion!) aufrechterhalten. Auch hier gibt es einen frauenspezifischen Arbeitsmarkt, der durch negative Abweichungen vom männerspezifischen Arbeitsmarkt gekennzeichnet ist, so z.B. auch durch niedrigere Entgelte. Vergleicht man die Situation mit den USA, so sind für den Bereich der Lohngleichheit Vergleichbarkeiten, Unterschiede und auch Ungleichzeitigkeiten festzustellen.

Das Gebot der Lohngleichheit ist in der Bundesrepublik bereits seit 1955 aufgrund der Rechtsprechung des Bundesarbeitsgerichts unbestritten geltendes Recht und seit 1980 auch ausdrücklich in § 612 Abs. 3 BGB normiert.[24] Demgegenüber steht jedoch die Tatsache, daß auch in der Bundesrepublik Frauen für gleiche, gleichartige und vergleichbare bzw. gleichwertige Arbeit nicht den gleichen Lohn bekommen wie Männer.[25] Diese Tatsache der Lohndiskriminierung wird im Prinzip nicht angezweifelt, höchstens über den Umfang der Differenz besteht Uneinigkeit.[26] Sie wird aber wohl nur deshalb so unbefangen anerkannt, weil zur Zeit keine durchsetzungsfähige Kraft in der Bundesrepublik (Gewerkschaften, Politik, Frauennetzwerke) aus dieser Tatsache Kampagnen oder andere Aktivitäten ableitet, die die Wirtschaft bedrohen könnten. Somit ist das Lohngleichheitsgebot rechtlich zwar unstrittig, tatsächlich aber wirkungslos. Bemühungen um seine Durchsetzung sind vereinzelt geblieben und stehen im Mißverhältnis zu offiziellen Verlautbarungen.

Auch die Ursachen der Wirkungslosigkeit sind inzwischen bekannt. Betriebsräte setzen sich weniger für die Interessen von einzelnen Frauen oder von weiblichen Beschäftigtengruppen ein; Frauen haben es schwer, einen Konflikt, den ja nur sie allein justizförmig führen können, anzufangen und erfolgreich durchzuhalten. Dabei ist auch von wesentlicher Bedeutung, daß nach fast einhelliger Auffassung in der Arbeitsrechtswissenschaft – die inzwischen auch ihre Stütze in der Formulierung des § 612 Abs. 3 BGB findet – als Maßstab immer männliche Arbeitnehmer desselben Betriebs herangezogen werden müssen. Bei Fehlen einer männlichen Vergleichsperson in demselben Betrieb – also bei geschlechtsspezifischer und damit besonders diskriminierender Besetzung von Arbeitsplätzen – ist damit die Unterbezahlung von Frauen im Gegensatz zu den USA rechtlich gebilligt.

Auf der Ebene des Tarifvertrags sind zwar ausdrücklich Frauen und Männer ungleich behandelnde Regelungen wie Tarifabschlagsklauseln bis auf wenige Ausnahmen abgeschafft, und auch Leichtlohngruppen sind in einer Reihe von Tarifverträgen beseitigt worden. Die Abstände zwischen den Tarifgruppen – denen mit überwiegend Frauen und denen der Männer – sind aber im wesentlichen gleich geblieben[27], und die Tarifnormen sind regelmäßig so beschaffen, daß sie den geschlechtsspezifischen Arbeitsmarkt weiterhin zementieren. Angesichts dieser Tatsache und angesichts der unterschiedlichen Lebens- und Arbeitsbedingungen werden Männer weiterhin signifikant begünstigt.[28]

Diejenigen, die sich um Lohngleichheit für Frauen bemühten, haben lange Zeit ihre Hoffnung in die Veränderung der Arbeitsbewertungsverfahren gesetzt, wie es jetzt in den USA geschieht. Das summarische Arbeitsbewertungsverfahren in Tarifverträgen weist im gewerblichen Bereich – anders als im Angestelltenbereich – der körperlichen Schwere der Arbeit die entscheidende Bedeutung zu; Beanspruchungen aber, die typisch für Frauenarbeitsplätze sind, bleiben unberücksichtigt. Der Übergang zum analytischen Arbeitsbewertungsverfahren aber hat – entgegen den Erwartungen – den Frauen nichts gebracht, denn erneut werden typische Anforderungen für Männerarbeitsplätze hoch, für Frauenarbeitsplätze hingegen niedrig gewichtet. Aufgrund der Einführung und Durchsetzung mikroelektronischer Techniken in den Betrieben ist sogar eine neue Entwicklung festzustellen. Die Lohnunterschiede müßten eigentlich verschwinden, da sich die Anforderungen an den »neuen« Arbeitsplätzen, an denen Männer arbeiten, denen der alten – und neuen – Arbeitsplätze für Frauen immer mehr angleichen. Sie werden aber konserviert durch erneute Umstellung der Arbeitsbewertungsverfahren in einer Weise, die eigentlich zu begrüßen wäre, würde sie nicht diskriminierend benutzt: für konkrete Arbeitsplätze werden nämlich jetzt ohne Entgeltgruppenbeschreibungen und ohne analysierte Arbeitsinhalte bestimmte Entgelte festgesetzt. Nur werden eben erneut die mit Frauen besetzten Arbeitsplätze niedrigen Entgelten zugeordnet.[29]

Das Bemühen um eine »gerechte« Lohnfindung über wissenschaftlich anerkannte Verfahren ist in der Bundesrepublik inzwischen eingestellt worden. Nicht einmal jene Ergebnisse, die seitens der Arbeitswissenschaft als unbestreitbare und unbestrittene Erkenntnisse zur Verfügung gestellt wurden, sind in konkrete Lohnpolitik umgesetzt worden.[30] Es besteht eine sehr schwache

Aussicht, daß diese Themenstellung noch einmal akut werden könnte, da nunmehr ein Urteil des Europäischen Gerichtshofs vorliegt[31], das sich mit der Zulässigkeit des Kriteriums der körperlichen Schwere in Tarifverträgen beschäftigt und diesen Maßstab zuläßt, aber nur unter dem Vorbehalt, daß eben dieser Tarifvertrag Anforderungen, wie sie typischerweise bei von Frauen besetzten Arbeitsplätzen anfallen, gleichermaßen anerkannt und positiv gewichtet; solche diskriminierungsfreien Tarifverträge gibt es aber nicht. Noch stehen die rechtlichen Konsequenzen aus diesem Urteil für das nationale Recht nicht fest, denn das deutsche Rechtssystem stellt adäquate Rechtsfolgen eigentlich nicht zur Verfügung. Es gibt keine Möglichkeit, die Tarifvertragsparteien zu zwingen, einen neuen diskriminierungsfreien Tarifvertrag abzuschließen, und es ist fraglich, ob die Arbeitsgerichtsbarkeit diese Aufgabe zu übernehmen bereit ist.

Auch ist streitig, ob und in welchem Ausmaß sie dazu befugt ist.[32] Denn anders als in den USA sind die Bedeutung und die prägende Macht der Gewerkschaften oder, besser, der Tarifvertragsparteien, also auch der Unternehmensverbände, erheblich größer, und die Befugnis der Tarifvertragsparteien, die Bedingungen des Arbeitslebens frei zu regeln, ist verfassungsrechtlich anerkannt und geschützt. Ein gerichtlich verordneter diskriminierungsfreier Tarifvertrag griffe zweifellos in diese bedeutsame Tarifautonomie ein. Gleichzeitig würde jedoch der unangetastete Schutz der Tarifautonomie bedeuten, daß den gerade durch Tarifverträge diskriminierten Frauen jeder rechtliche Schutz entzogen würde, obwohl sie dessen besonders bedürfen. Hoffnung auf tarifpolitische Entwicklungen zugunsten von Frauen zu setzen, hat sich nur als bedingt erfolgreich erwiesen. Obwohl immer wieder – jedenfalls von einigen Gewerkschaften – die Anhebung der unteren Lohngruppen gefordert wird, gelingt dies nur in geringem Maß und geht langsam vonstatten.

Angesichts dieser Rahmenbedingungen dürften Politiken oder Strategien wie die Kampagne »Gleicher Lohn für vergleichbare Arbeit«, die darauf abzielen, die entgeltliche Benachteiligung von Frauen durch den frauenspezifischen Arbeitsmarkt aufzuheben, in der Bundesrepublik schwerer zu beginnen und durchzusetzen sein als in den USA. Wenn man zudem bedenkt, daß diese lohnpolitischen Entwicklungen in den USA erst als zweiter Schritt nach der relativ erfolgreichen Durchsetzung von Frauen-(und Minoritäten-)förderplänen, die ebenfalls das Aufbrechen des geschlechtsspezifischen Arbeitsmarkts zum Ziel hatten, erfolgte, in der Bundesrepublik diese Aufgabe aber bisher nur zögernd und ohne gesetzliche Absicherung angegangen wird, wird deutlich, wieviel noch für die tatsächliche Gleichstellung von Frauen auf dem Arbeitsmarkt zu tun ist. Dennoch bleibt festzuhalten: Wenn auch die konkreten Schritte zur Erreichung dieses Ziels aufgrund der unterschiedlichen Bedingungen in der Bundesrepublik von Fall zu Fall anders sein müssen als in den USA, so können die amerikanischen Beispiele – so vor allem die Frauennetzwerke und ihre Strategien – doch anregen und ermutigen.

Anmerkungen

1 1960 waren nur 30% der verheirateten weißen Frauen Amerikas erwerbstätig, 1980 waren es bereits 49%. Von den verheirateten Frauen mit Kindern unter 6 Jahren waren 1986 49% erwerbstätig, von den Frauen mit Kindern zwischen 6 und 17 Jahren waren es 63%; aus *Comparable Worth: An Analysis and Recommendations.* A Report of the United States Commission on Civil Rights, Juni 1985, S. 5.

2 H. B. Schöpp-Schilling, *Förderpläne, Quoten, Zielvorgaben: Internationale Erfahrungen*, in: *Quotierung – Reizwort oder Lösung?*, Expertenanhörung der Hessischen Landesregierung am 2. Mai 1985, hg. vom Hessendienst der Hessischen Staatskanzlei in Zusammenarbeit mit der Bevollmächtigten der Hessischen Landesregierung für Frauenangelegenheiten.

3 Ebd.

4 In der amerikanischen Diskussion hat sich der Begriff »equal pay for work of comparable value« statt des in Europa geläufigeren »equal pay for work of equal value« durchgesetzt. Heide Pfarr unterscheidet bei der Feststellung »gleichwertiger Arbeiten« zwischen »identischer«, »gleichartiger« und »(äußerlich) ungleicher aber gleichwertiger Arbeit«. Da die dritte Definition dem neuen Ansatz in den USA entspricht, führe ich den amerikanischen Terminus ein. Vgl. H. M. Pfarr/ K. Bertelsmann, *Lohngleichheit: Zur Rechtssprechung bei geschlechtsspezifischer Diskriminierung,* Schriftenreihe des Bundesministers für Jugend, Familie und Gesundheit, Bd. 100, S. 55ff.

5 D. Pearce/H. McAdoo, *Women and Children: Alone and in Poverty,* Report prepared for the National Advisory Council on Economic Opportunity, Washington, D.C., Sept. 1981.

6 80 % aller erwerbstätigen amerikanischen Frauen arbeiten in nur 20 der 427 Berufe, die vom amerikanischen Arbeitsministerium definiert sind; 1982 waren amerikanische Frauen zu 99 % im Sekretärinnenberuf, zu 96 % im Krankenschwesterberuf und zu 82 % im Grundschullehrerberuf vertreten.

7 In ihrem Wahlprogramm von 1984 spricht die Demokratische Partei sogar von »equal pay for work of comparable *social* value«.

8 *Comparable Worth: An Analysis and Recommendations,* A Report by the United States Commission on Civil Rights, Juni 1985.

9 Ebd., S. 13ff.

10 D.J. Treiman/H.J. Hartmann (Hg.), *Women, Work, and Wages: Equal Pay for Jobs of Equal Value,* Washington D. C. 1981. Der Bericht bezieht sich in seinen Analysen sowohl auf Frauen als auch auf rassische bzw. ethnische Minoritäten, da auch die gesetzliche Grundlage für die Forderung des gleichen Lohns für vergleichbare Arbeit sowie die Methoden zu ihrer Durchsetzung theoretisch für beide Gruppen gelten. Allerdings haben sich Diskussionen und Aktionen bisher fast nur auf die »Frauen«löhne konzentriert.

11 Die Kommission bestand 1985 neben dem Vorsitzenden, Clarence M. Pendleton, Jr., aus sieben Mitgliedern, davon drei Frauen. Zwei von diesen, Mary Frances Berry und Blandina Cardenas Ramirez, formulierten ein abweichendes Minderheitsvotum, in dem sie das Expertenhearing als nicht ausreichend beurteilten, um zu einem grundlegend negativen Urteil über die neue Lohnpolitik zu kommen.

12 Ebd., S. 17ff.

13 Der Bericht der »U.S. Commission on Civil Rights« liest dieses und auch andere Urteile anders, *Comparable Worth,* S. 41ff.

14 Ebd.

15 R. Steinberg, *A Want of Harmony: Perspectives on Wage Discrimination,* Working Paper 12, Center for Women in Government, Albany/N.Y., 1983.

16 Donald H. Treiman, *Job Evaluation: An Analytic Review*, Washington D.C. (National Academy of Sciences) 1979. Treiman/Hartman, *Woman, Work, and Wages,* a.a.O.

17 *The New York Times,* 1. Januar 1984.

18 A. Cook, *Comparable Worth; Developments in Selected States,* Working Paper 14, Center for Women in Government, Albany/N.Y., 1983.

19 D. Bell, *Arbeit in der nachindustriellen Gesellschaft. 1. Berliner Symposium zur Zukunft der Industriegesellschaft.* Technologie – Wertewandel – Zukunft der Arbeit. 22./23. November 1984, S. 152f.

20 Der »Equal Employment Advisory Council«, eine Lobbygruppe des »Business Roundtable« hat eine Aufsatzsammlung herausgegeben, die die Durchsetzung dieser Lohnpolitik sehr kritisch sieht: R.E. Liver-

nash (Hg.), *Comparable Worth: Issues and Alternatives,* Washington D.C. 1980.

21 National Committee on Pay Equity (Hg.), *Equal Pay for Work of Comparable Worth,* 1983.

22 Steinberg, *A Want of Harmony,* a.a.O.

23 Für den folgenden Teil danke ich Heide M. Pfarr für erläuternde Hinweise.

24 H.M. Pfarr/K. Bertelsmann, *Gleichbehandlungsgesetz. Zum Verbot der unmittelbaren und der mittelbaren Diskriminierung von Frauen im Erwerbsleben,* Wiesbaden, 1985, S. 61ff.

25 Auf der betrieblichen Ebene partizipieren Frauen nicht oder nicht in gleicher Weise wie ihre männlichen Kollegen an übertariflichen Zulagen und an bewußt vorgenommener hoher Eingruppierung; Frauen werden häufiger als Männer, bewußt oder unbewußt, zu niedrig eingruppiert; im Angestelltenbereich wird ihnen ein niedrigeres Gehalt angeboten als den Männern.

26 Pfarr/Bertelsmann, *Lohngleichheit,* a.a.O., S. 35ff.

27 Bericht des Wirtschafts- und sozialwissenschaftlichen Instituts des DGB, *Abstand unterer Lohngruppen kaum verringert,* in: *Frankfurter Rundschau,* 16. September 86, KS.

28 I. Kurz-Scherf, *Von der Emanzipation des Brunnenmädchens in Heilbädern – Frauendiskriminierung, Frauenförderung durch Tarifvertrag und Tarifpolitik,* in: *WSI-Mitteilungen,* 8, 1986, S. 537ff.

29 Vgl. zu diesen Einschätzungen Pfarr/Bertelsmann, *Lohngleichheit,* a.a.O., S. 379ff.

30 Vgl. W. Rohmert/J. Rutenfranz, *Arbeitswissenschaftliche Beurteilung der Belastung und Beanspruchung an unterschiedlichen industriellen Arbeitsplätzen,* Bonn 1975.

31 EuGH, 5. Kammer, Urt. v. 1. 7. 1986, Rs 237/85, Rummler vs. Dato-Druck GmbH, *Der Betrieb,* 1986, S. 1877 = *Streit,* 1986, S. 104ff.; zu der Vorlage durch das bundesdeutsche Arbeitsgericht N. Colneric, *Leichter Lohn – Anmerkung zum Beschluß des Arbeitsgerichts Bochum vom 26. 9. 1980,* in: *Streit,* 1984, S. 129ff.

32 Vgl. zu dieser Diskussion Pfarr/Bertelsmann, *Gleichbehandlungsgesetz,* a.a.O., S. 137f.; W. Däubler, *Lohngleichheit von Mann und Frau als Rechtsproblem,* in: *Arbeit und Recht,* 1981, S. 197.

Barbelies Wiegmann

Widerstand gegen Gleichberechtigung

»Wir werden uns weiter einsetzen für Gleichberechtigung der Frauen auf allen Gebieten.« Dies verkündete Bundeskanzler Helmut Kohl in seiner Regierungserklärung am 18. März 1987.

»Ohne den Sachverstand und die Kreativität der Frauen kann unsere Gesellschaft die Herausforderungen nicht bestehen, die an eine moderne und humane Industrienation gestellt werden. ... Das Ziel einer Gesellschaft mit menschlichem Gesicht kann nur erreicht werden, wenn Frauen auf allen Ebenen und in allen Bereichen an verantwortlicher Stelle mitwirken. Die Verwirklichung der Gleichberechtigung und ein neues Verständnis von Partnerschaft zwischen Mann und Frau sind dafür Vorausssetzung. ... Es ist der Ausdruck eines überholten Denkens, die Aufgaben der Frau auf die der Mutter und Hausfrau und die Aufgaben des Mannes auf die der Erwerbstätigkeit beschränken zu wollen.«

Soweit die »Leitsätze der CDU für eine neue Partnerschaft zwischen Mann und Frau«.[1]

Ähnliche Formulierungen finden sich in Leitsätzen und Grundsatzprogrammen aller im Bundestag vertretenen Parteien.[2] Die Akzentuierungen in der Formulierung sind unterschiedlich, doch im Prinzip herrscht Einigkeit bei allen Parteien: Frauen sollen an der Gestaltung des politischen, sozialen und wirtschaftlichen Lebens gleichen Anteil haben. Die alten Rollenvorstellungen für Frau und Mann werden abgelehnt.

Widerstand gegen Gleichberechtigung?

Leisten gar Politiker unseres Landes Widerstand gegen Gleichberechtigung? Schon die Frage erscheint abenteuerlich angesichts jener Männer, die Gleichberechtigung in aller Öffentlichkeit so nachdrücklich fordern.

Die Antwort lautet: ja, die Mehrzahl aller Männer in der Bundesrepublik leistet Widerstand gegen Gleichberechtigung, aktiv oder passiv, unbewußt oder bewußt. Allen voran männliche Politiker. Ihr Widerstand offenbart sich auf mehrfache Weise:

Erstens: Außer Frauen mit einem entsprechenden politischen Bewußtsein und außer in Zeiten kurz vor Bundestags- oder Landtagswahlen nimmt bis heute kaum jemand ernsthaft zur Kenntnis, daß die Realität unserer Gesellschaft – in der 52% der in ihr lebenden Menschen Frauen sind – dem Gleichberechtigungsgebot des Art. 3 Abs. 2 GG hohnspricht.

In allen zentralen gesellschaftlichen Bereichen gehören Frauen nach wie vor zu den Ausnahmen. Der Anteil der weiblichen Abgeordneten hatte sich seit dem Deutschen Reichstag von 1920 bis zum 10. Deutschen Bundestag im Jahre 1983 von 8% auf 9,8%, also um 1,8% erhöht. Der im Januar 1987 gewählte 11. Deutsche Bundestag weist einen Frauenanteil von 15,4% auf, wobei die Statistik stark geschönt wird durch den sehr hohen Frauenanteil bei den »Grünen« (56,8%).

Nur 3,5% der leitenden Angestellten in der Wirtschaft sind Frauen.[3] Im öffentlichen Dienst liegt der Anteil der Frauen in leitenden Positionen unter 5%.[4] In den Hochschulen finden sich Frauen als Professorinnen zu 5%.[5] Nur 9,3% Frauen arbeiten in den Medien in leitenden Positionen.[3] Bei den höchsten Bundesgerichten liegt der Anteil der Richterinnen zwischen 3% und 6%.[6]

Mehr als ein Drittel aller Erwerbstätigen sind Frauen (38,2%).[7] Sie konzentrieren sich jedoch nur auf wenige Berufe. 1984 waren rund 88% der erwerbsfähigen Frauen in zwölf Berufsgruppen tätig.[7] Ihre durchschnittlichen Bruttoverdienste in Industrie und Handel sind in der Regel um ein Drittel niedriger als die der Männer. Im April 1982 hatte mehr als die Hälfte der erwerbstätigen Männer (55,6%) ein monatliches Nettoeinkommen von mehr als 1800 DM, aber nur 15% der erwerbstätigen Frauen.[8]

Von 100 Rentnern hatten 1982 nur zehn Männer eine Rente unter 500 DM, aber 59 Frauen.[9]

Von den rund 2,5 Millionen Erwerbslosen in der Bundesrepublik sind – bei rund einem Drittel geringerer Erwerbsbeteiligung als Männer – fast die Hälfte Frauen.[10]

Frauen, die der Familie zuliebe ihre Erwerbstätigkeit aufgegeben oder stark eingeschränkt haben – das ist die Regel – geraten nach einer Ehescheidung (jede dritte Ehe wird geschieden!) mit ihren Kindern meist in wirtschaftliche Not. In ihrer Mehrzahl sind sie nicht mehr ins Erwerbsleben einzugliedern. Nur 29% der geschiedenen Mütter beziehen Unterhalt, durchschnittlich weniger als 500 DM monatlich; mehr als ein Drittel bezieht Sozialhilfe.[11]

Zweitens: Die oben dargelegte deprimierende Bilanz unseres Frauenalltags läßt männliche Politiker in ihrer Mehrzahl nicht nur unberührt und tatenlos. Gerade in den letzten Jahren wurden im Gegenteil Gesetze und Maßnahmen verabschiedet oder geplant, die Frauen unmittelbar oder mittelbar benachteiligen und Rechte von Frauen verletzen. Nach außen handelt es sich meist um scheinbar neutrale Gesetze, bei denen Frauendiskriminierung oft erst durch spezielle Fachkenntnisse sichtbar wird.

Zu solchen Gesetzen und Maßnahmen gehören insbesondere:

– Die Streichungen des Schüler-BAFöG und die Umwandlung von Studenten-BAFöG in Darlehen. Familien sparen bekanntlich an der Ausbildung der Mädchen, wenn das Geld knapper wird. Während 1971 noch 85,8% der Abiturientinnen studieren wollten, waren es 1985 nur noch 49,1%.[12]

– Berufs- und Erwerbsunfähigkeitsrenten werden nur noch denjenigen gewährt, die in den letzten fünf Jahren vor dem Rentenfall mindestens drei Jahre pflichtversichert waren. Das heißt, Invaliditätsrenten schließen grundsätzlich an eine vorherige Erwerbstätigkeit an; Hausfrauen können künftig praktisch derartige Renten nicht mehr erhalten.

– Das Beschäftigungsförderungsgesetz vom 1. 5. 1985 hat die Möglichkeiten erheblich erleichtert und erweitert, befristete Arbeitsverträge abzuschließen. Damit wurde der bestehende Trend verstärkt, insbesondere jungen Frauen nur noch Arbeitsverträge auf Zeit anzubieten.

– Bei der Neuregelung der Witwen- und Witwerrenten von 1986 haben Männer nichts verloren (Stichwort: Bestandsgarantie der eigenen Rente), sie können höchstens gewinnen (wenn sie an der Rente einer gut verdienenden Ehefrau profitieren können); Frauen haben nichts gewonnen, sie werden weitgehend verlieren (da sie zusätzlich zu ihrer kleinen Rente oft nicht mehr die volle Hinterbliebenenrente nach dem Tod des Ehemannes erhalten).

– Nach dem Unterhaltsänderungsgesetz vom 1. 4. 1986 können Unterhaltsansprüche geschiedener Ehegatten (dies sind zu mehr als 98% Frauen)[13] gestrichen, herabgesetzt oder zeitlich begrenzt werden. Die Neuregelung des § 1579 BGB bedeutet Rückkehr des alten Schuldprinzips, d.h. geschiedenen Familienfrauen, die der Familie zuliebe auf den Aufbau einer eigenen wirtschaftlichen Existenzgrundlage verzichtet haben, kann auch nach langen Jahren treu erfüllter Familienarbeit bei Nachweis eines sogenannten

»Fehlverhaltens« jeder Unterhaltsanspruch versagt werden. Damit ist für sie der Weg zum Sozialamt noch nähergerückt.[13]

– Schließlich sieht die Koalitionsvereinbarung zwischen CDU/CSU und FDP vom März 1987 ein Beratungsgesetz zum § 218 StGB vor, durch das neue Hürden für ungewollt schwangere Frauen geschaffen werden sollen.[14] Ein solches Gesetz, sollte es zustande kommen, wäre ein Schritt zur Aushöhlung der Notlagen-Indikation in § 218 und damit eine schwerwiegende Beschränkung der Autonomie von Frauen, eigenverantwortlich über einen Schwangerschaftsabbruch zu entscheiden.

Hinzuzufügen ist, daß geforderte Gesetzesvorhaben zur Erweiterung der Rechtsgleichheit zwischen Frauen und Männern, wie die Verschärfung der arbeitsrechtlichen Bestimmungen nach dem EG-Anpassungsgesetz oder der Erlaß eines Antidiskriminierungsgesetzes, seit Jahren offiziell noch nicht einmal diskutiert werden.

Schließlich leisten Arbeitgeber das ihrige, um die Diskriminierung von Frauen auf dem enger werdenden Arbeitsmarkt zu verstärken. Bei wachsendem Konkurrenzdruck werden immer weniger Frauen im gebärfähigen Alter eingestellt, um das Risiko der möglichen Geburt eines Kindes und deren Folgen für den Arbeitgeber auszuschließen. Auffällig ist zum Beispiel die Tendenz bei arbeitslosen Akademikerinnen zwischen 25 und 35 Jahren: Die Arbeitslosigkeit stieg dort von 1979 bis 1980 um 32% (bei Männern um 11%).[15] Bekannt geworden durch den Deutschen Ärztinnenbund sind Aussprüche von Chefärzten gegenüber sich bewerbenden jungen Ärztinnen: »Wenn Sie mir Ihren Uterus im Einmachglas bringen, kommen Sie wieder.« Oder: »Wenn ich Sie selbst sterilisiert habe, stelle ich Sie ein.«

Die bundesrepublikanische Situation ist übrigens nicht einmalig. Zitiert sei die Bilanz aus der Debatte des Europa-Frauenberichtes am 17. 1. 1984 in Straßburg:

»Es ist alles beim alten geblieben, aber der Druck ist noch größer geworden. Frauen werden eher arbeitslos, eher wegrationalisiert, sozial kurz gehalten, an den Problemen ihrer Diskriminierung sind Männer nicht interessiert, auch nicht gewählte Politiker.«

Drittens: Die bisher beschriebenen Formen eines Widerstands gegen Gleichberechtigung sind die Konsequenz eines grundsätzlichen männlichen Widerstands gegen tatsächliche Gleichberechtigung und Emanzipation in der Rechtswirklichkeit unserer Gesellschaft.

Gleichberechtigung in der Rechtswirklichkeit würde bedeuten, die Strukturen der Gesellschaft selbst und damit das Leben jedes einzelnen Mannes zu verändern. Unsere Gesellschaft ist eine Männergesellschaft und als solche als patriarchalisch zu kennzeichnen. Politik, Wirtschaft, Finanzen, Militär, Polizei, fast jeder Zugang zu Macht und Einfluß liegt in männlichen Händen. Männlicher Dominanzanspruch setzt sich fort bis in die persönlichen Beziehungen zwischen Männern und Frauen.

Tragende Säule des Patriarchats der modernen Industriegesellschaft ist die bis heute übliche Arbeitsteilung der Geschlechter mit der ihr entsprechenden Rollenzuweisung für Mann und Frau:

– Der Mann ist grundsätzlich zuständig für Öffentlichkeit, Beruf und Gelderwerb; seine männliche Rolle ist auf das Lebensbild ununterbrochener Berufstätigkeit ausgerichtet; die dieser Rolle entsprechend gewünschten »männlichen« Eigenschaften sind Intelligenz, Stärke, Durchsetzungsvermögen.

– Die Frau ist demgegenüber grundsätzlich zuständig für Privatleben und Familie, insbesondere für die Kindererziehung; ihre weibliche Rolle ist bis heute überwiegend auf die Familie ausgerichtet; die gewünschten »weiblichen« Eigenschaften sind Gefühlsreichtum, Wärme, Einfühlungsvermögen, Verständnis, Geduld.

Menschliche Arbeit im Patriarchat der heutigen Zeit vollzieht sich also grundsätzlich in zwei Welten, die immer noch relativ streng voneinander getrennt sind: die Welt des Berufs und die Welt der Familie, Männerwelt und Frauenwelt.

Wir wissen, daß Frauen schon vor mehr als hundert Jahren begonnen haben, aus der ihnen zugewiesenen Frauenwelt auszubrechen. Viele von ihnen haben ihre traditionelle Frauenrolle in Frage gestellt und langsam verändert. Dies haben sie getan in der wachsenden Erkenntnis, daß die Zuordnung Männer – Beruf und Frauen – Familie weder historisch noch ökonomisch oder biologisch zwangsläufig ist. Schon lange machen Frauen ihren Anspruch auf Berufstätigkeit geltend und verwirklichen ihn in ihrer großen Mehrheit.[16] Inzwischen stehen sie »ihre Frau« in fast allen Berufen dieser Gesellschaft. Dabei ist die Quote der erwerbstätigen Mütter mit Kindern unter 15 Jahren zunehmend gestiegen.[17]

Dennoch hat sich an der alten Rollenzuweisung für die Frau kaum etwas verändert: Sie ist weiterhin in erster Linie verantwortlich für Familie und Kinder, daneben darf sie oder muß sie berufstätig sein. Der Mann bleibt grundsätzlich zuständig allein für den Beruf. Dementsprechend sind bis heute Berufswelt und Familienwelt zwei getrennte Bereiche: Die männliche Arbeitswelt ist so organisiert, daß sie noch immer »den ganzen Mann« erfordert, als habe »jedermann« zu Hause eine Frau, die die Kinder betreut, den Haushalt führt und das Privatleben organisiert.

Die Vereinbarkeit beider Bereiche – von Beruf und Familie – ist nach wie vor Frauensache. Die Folge ist schwere Doppelbelastung (erwerbstätige Frauen leisten in der Regel neben ihrer Erwerbstätigkeit 25 bis 35 Stunden wöchentlich Familienarbeit[18]) und die Diskriminierung vor allem auf dem Arbeitsmarkt in den aufgezeigten Formen mit den bekannten Resultaten.

Um diese Situation, um die einseitige Zuweisung von Familienarbeit für Frauen, zu verändern – und damit die generelle Rollenfixierung im Patriarchat –, wäre es überfällig, daß auch Männer ihre einseitige männliche Rolle mit lebenslanger Berufstätigkeit hinterfragen und verändern. So wie die Frauen die Hälfte aller Arbeitsplätze in der Berufswelt beanspruchen, müßten Männer danach drängen, die Hälfte aller Familienarbeit in eigener Verantwortung zu übernehmen. Dann – und erst dann – könnte wirklich von Gleichberechtigung und Emanzipation die Rede sein. Jeder Arbeitgeber zum Beispiel würde dann wissen, daß bei der Geburt eines Kindes nicht nur die Mutter, sondern auch der Vater die Erwerbstätigkeit zugunsten der Familie einschränken oder zeitweilig aufgeben wird. Die gesamte gesellschaftliche Arbeit müßte also geteilt werden, um Gleichberechtigung zu verwirklichen, in der Berufswelt und im Familienbereich. Beide Rollen und Lebensbereiche müßten verändert werden, die der Frauen und die der Männer.

Nach meinen jüngsten Forschungen und Erfahrungen will die Mehrzahl der Männer – und insbesondere Politiker – diese Art von Gleichberechtigung – jedenfalls bis heute – nicht.

Noch vor wenigen Jahren neigte ich dazu, Männern eine zunehmende Lust an aktiver und eigenverantwortlicher Familienarbeit, insbesondere der Kinderbetreuung, zu unterstellen. Für einzelne, besonders junge Väter, trifft dies auch zu. Ihnen genügt die Außenseiterrolle nicht, die der durchschnittliche berufstätige Mann in der Familie spielt. Presse und Fernsehen nehmen sich ihrer dankbar an. Dies kann leicht dazu verleiten, in den genannten jungen Vätern mehr zu sehen, als sie tatsächlich sind: vereinzelte Ausnahmen.[19]

Die Wirklichkeit sieht anders aus. Die Männer wollen das »halbierte Leben«, wie Elisabeth Beck-Gernsheim es nennt. Alle Untersuchungen der letzten Jahre – von der Studie des »Deutschen Jugendinstituts München« bis zur Brigitte-Untersuchung *Männer 1985* – kommen zu dem Schluß, daß Männer und Väter kaum Interesse an Väter- und Familienarbeit haben, von wenigen Ausnahmen abgesehen.[20]

Diese Studien bestätigen die Ergebnisse von Helge Pross, die sie bereits im Jahre 1978 über die deutschen Männer veröffentlichte.[21] Der »deutsche Mann« schätzt die Familie als Stätte der Privatheit, der Erholung, der Versorgung und der Intimität. Die Arbeit in dieser Familie erscheint ihm jedoch als minderwertig im Vergleich zum Beruf. »Hausarbeit und Kindererziehung ist Sache der Frau«, dies gilt bis heute. Nach der Allensbacher Studie aus Baden-Württemberg (im Auftrage des dortigen Sozialministeriums) und der oben genannten Brigitte-Untersuchung beteiligen sich nur 8 bis 10% der Männer partnerschaftlich an der Hausarbeit; selbst von den ganztags erwerbstätigen Frauen erhalten nur 19% Hilfe von ihren Männern.[22] Vorsichtshalber bemühen sich Männer auch nur selten, Fähigkeiten im Aufgabenbereich der Familie zu erwerben. Nach der Shell-Studie *Jugend '81* haben 91% der 15- bis 24jährigen jungen Männer noch nie gewaschen, 70% noch nie gekocht, 65% noch nie geputzt.

Die Väter sind offensichtlich Vorbild: Die Väter der 15- bis 19jährigen Mädchen in der Untersuchung von 1982[23] beteiligen sich am Einkaufen zu 9%, am Kochen zu 3% und am Abspülen, Waschen und Putzen zu 2% oder, wie die Brigitte-Untersuchung über den Mann es zusammenfaßt: »92% aller Männer, die mit einer Partnerin zusammenleben, fühlen sich durch Hausarbeit kaum belastet. Zu Recht: Sie tun so gut wie nichts.«[24]

Über die sogenannten »neuen Väter« berichtet diese Untersuchung, es sei vergeblich nach ihnen gesucht worden. Die Väter unserer Gesellschaft sind »abwesende Väter«, nicht bereit, bei der Kindererziehung ihren Teil zu übernehmen.[25]

Der Bericht des »Club of Rome« zitiert eine Studie, nach der sich Väter durchschnittlich zwölf Minuten pro Tag ihren Kindern widmen.[26] Die Väter stufen auch selbst ihre Vaterrolle faktisch als Nebenrolle ein. Dies, obwohl die Vaterforschung gerade in den letzten Jahren bestätigt hat, daß Kinder Mutter und Vater gleich notwendig brauchen.[27]

Bisher haben Väter – von den erwähnten Ausnahmen abgesehen – kein Stück ihrer Berufswelt aufgegeben, um stärker in die Familienarbeit einsteigen zu können. 99% der versicherungspflichtigen Männer arbeiten voll, und 89% lehnen eine Teilzeitbeschäftigung ausdrücklich ab.[28] Der Trend ist sogar rückläufig: Auf die Frage, ob eine verheiratete Frau mit Kindern immer erwerbstätig sein sollte, antworteten im Jahre 1975 25% der befragten Männer mit »ja«, 1983 waren es nur noch 5%.[29]

Machen wir uns also nichts vor:

Der Wunsch nach wirklicher Gleichberechtigung und Emanzipation, der Wunsch, die alten Rollen aufzuheben und auszutauschen, Männerwelt/Beruf und Frauenwelt/Familie zu teilen und zu einem Ganzen zusammenzufügen: Dieser Wunsch ist bisher fast ausschließlich ein Wunsch von Frauen.

Männer in ihrer überwiegenden Mehrzahl haben diesen Wunsch bisher nicht. Im Gegenteil: Bewußt oder unbewußt leisten sie Widerstand gegenüber diesen weiblichen Ansprüchen auf Gleichberechtigung und Emanzipation. Ganz offensichtlich beziehen sie so viel mehr als Frauen ihr männliches Selbstbewußtsein fast ausschließlich aus Erfolg und Anerkennung im Beruf, so daß sie ihre Rolle nicht ändern wollen. Möglicherweise haben sie auch Angst davor oder einfach keine Lust, liebgewordene Privilegien aufzugeben.

Dies gilt nach meinen Erfahrungen insbesondere für Männer in allen leitenden Positionen dieser Gesellschaft, selbstverständlich vor allem auch für männliche Politiker. Die meisten von ihnen arbeiten in einer 80- bis 90-Stunden-Woche. Schon aus diesem Grunde sind sie stark daran interessiert, sich zu Hause eine nicht erwerbstätige Hausfrau zu halten, die sie von allen Familienpflichten entlastet, sie umsorgt und bedient, falls sie einmal zu Hause sind. Eine Veränderung der männlichen und weiblichen Rolle in den eigenen vier Wänden muß für sie eine beängstigende Vorstellung sein.

Was ist zu tun?

Nach dem bisher Dargelegten werden Frauen in naher Zukunft ihre Hoffnungen auf männliche Hilfe beim Aufbau der von Politikern propagierten »neuen Partnerschaft zwischen Mann und Frau« begraben müssen.[30] Sie haben nicht Hilfe, sondern Widerstand zu erwarten. Frauen werden sich also weitgehend auf sich selbst verlassen müssen.

Erstens: Das bedeutet, daß sie noch lauter und unerbittlicher ihre politischen Forderungen nach Verwirklichung des Art. 3 Abs. 2 GG in der Realität des Frauenalltags stellen werden. Forderungen gegenüber politischen Parteien, nicht in der Erwartung auf Einsicht, sondern in dem Wissen, daß Frauen als Wählerinnen begehrt sind.

Allem voran gehört hierzu die Forderung nach umfassenden Quotierungsregelungen in allen Bereichen unserer Gesellschaft, sowohl im Ausbildungsbereich als auch im Erwerbsleben, sowohl in allen Parteigremien als auch zum Beispiel in Betriebs- und Personalräten. Quotierung so lange, bis ein Frauenanteil von 50% auf allen Ebenen erreicht ist (oder mindestens ein Anteil von 40% eines Geschlechts). Das Thema Quotierung war bekanntlich lange ein Tabu, auch und vor allem bei bewußten Frauen. Dies hat sich in den letzten Jahren nach deprimierenden Erfahrungen mit der Rechtsgleichheit entscheidend geändert, wobei ich auf den Sinneswandel bei der »Arbeitsgemeinschaft Sozialdemokratischer Frauen« oder beim »Deutschen Akademikerinnenbund« nur als Beispiel verweisen darf.

Erste bescheidene Früchte weiblicher Quotierungsforderungen sind bereits zu ernten:

In den Bundesländern Hamburg, Bremen, Hessen und Saarland gibt es inzwischen Frauenförderungsrichtlinien mit Quotenregelung für den öffentlichen Dienst.[31] »Richtlinien zur Förderung von Frauen«, wie sie zum Beispiel die Bundesregierung 1986 erlassen hat mit allgemeinen Appellen, Frauen unter Beachtung des Leistungsprinzips »angemessen zu berücksichtigen«, nützen dagegen wenig und passen in die »Rhetorik der Gleichheit«[32] der letzten Jahre. Festzuhalten ist in diesem Zusammenhang, daß die Frage nach der Rechtmäßigkeit von Quotenregelungen im Hinblick auf unser Grundgesetz mehrheitlich bejaht wird, nicht nur von Heide Pfarr (die zugleich die langjährige Existenz von Männerquoten nachweist)[33], sondern auch von konservativen Männern wie Ernst Benda.[34]

Zum Katalog der politischen Forderungen nach Verwirklichung von Rechtsgleichheit sollten ferner insbesondere gehören:
– der Erlaß eines allgemeinen Antidiskriminierungsgesetzes, wobei der Entwurf eines Antidiskriminierungsgesetzes der Bundes-

arbeitsgemeinschaft der »Grünen« von 1985, zu dem am 29. 4. 1986 eine öffentliche Anhörung stattfand, eine gute Diskussionsgrundlage darstellt;

– Maßnahmen zur Vereinbarkeit von Familie und Beruf, wobei nur solche Maßnahmen wirkungsvoll sind, die auch Männern einen teilweisen beruflichen Verzicht attraktiv machen, also:

– Elternurlaub für Mütter und Väter zu gleichen Teilen für mindestens zwei Jahre (wobei der Anteil eines Elternteils verfällt, wenn er nicht wahrgenommen wird) mit Arbeitsplatzgarantie und Lohnausgleich;

– neben allgemeiner Arbeitszeitverkürzung (»6-Stunden-Tag für alle«) besondere Kürzungen der täglichen Arbeitszeit mit Lohnausgleich für Eltern mit kleinen Kindern;

– stark verbessertes Angebot von Kinderhorten, Kindergärten, Kindertagesstätten und Gesamtschulen.

Zweitens: Politische Forderungen und der Wille von Frauen, diese durchzusetzen, werden jedoch nicht genügen. Mit gesetzlichen Mitteln können Männer kaum gezwungen werden, ihr patriarchalisches Rollenbild zu verändern und ihren anteiligen Platz in Küche und Kinderzimmer einzunehmen.

Die eigentliche Auseinandersetzung um Emanzipation zwischen den Geschlechtern wird also dort stattfinden, wo der Kampf bereits seit langem tobt: in der persönlichen Beziehung und im Privatbereich.[35] Allerdings sollte diese Auseinandersetzung künftig etwas anders aussehen als bisher. Frauen werden zunehmend den Mut haben müssen, nicht erst während, sondern schon vor der Begründung dauerhafter Lebensgemeinschaften mit und ohne Kinderwünschen hartnäckig die Gretchenfrage nach der Emanzipation des Mannes und seiner künftigen Rolle innerhalb der Familie zu stellen. Männer, die sich weigern, im gleichen Umfang Hausarbeit und Kinderbetreuung zu übernehmen, werden als Partner ausscheiden müssen. »Heute fangen Mutter und Kind an, Vater einen Eintrittspreis für die Aufnahme in die Familie abzufordern, und dieses Eintrittsgeld heißt Mitarbeit«, schrieb die Feministin Maureen Green schon 1977.[36]

Die existentielle Auseinandersetzung zwischen den Geschlechtern wird – weiterhin – Aggression, Schmerz und Trauer mit sich bringen. Menschen ändern sich aber wohl tiefgreifend nur unter Leidensdruck. Frauen haben diese Erfahrungen seit Jahrhunderten gemacht; deshalb sind sie in der Emanzipation von der tradierten Rolle Männern einen Meilenschritt voraus. Es bleibt zu hoffen, daß Männer in ihrer Mehrzahl die für sie notwendigen Schritte eines Tages ebenfalls tun.

Anmerkungen

1 Verabschiedet auf dem Bundesparteitag der CDU in Essen 1985.
2 »Ökonomisch-politischer Orientierungsrahmen für die Jahre 1975–1985« der SPD, Mannheimer Parteitag 1975; Grundsatzprogramm der CSU 1976; »Programm zur Gleichberechtigung« der FDP, Bundesparteitag Mainz 1978; Bundesprogramm der »Grünen«, Saarbrücken 1980.
3 H. Geißler (Hg.), *Abschied von der Männergesellschaft*, Frankfurt/Berlin 1986, Vorwort.
4 T. Weyershäuser, *Frauen in der Bundesverwaltung – kaum Karrieren*, in: *Frauenprogramm – gegen Diskriminierung«*, hg. v. Marielouise Janssen-Jurreit, Reinbek 1979.
5 *Frauen in der Bundesrepublik Deutschland*, hg. v. BMJFFG 1986, S. 17.
6 Auskünfte der oberen Bundesgerichte.
7 *Frauen in der Bundesrepublik*, a. a. O. S. 22 und S. 23.
8 Ebd., S. 25.
9 Ergebnis des Mikrozensus 1982.
10 *Frauen in der Bundesrepublik*, a. a. O., S. 27.
11 B. Wiegmann, *Ende der Hausfrauenehe – Plädoyer gegen eine trügerische Existenzgrundlage*, Reinbek [3]1984, S. 49 ff.
12 *Frauen in der Bundesrepublik*, a. a. O., S. 9.
13 B. Wiegmann, *Das neue Scheidungs-Un-Recht*, in: *Feministische Studien*, Nov. 1986, S. 82 ff.
14 *zweiwochen dienst – Frauen und Politik*, März 1987, S. 13.
15 Bericht der SPD-Bundestagsfraktion – Arbeitsbereich Gleichstellung der Frau – vom 19. 3. 1985.
16 *Mädchen '82*, Untersuchung des Deutschen Jugendinstituts München 1982 (Brigitte-Studie).
17 Von 1972 bis 1980 von 38,7% auf 42,3%.
18 Bericht der Enquete-Kommission »Frau und Gesellschaft« 1980, S. 16 ff.
19 A. Hoff/J. Scholz, *Neue Männer in Beruf und Familie*, FU Berlin 1985.
20 *Orientierungsmaterialien für Elternarbeit – 2. Phase 1979–1983*, Studie

des »Deutschen Jugendinstituts« im Auftrage des BMJFG, München 1984. Brigitte-Untersuchung *Der Mann*, durchgeführt von S. Metz-Göckel und U. Müller, Hamburg 1985.

21 H. Pross, *Die Männer*, Reinbek 1978, S. 96ff.

22 *Die Situation der Frau in Baden-Württemberg*, Studie des »Instituts für Demoskopie Allensbach« im Auftrage des Ministeriums für Arbeit, Gesundheit und Sozialordnung Baden-Württemberg 1983, S. 34.

23 *Mädchen '82*, a.a.O.

24 Brigitte-Untersuchung *Der Mann*, a.a.O.

25 Ebd.

26 *Das menschliche Dilemma*, hg. von A. Peccei, Präsident des Club of Rome, 1979, S. 131.

27 W. E. Fthenakis, *Väter*, Band I, München/Wien/Baltimore 1985; zahlreiche Literaturangaben zu diesem Thema bei R. Süßmuth, *Die Rückkehr des Mannes in die Familie*, in: *Frauen – der Resignation keine Chance*, Düsseldorf 1985, S. 32f.

28 *Orientierungsmaterialien für Elternarbeit*, a.a.O.

29 Infas-Studie »Veränderungen in Aufgabenverteilung und Partnerschaft«, Bonn-Bad Godesberg 1984.

30 U. Beck, *Risikogesellschaft – Auf dem Weg in eine andere Moderne*, Frankfurt 1986, S. 161ff.

31 Übersicht über den derzeitigen Stand in den Bundesländern in: *zweiwochen Dienst – Frauen und Politik*, März 1987.

32 Beck, *Risikogesellschaft*, a.a.O.

33 H. Pfarr, *Quotierung – Reizwort oder sinnvolle Maßnahme*, in der Reihe »Frauen im Recht« der Fernuniversität Hagen 1986.

34 E. Benda, *Notwendigkeit und Möglichkeit positiver Aktionen zugunsten von Frauen im öffentlichen Dienst*, Gutachten im Auftrag der Senatskanzlei der Freien und Hansestadt Hamburg, Dezember 1986, zit. in: *zweiwochen Dienst – Frauen und Politik*, März 1987.

35 B. Wiegmann, *Über die Krise der ehelichen Partnerschaft*, in: *Zentralblatt für Jugendrecht* 1985, S. 200.

36 *Die Vaterrolle*, Reinbek 1977, S. 133.

Über die Autorinnen und Autoren

Erhard Blankenburg, Dr. phil., Professor für Rechtssoziologie an der Vrije Universiteit Amsterdam.

Claudia Burgsmüller, Rechtsanwältin, Vertretungsprofessorin für Familienrecht und Kriminologie an der Fachhochschule Wiesbaden, Fachbereich Sozialwesen.

Marlis Dürkop, Dr. phil., Professorin und Rektorin an der Fachhochschule für Sozialarbeit und Sozialpädagogik in Berlin.

Christel Eckart, Dr. phil., wissenschaftliche Mitarbeiterin des Frankfurter Instituts für Sozialforschung, z. Zt. Gastprofessorin an der Gesamthochschule Kassel.

Sabine Gensior, Dr. rer. pol., wissenschaftliche Mitarbeiterin am Wissenschaftszentrum in Berlin.

Carol Hagemann-White, Dr. phil., Professorin für allgemeine Pädagogik und Frauenforschung an der Universität Osnabrück.

Franziska Pabst, Dr. jur., Rechtsanwältin in Berlin.

Heide M. Pfarr, Dr. jur., Professorin für Zivil- und Arbeitsrecht am Fachbereich Rechtswissenschaften II der Universität Hamburg.

Hanna-Beate Schöpp-Schilling, Dr. phil., Abteilungsleiterin für Frauenpolitik im Bundesministerium für Jugend, Familie, Frauen und Gesundheit.

Carola Schumann, Soziologin M. A., Mitglied der Bremischen Bürgerschaft in der Fraktion der Grünen.

Vera Slupik, Dipl. Soz., Rechtsanwältin, Hochschulassistentin am Fachbereich Rechtswissenschaften II der Universität Hamburg.

Ulrike Teubner, Dr. phil., Sozialwissenschaftlerin am Feministischen Interdisziplinären Forschungsinstitut Frankfurt, Arbeitsschwerpunkt Frauenarbeit.

Wolfgang Voegeli, Dr. jur., Professor an der Hochschule für Wirtschaft und Politik in Hamburg.

Barbelies Wiegmann, Dr. jur., Rechtsanwältin in Bonn.

»Feminismus«

Ausgewählte Literatur im Suhrkamp Verlag

75/1/8.84

»Feminismus«

Ausgewählte Literatur im Suhrkamp Verlag

Kindeswohl. Eine interdisziplinäre Untersuchung über seine Verwirklichung in der vormundschaftsgerichtlichen Praxis. Von S. Simitis, L. Rosenkötter, R. Vogel, B. Boost-Muss, M. Frommann, J. Hopp, H. Koch, G. Zenz. stw 292

Kindheit als Fiktion. Berichte von M. Köhler, H. Hengst, B. Riedmüller, M. Wambach. es 1081

Meillassoux, Claude: »Die wilden Früchte der Frau«. Über häusliche Produktion und kapitalistische Wirtschaft. Übersetzt von Eva Moldenhauer. stw 447

Métral, Marie-Odile: Die Ehe. Analyse einer Institution. Mit einem Vorwort von Philippe Ariès. Übersetzt von Max Looser. stw 357

Michelet, Jules: Die Frauen der Revolution. Herausgegeben und übersetzt von Gisela Etzel. it 726

Miller, Alice: Das Drama des begabten Kindes und die Suche nach dem wahren Selbst. st 950

– Am Anfang war Erziehung. st 951

– Du sollst nicht merken. Variationen über das Paradies-Thema. st 952

Mitchell, Juliet: Psychoanalyse und Feminismus. Freud, Reich, Laing und die Frauenbewegung. Übersetzt von Brigitte Stein. Leinen

Prinzhorn, Hans: Gespräch über Psychoanalyse zwischen Frau, Dichter und Arzt. Mit einem Nachwort herausgegeben von B. Urban. st 669

Prokop, Ulrike: Weiblicher Lebenszusammenhang. Von der Beschränktheit der Strategien und der Unangemessenheit der Wünsche. es 808

Pusch, Luise F.: Das Deutsche als Männersprache. Aufsätze und Glossen zur feministischen Linguistik. es 1217

Riedmüller, B. / Kickbusch, J. (Hg.): Die armen Frauen. es 1156

Rosenbaum, Heidi: Formen der Familie. Untersuchungen zum Zusammenhang von Familienverhältnissen, Sozialstruktur und sozialem Wandel in der deutschen Gesellschaft des 19. Jahrhunderts. stw 374

Rossanda, Rossana: Einmischung. Gespräche mit Frauen über ihr Verhältnis zu Politik, Freiheit, Gleichheit, Brüderlichkeit, Demokratie, Faschismus, Widerstand, Staat, Partei, Revolution, Feminismus. Aus dem Italienischen übersetzt von Maja Pflug, Andrea Spingler und Burkhart Kroeber. st 921

Rüpke, Giselher: Schwangerschaftsabbruch und Grundgesetz. Nachwort von Peter Schneider. es 815

Runge, Erika: Frauen. Versuche zur Emanzipation. es 359

75/2/8.84